邪馬台国時代のクニグニ 南九州

香芝市二上山博物館友の会
ふたかみ史遊会 編

石野博信 企画

中園 聡／北郷泰道／村上恭通
森岡秀人／柳沢一男

青垣出版

目次

カバーデザイン／江森　恵子（株）クリエイティブ・コンセプト）
カバー〈表〉と見返しの写真　鹿児島県鹿屋市・名主原遺跡出土絵画土器（川宿田好見氏撮影、鹿屋市教育委員会提供）
カバー〈裏〉の写真　鹿児島県霧島市・城山山頂遺跡出土土器（中園聡氏撮影、霧島市教育委員会提供）

1　邪馬台国時代前後の南九州とその地域間関係

中園　聡

一　はじめに

皆さんこんにちは。鹿児島国際大学の中園と申します。今日は感慨無量です。私は邪馬台国九州説の本拠地の福岡県筑後地方で育ちましたが、少年時代に邪馬台国に興味をもち、考古学の道に進んで以来、いろいろと邪馬台国のことについても考えてまいりました。今回初めて畿内説の本拠地、この奈良の地で講演させていただくことに非常に感激しております。

それでは早速、本題に入ります。邪馬台国時代の倭国にとりまして、最も南にあるのが南九州です。日向、大隅、薩摩の地です。長年にわたるこのシンポジウムで取り上げられてきた諸地域の中では、畿内との直接的関係が最も希薄で、またそのように考えられてきた地域です。

しかし、先ほど石野先生の話にもありましたように、全く関係がなかったということでもなかろうと思っております。邪馬台国との関わりで南九州を扱うことは、邪馬台国時代の論議で従来あまり扱われてこなかったことにも目を向けることになるのではないかと思います。そうした点でも意義があると考えます。ですから、この時代をより適切に評価するためにも、この地域を扱う必要があるのではないかとも考えています。

ここでは、南九州の土器を中心としまして、古墳以外の在地墓制や交易などにも触れながら話を展開していきたいと思います。なお、関連する資料が十分ではないということもありまして、中心として扱う時期を二・三世紀から多少広げさせていただきます。また、南九州でも、より強烈な現象が見られる薩摩と大隅という縁辺地域を扱っていきたいと思います。

二 先邪馬台国時代の南九州―内なる世界と異世界との交流―

この地域の特性を知っていただくために、邪馬台国時代より前の話を最初にさせていただきます。我慢してお聞きください。西北九州から北部九州にかけての地域が、弥生時代開始の舞台です。南九州でもそれほど遅れることなく弥生的要素の導入が始まるわけですが、特に北部九州では弥生時代早期以降、環濠集落とか、朝鮮系の円形住居とか、墳丘墓といったものが急速に展開し、その後、甕棺墓や青銅器生産などが盛んになります。それに比べますと、南九州はそうした動向から取り残されるというか、遅れる側面が少しずつ出てくるわけです。評価の問題ではありますが、そういう特異な面が見られることは確かです。南九州では、下原遺跡や高橋貝塚という著名な遺跡がある薩摩半島西部のように、弥生時代早期から前期にかけて西北九州や北部九州との関係が非常に濃厚な地域が存在しております。宮崎県南部の坂元A遺跡や黒土遺跡のような稲作関連の遺跡もあります。こうした早期や前期の注目すべき遺跡がありますが、そうした遺跡は全体的にまんべんなくあるのではなく、むしろ限定的です。特に薩摩半島西部は、その後の南九州において突出した展開がなされることに注意しておく必要があります。さらに南には、弥生からすれば異世界の南西諸島がありますが、薩摩半島西部は、南西諸島との貝輪の交易、つまり貝製の腕輪の交易に関する中継拠点という特別な役割がありました。このような薩摩半島西部がある一方、弥生時代の半ばまで南九州地域は非常に特殊な面を持っていました。

(1) 先邪馬台国時代の土器

弥生土器には様々な種類の器がありますが、大きくまとめると、煮炊きをする甕《かめ》、貯蔵する壺、また捧げたり食事に使用する高杯《たかつき》という三器種からなるのが通例と考えられています。ちなみに縄文土器は煮炊き用が基本です。みなさんのご家庭のいろいろな器を思い浮かべていただきたいのですが、煮炊き用のものがどれくらいありますでしょうか……。ほとんどが煮炊き用ではないと思います。食器や、その他の容器として使われるものが圧倒的に多いと思います。弥生土器では、お米などを炊くのに甕は必要で、言い換えれば、さまざまな器種がある中で生存のための必需品は、甕だけといえるのです。つまり、生きる上では直接必要のない、どうでもいいような土器がたくさん見られるようになった、それが弥生土器なのです。現在の器のあり方の淵源は弥生土器にあるという、歴史的位置づけができると思います。ところが、弥生時代の南九州は、奇妙なことに基本的に土器の高杯がない世界です。日向ではだいたい弥生時代後期、薩摩・大隅では後期後半から後期終末まで、その普及が遅れるのです。つまり土器の高杯が欠如するというのが大きな特徴です。その他の器種は他の地域とほぼ連動しているのですが……。

飲食とか祭宴とかの場合、さまざまな食器が使われるわけですが、弥生時代には木器や土器には価値の差がありまして、それが身分の象徴だっただろうと見るむきがあります。そうした器のあり方が古墳時代にも、そして現代までも続いていくと考えられるのです。そういった器に対する考え方の基本は、大陸に起源するものであろうと思います。それが西日本に広がっていくのに、南九州は弥生時代中期の前半までは、他の地域と比べてはっきりしません。基本的に高杯とか、器台、椀形をした小型の鉢など食器としての土器が、なかなか発達しない地域です。ただし、瀬戸内系のⅣ様式の高杯が入ってきたりはします。しかし、古代東アジア的な食器の使用といいますか、身分と結びつくような食器の使用というのは遅れました。南九州では、弥生時代の中期の半ばまで墓地の発達が遅れるという側面もありまして、そういうことから、社会の隅々まで弥生的な行為とかイデオロギーが行きわたっているわけではなかった、と見なくてはいけないと考えております。

一方、北部九州は社会の複雑さの点でも、中国王朝との接触という点でも、弥生の中で最も先んじた地域であると考えますが、弥生時代中期には列島内からの搬入土器が極めて少ない地域といえます。中期に北部九州がよその地域と盛んに交流していたのは間違いないのですが、土器は表面的には排他的だということです。それに対して、日向や大隅を中心に、中期に瀬戸内の土器が混じって出てくるのですが、その中には高杯など南九州に本来ないものが見られます。恐らく高杯などを入手することに意味があったのでしょう（補記1）。瀬戸内系土器に対する肯定的な意識や寛容さがうかがえると思います。中期後半以降、円形周溝墓というお墓や墓群へ瀬戸内系の高杯でお供えをした例もありますので、そういう特別な土器を必要とするような、社会の複雑さが出てきたということでしょう。一方、薩摩半島西部の中期後半では、それまでの在来の土器がほとんど途絶えて熊本系の土器に変わってしまいます。この地域では、中期を通じて中九州の熊本や北部九州の土器が搬入されてもいますし、そうした熊本系の土器をベースとして、後期を通じて継続・展開していきます。以上から、大まかに南九州は全体的に、後期の中で高杯が出たり小型器種が増えてきたりといった点で、しだいに西日本的な土器に近づいてくるということになります。

なお、後期になりますと、瀬戸内系の土器が点々と見られる地域は、瀬戸内に近い東側だけでなく、西側にまで回り込んで薩摩半島西部や熊本南部などに進出してまいります。これは、交易において瀬戸内との関係が強くなるということを示唆していると考えられます。それから、この地域を考える上で大事なのは、南西諸島との交流です。薩摩半島西部の沿岸部は弥生時代を通じて特別な地域であり続けましたが、高橋貝塚では南海産貝輪の未製品が出土しています。高橋貝塚に隣接して集落と思われる地区と墓地からなる地区があり、私はそれらを総称して高橋遺跡という一つの遺跡ととらえていますが、この高橋遺跡内の下小路《しもしょうじ》では北部九州の甕棺が貝輪を伴って出土しておりますし、沖縄の土器もここから発見されており、貝輪交易の中継拠点であったことは間違いないと考えます。また、この地域は中九州や北部九州からの外来系土器の最も多い所です。環濠集落もこのあたりに集中して散見されます。高橋遺跡のすぐそばの河口付近に、当時の港があったのではないかと私は推測しています。高橋遺跡の近くに大溝を伴う松木薗《まつきぞの》遺跡がありますが、ここが中期後半に拡大して後期にはさらに拡大していき、交易拠点として発展します。ここでは後期の瀬戸内系の土器が多く発見されています。

貝輪の交易は、弥生時代に入ってほどなくして始まりますが、これは西北九州の沿岸民が交易を主導したと考えられます。南九州の薩摩半島西部を中継拠点として沖縄に貝をもらいに行くということです。その後、西北九州は仲介者として北部九州に供給するようになりますが、弥生時代の中期後半になると、西北九州沿岸部から遺跡が急に衰退してしまいます。ちょうどそのころに、薩摩半島西部には中九州（熊本）の土器がたくさん入ってきますので、外洋に面した古くからの東シナ海ルートが廃れ、有明海を通って北部九州、そしてさらに一部は近畿地方へと流通してゆくというルートが確立すると考えられます。貝輪交易自体はその後も長く続けられます。このように、先邪馬台国時代の南九州というのは、独特な面を持ちながら、瀬戸内、沖縄、北部九州などとのかなり広範囲な交流があったと考えられます。このように考えますと、決して孤立していた地域ではないといえます。

(2) 南西諸島（沖縄諸島）との交渉

この薩摩半島西部は、弥生社会にとって南西諸島と結ぶための窓口的な役割を果たしたと考えられます。沖縄からは中国製の遺物が出土しています。これらは弥生人が南九州を経由して沖縄に交易品として持っていたものだろうと考えます。このように、貝輪の代価として使われた物は中国製品と考えられ、五銖銭《ごしゅ》なども出土しております。沖縄では貝輪の原材料であるゴホウラ、イモガイという貝の貝殻がストックされた状態で出土しています。中期前半の南九州の土器が沖縄に大量に持ち込まれています。そして高橋貝塚では、沖縄の土器がごく少量ではありますが出土しています。以上から貝輪の交易が非常に盛んに行われていたということと、権威のシンボルとしての貝輪入手のために、弥生人がはるばる沖縄まで出向いて行ったということがわかると思います。南九州の中期前半の入来《いりき》Ⅱ式土器は、岡山県南方《みなみかた》（済生会）遺跡や、壱岐にある原《はる》の辻遺跡にまで運ばれていますので、かなり活発に交易をおこなっていたと考えられます。

三　邪馬台国時代前後の土器

これらを踏まえまして、邪馬台国時代前後の話に入っていきたいと思います。このころの大隅・薩摩の土器は成川《なりかわ》式土器といいます。南九州では土器編年が遅れておりましたが、近年ようやく整備されてまいりました。日向地域では松永幸寿さんが詳細な編年をされています。鹿児島側の薩摩や大隅では中村直子さんが成川式の編年をされ大枠はできていますが、まだ大まかな区分で、今後細部の時期の区分が必要と考えられております（図1）。弥生時代後期は資

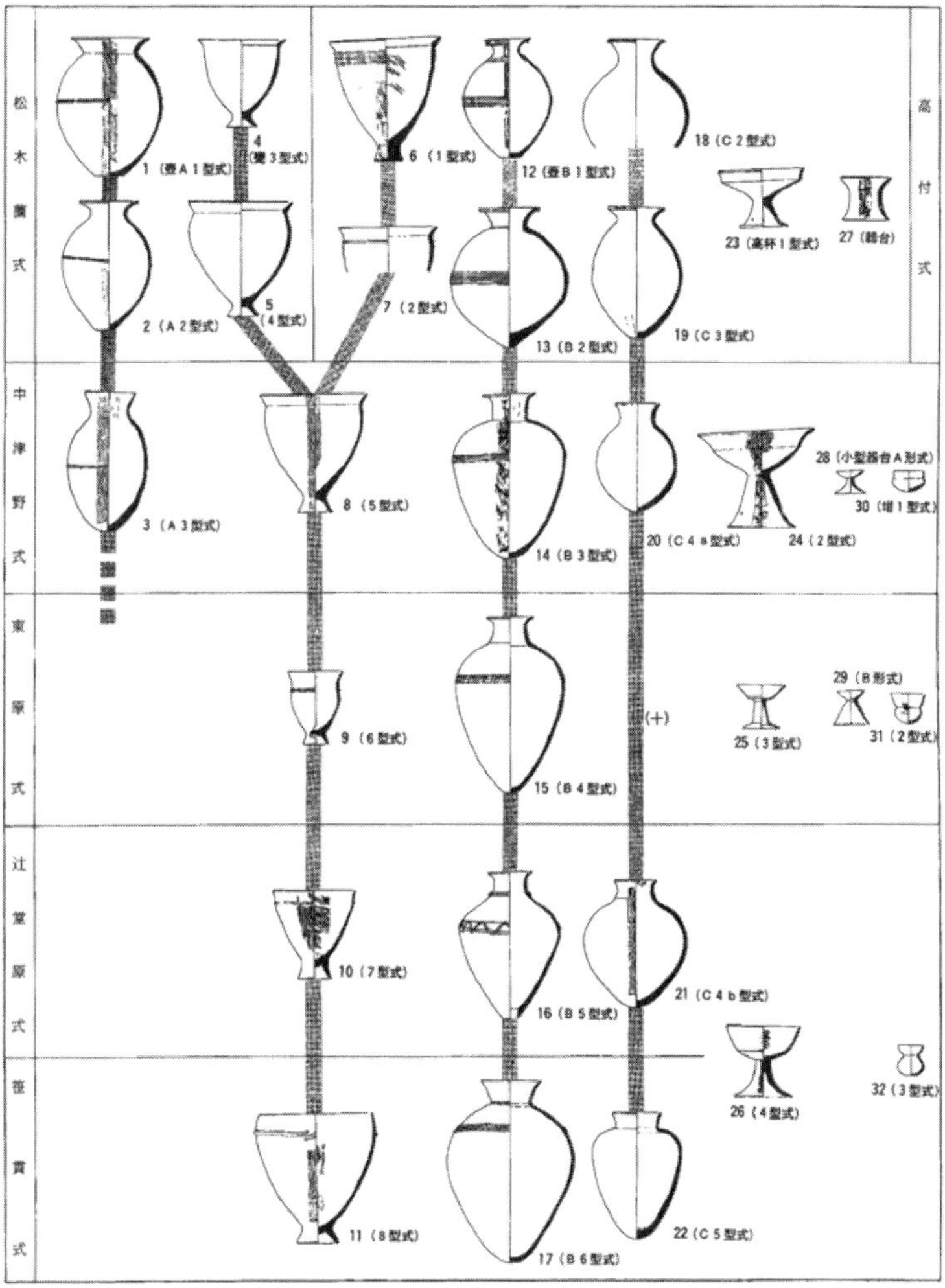

図1　成川式土器編年図（中村 1987 より）

料が少なかったのですが、最近資料が増えてまいりましたので、ここでは私の時期判断でお話しさせていただきます。

弥生の後期は、中期までの大隅と薩摩の土器の地域色がしだいに薄まってきまして、成川式土器の始まり前後、つまり弥生時代の終わりから古墳時代の初め頃にそれが解消され、大隅・薩摩には類似した土器が全体的に広がります。成川式の甕は、土師器のような丸い形ではなく下にロケットの噴射口のようなものが付いておりまして、これを脚台といいます。このように、南九州は非常に独特な展開をすると考えられます。かつて成川式は、弥生土器に似ているということで弥生時代後期と考えられていました。ところが、須恵器が伴うことなどがわかってまいりまして、八〇年代にはむしろ古墳時代の土器であると明確に認識されるようになりました。これが弥生の終わりから古墳時代の最終末まで長期間に及びます。そんなに後まで独特な土器が使われていたのです。

成川式が弥生土器の伝統を残すという認識はおおむね当たっていますが、熊襲《くまそ》や隼人《はやと》という種族だからこのような独自性の強いものを使うのだという見方がありました。そういう先入観を持って見る風潮は、現在も根強く残っております。まだ、検討の必要性はありますが、西日本の中で特異な土器であることは間違いありません。しかしながら私は、その中で注意を要する点があると考えています。それは、南西諸島の土器と比べますと、成川式は明らかに土師器

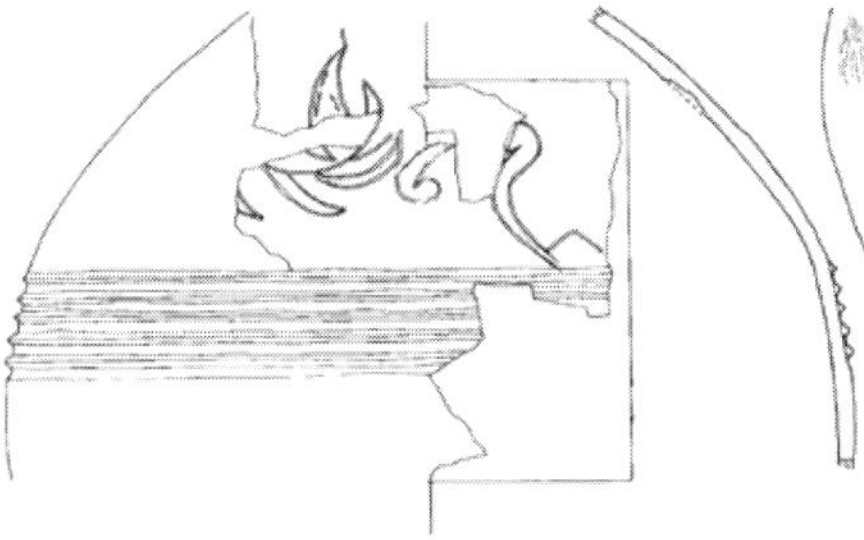

諏訪前遺跡
（鹿児島県立埋文センター 2007b）

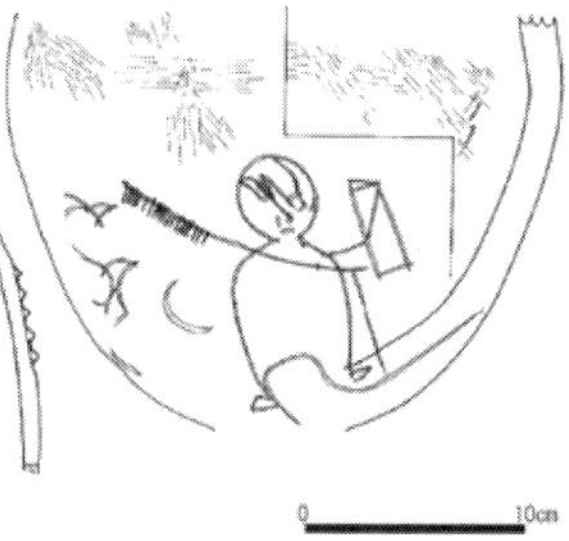

名主原遺跡
（鹿屋市教委 2008）

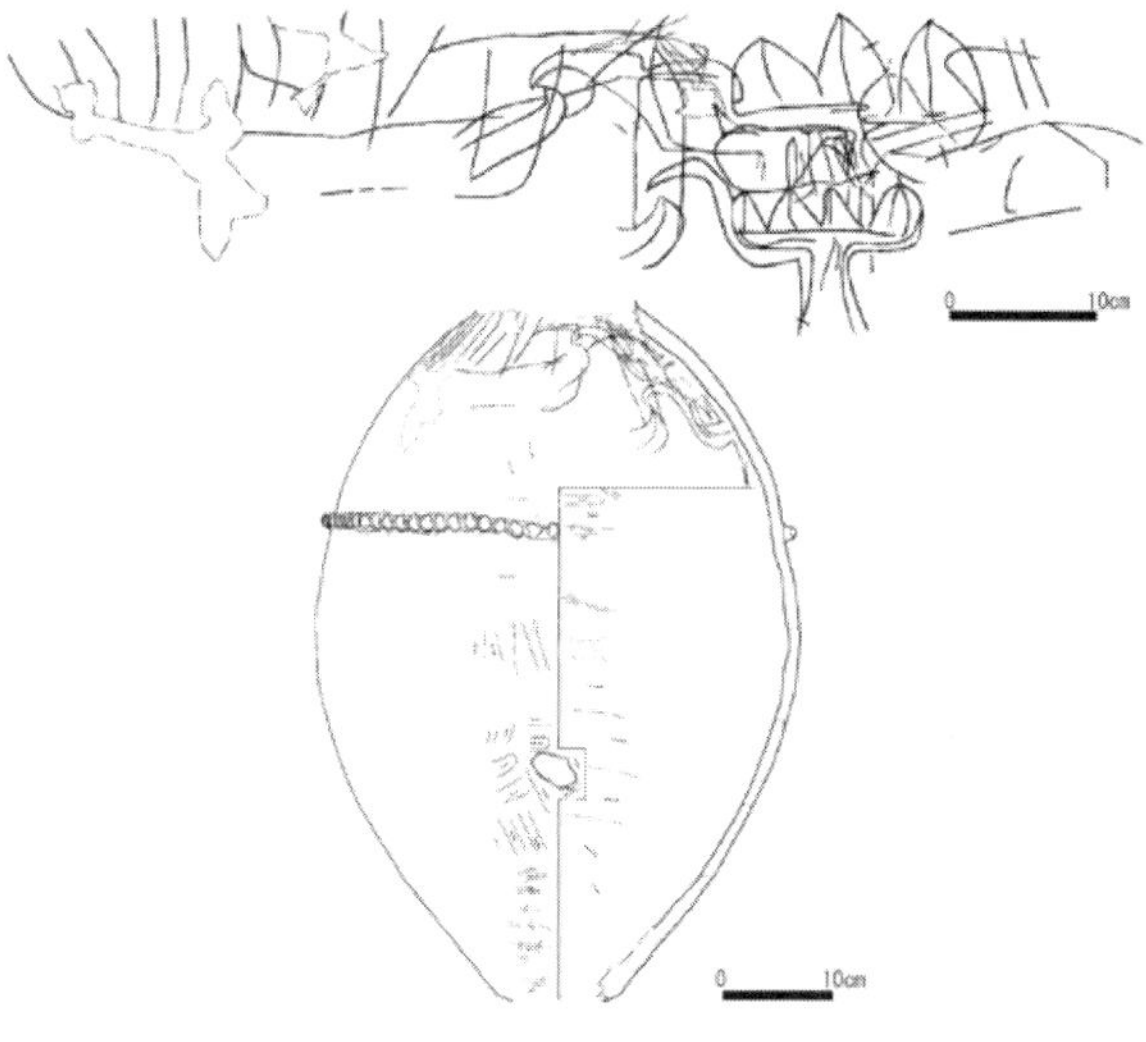

南摺ヶ浜遺跡
（鹿児島県立埋文センター 2009c）

図２　大隅・薩摩出土の特徴ある絵画土器

と連動した変化をするところが、部分的にではありますが認められます。ですから、そう簡単に「これは土師器ではない」とは判断できないのです。

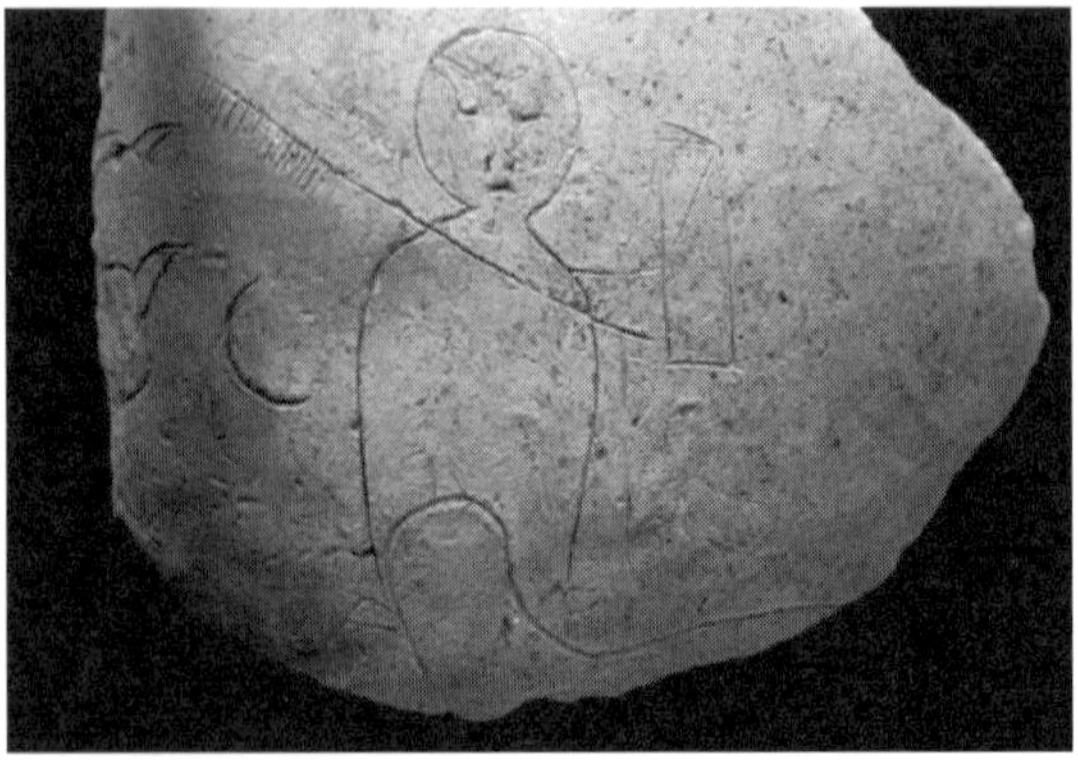

図3　名主原遺跡出土絵画土器

(1) 弥生時代後期後半〜終末の土器

次に邪馬台国時代、つまり弥生時代後期後半から終末くらいまでの土器を見ていきたいと思います。南九州では絵画を描いた土器がしばしば見られます。日向には有名な宮崎の下那珂遺跡とか中岡遺跡があります。最近では大隅・薩摩でも類例が増えてまいりまして、南九州全体に広がっていることがわかってきました(図2)。明確な絵画や記号が描かれるのは弥生時代の後期後半からで、終末頃が最盛期です。大隅の鹿屋市にある名主原《みょうずばる》遺跡の人物を描いた絵は、細かく観察しますと線を消した跡が確認できます(図3)。このような例は結構あります。単に間違えたから消しているのではなく、物語を語りながらだとか、呪文を唱えながら描いたというふうにも考

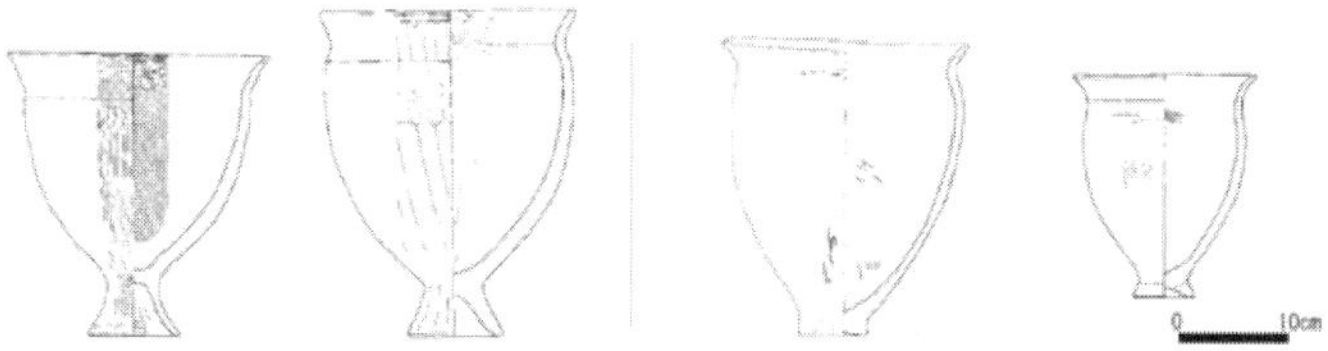

源藤遺跡（宮崎市教委 1987）

左　小薗遺跡（金峰町教委 2000）
右　名主原遺跡（鹿屋市教委 2008）

図４　日向出土の大隅・薩摩の土器（左）、大隅・薩摩出土の日向の土器（右）

えられます。このような、絵を描く風習が広がるのは西日本規模の大きな動きと考えます。こうしたことから、南九州の土器様式は形とか技法だけでなく、製作者の心の面でも西日本との連動性が深まってくるのが邪馬台国時代と考えられます。記号や絵画が描かれるのは、西日本の後期を考える上で重要な現象であろうと思います。絵画土器に関する詳細は、この後発表される北郷さんのお話をお聞きください。

　南九州内部では、弥生の終わり頃からすごく活発な土器の動きが確認されます。南九州全域で絵画土器を共有するだけでなく、土器の移動や土器製作者の移動などがあることがわかっています。大隅・薩摩から日向に移動したもの、日向から薩摩に移動したもの、日向から大隅に移動したものなど、相互の地域での移動が確認されます（図４）。また外来系土器で注目されるのは、弥生時代中期後半以降も瀬戸内系の土器が搬入されたり、模倣されたりしていることです。例えば宮崎県の東平下遺跡の1号円形周溝墓からは立派な高杯が出土しています。こうした瀬戸内系の土器の搬入や模倣は日向で目立ちますが、最近では大隅・薩摩でも発見されています。また、器台などの外来系土

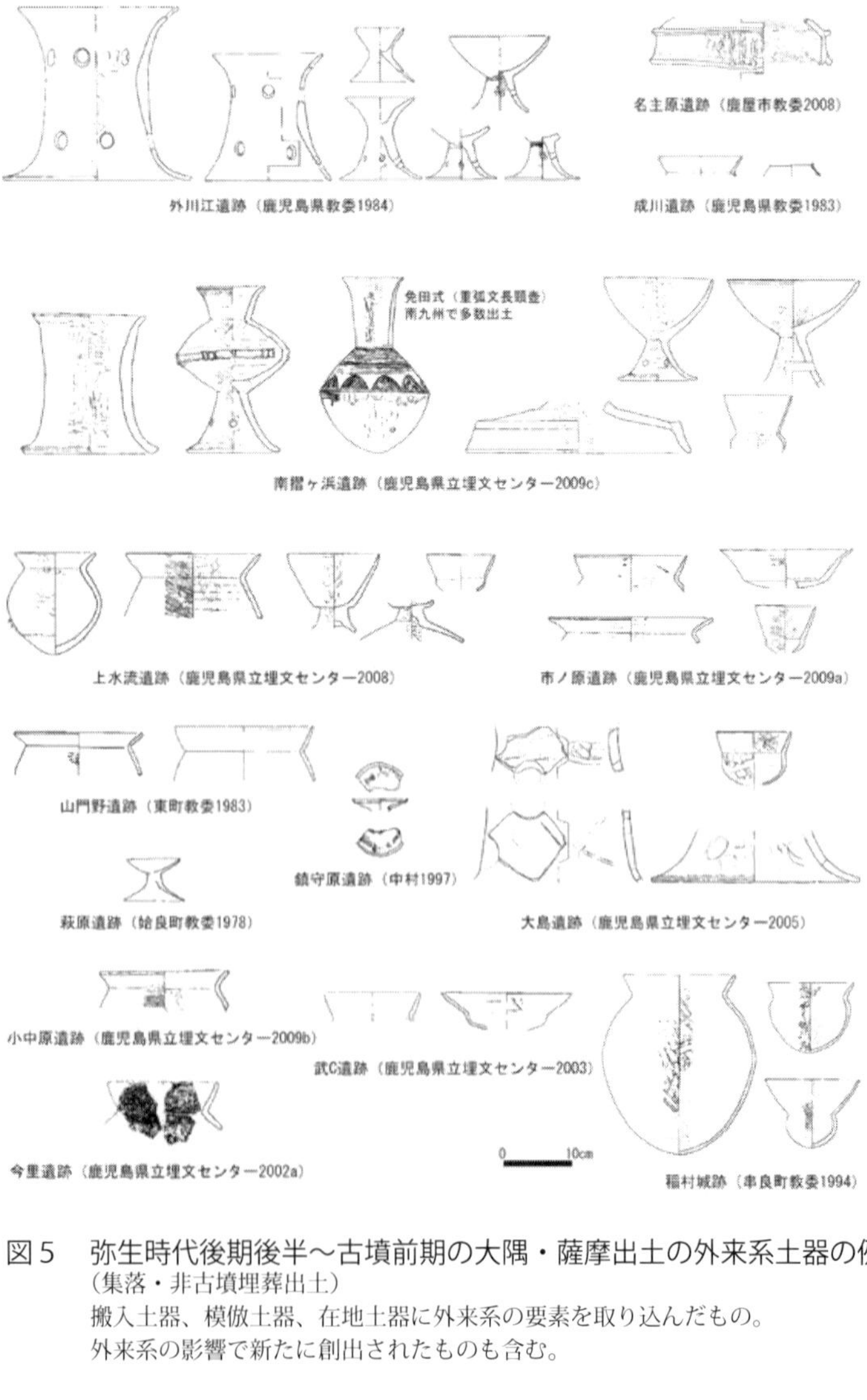

図５　弥生時代後期後半～古墳前期の大隅・薩摩出土の外来系土器の例
（集落・非古墳埋葬出土）
搬入土器、模倣土器、在地土器に外来系の要素を取り込んだもの。
外来系の影響で新たに創出されたものも含む。

器が在地化して定着するのですが、大隅や薩摩でも多くの遺跡でそれが確認されています。弥生時代後期後半から古墳時代前期にかけての外来系土器を抽出したのがこれです（図5）。この後に述べる古墳時代前期の城山山頂遺跡と清水前遺跡の資料は、ここには挙げていません。一方、後期には免田式という中九州（肥後＝熊本）地域の土器も頻繁に入ってまいります。弥生時代の終わりまでは全体的に、瀬戸内系の影響が強いのですが、吉備系などは血眼で捜してもそれほどではありません。古墳時代に入ると、布留式が点在しますが、出土量はかなり少なく、また限られた遺跡に集中します。

（2）古墳時代前期の土器

①城山山頂遺跡

古墳時代の前期の土器について述べてみたいと思います。土師器がセットで出土した城山山頂遺跡という南九州では珍しい遺跡があります。薩摩半島西部の芝原遺跡からも出土していると聞いております。城山山頂遺跡は鹿児島県霧島市の国分にある遺跡ですが、平野の少ない南九州において国分平野は比較的広い平野の一つです。薩摩半島と大隅半島の付け根、鹿児島湾（錦江湾）の一番奥にあります。案外専門家でも御存じない方が多く、注目していただきたい遺跡です。縄文時代早期の有名な上野原遺跡がこの遺跡の近くにあります。平野を見下ろ

図６　城山山頂遺跡の遠景（矢印部分）

す一九〇メートルのシラス台地上に立地します（図6）。調査範囲が狭くまだ詳しいことはわからないのですが、竪穴住居が数軒重なり合って出ていまして、その中から土師器、つまり布留式土器が出土し、在地の成川式土器も共伴していたようです（図7～9）。この遺跡の布留式土器は出土数が多く、大変際立っています。久住猛雄さんによる北部九州編年のⅢA期、布留Ⅱという時期に併行するということで、邪馬台国時代というには若干新しいのですが、これらの布留式の技法は明らかに在来のものではなく、外来系です。

　私の観察では、土は恐らく九州のものだと思いますが、在地の土ではなく他所から持ち込まれたと考えられます。しかも、複数の産地からこの遺跡に持ち込まれたと考えられます。どこで作られたかは、これからの課題になります。布留式の甕は煮炊きで外側に煤が付くのが普通で、この遺跡でも同様です。もし、この煤がよそで付いたも

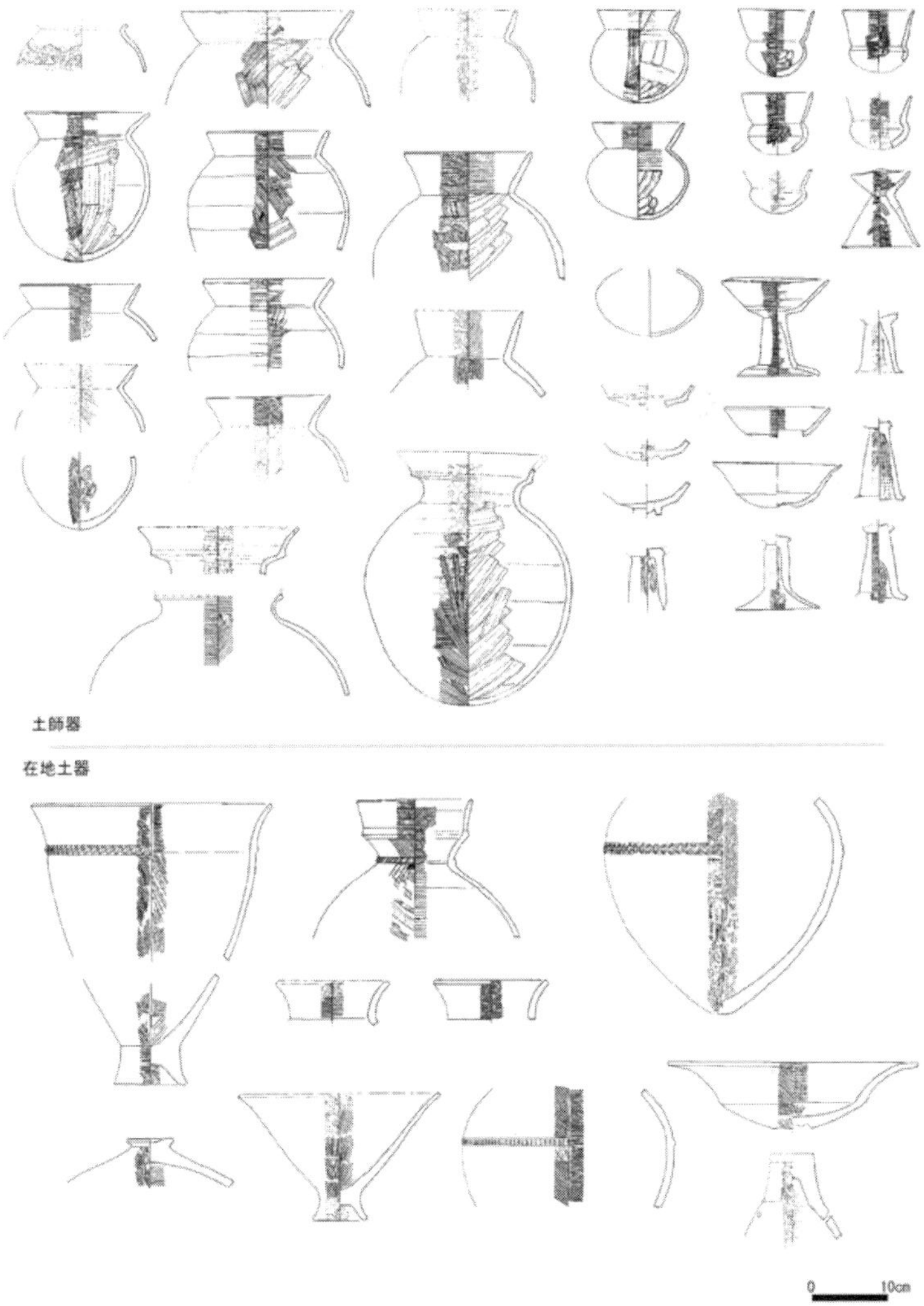

図７　城山山頂遺跡出土土器（国分市教委 1985 より）

のではなくこの遺跡で付いたものであるならば、他地域と同じような使われ方をしたということになります。また、搬入品と思われる二重口縁壺も外側に煤が付いておりまして、白く見える縦の筋は吹きこぼれ痕です（図9左下）。

この遺跡の性格は非常に興味深いものです。ここから南を見ますと、国分平野が見おろせまして、鹿児島湾が見え、桜島と大隅半島との隙間に開聞岳が見えます。これは「薩摩富士」といわれる優美で特徴的な山で、古来、南へ行く海上交通の目印となったと考えられます。このような立地でありまして、ここから薩摩半島にも大

図8　城山山頂遺跡出土土師器と付近にある妻山元遺跡出土の成川式壺（左奥）

図9　城山山頂遺跡出土土師器の各器種

隅半島にも行けますし、海にも行けるし、宮崎、熊本方面にも行けるという交通の要衝です。また、後世にはこの場所は山城に利用されており、防御にも優れた面がうかがえます。つまり、きわめて慎重にこの場所を選んでいることがわかります。

私は、ここが前期の前方後円墳が出現していてもおかしくない場所のような、そういうイメージを持っています。ここは単なる一般集落の跡ではなく、周辺を慎重に調査すれば豪族居館、あるいはそれに類するものがあるような特殊な場所であるという可能性を感じております。この遺跡のすぐ近くに、大隅国分寺、大隅国府などが後世に置かれておりまして、まさに重要な地点です。また、この山のすぐ下には本御内《もとおさと》遺跡という同時代の遺跡がありまして、ここからは破鏡が出土しております。薩摩半島西部に奥山古墳という薩摩半島では希少な古墳がありますが、そこから出土した土器は城山山頂遺跡の土器とほぼ同じ時期と考えられますので、時期が重なる点で興味深いところです。

②清水前遺跡

次に清水前遺跡をご紹介いたします。薩摩半島西部の南さつま市にある坊津という入り組んだ天然の良港に臨む所にあります。平地の少ない非常に狭い所にある遺跡ですが、ここで土師器がセットで出土しました。ここは弥生時代終末期から古墳時代前期頃の遺構がありまして、

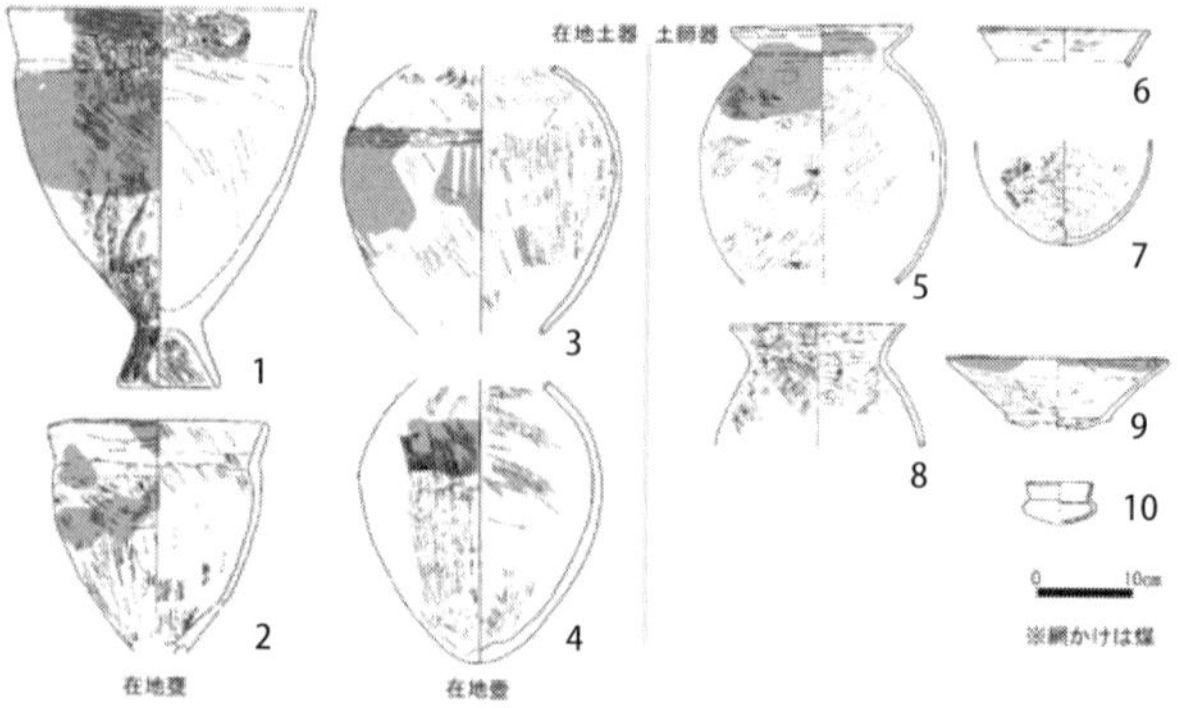

図10　清水前遺跡出土土器（南さつま市教委編 2011 より）

在地の成川式と外来系の土師器である布留式が出土しております（図10）。数量はわずかですが、胎土から見ますとほとんどが搬入品のようです。搬入品と見られるものは、形態などの特徴から恐らく九州産で、中九州あるいは北部九州のものと推定できます。時期は久住さんのⅡC期と考えられ、先ほどの城山山頂遺跡より若干古いころです。この遺跡からは、それ以外に非常に珍しい奄美の土器も出ております。他にも薩摩半島の外洋に面する遺跡で奄美の土器が出た所がありまして、注目されるところです。この清水前遺跡がある坊津は、古い貿易港として知られており、奈良にもゆかりの深い鑑真の上陸地点がここだったといわれています。布留式土器が出土すること自体が南九州では稀有なことですが、この遺跡は周囲に広い可耕地があったとは考えにくいですし、この立地は港や交易という脈絡で考えるべきと思います。

　この遺跡の布留式甕の表面には炭化物が付着しており、

そのうちの一つの甕（図10―5）で炭化物の放射性炭素年代測定がなされていますが、その際に測られたδ13Cは、-12.63±0.34‰という、かなり高い値が報告されております。この炭素は何に由来するかといいますと、磯で採れる海藻の類、もしくはC_4植物、つまりヒエとかアワなどの雑穀が吹きこぼれて付いたものなら、この数値はありえるかなと思います。それならこの遺跡の立地にも合致します。もう一つの甕は火を受けた明瞭な痕跡はありませんが、底部より少し上の方に煤が付いております（図10―7）。煤の付き方から、恐らく石で下を支えて下から火を焚いたものと考えられます。恐らく布留式甕の使い方を模倣しているようです。さきほどの布留式甕（図10―5）も、下の方から火を当てるという使い方は布留式的なのですが、布留式とやや異なる点は、火を受けてかなり上の方まで赤く変色していることです。

さて、こちらは在地の壺です（図10―3・4）。普通は壺で煮炊きはしません。ところがこの壺は頸が外れています。こうなると先ほどの布留式甕とだいぶ似た形になります。これらの壺には煤が付き、その下は赤く変色しています。明らかに煮炊きをした痕跡です。煮炊き用として脚台付きの甕（図10―1・2）がたくさんあるのに、わざわざ壺で煮炊きをしているのです。こうして見てまいりますと、布留式土器と同じではないですが類似した使い方といえます。これらは恐らく、成川式を使う在地の人たちが、どこかで布留式の煮炊きの仕方を知っていて、同じような使い方をしたというような理解の仕方でいいのではないかと考えております。在地人が布留式の使い方を模倣した例と考えます。壺の頸を外して布留式の甕に見立てるなんて、面白い「見なし」をしたものだなと思います。

脚が欠けた布留式の高杯も出土していますが、端部に煤が付いています（図10―9）。煮炊きの際に蓋に転用したと考えられるもので、非常に在地的な使い方だと思います。以上をまとめますと、布留式の正式な使い方でなく在地的な使い方をしている、しかし布留式の煮炊きの仕方を一部知ってもいると言えそうで、ここの人たちは一体何者だろうという感じを持ちます（補記2）。何か海上交通に携わっていた人たちだろうと思います。こうして見ますと、先ほどの城山山頂遺跡はずいぶん政治性が感じられるのに対してこの清水前遺跡の場合は交易とか海上交通とか、そういう方向で考えられるのかなと思っております。両者は非常に対照的だと思います。このように昔の人の行為を復元できれば、もっと邪馬台国時代の実態に迫れるのではないかと考えております。

四　南九州の墓制―非古墳を中心に―

次は大隅・薩摩の墓制についてお話ししたいと思いますが、古墳でないお墓を対象にしていきます。弥生後期を除けばもともと墓地の発見が少ないのが南九州です。九州では縄文時代で

図11　南摺ヶ浜遺跡の墓群
（鹿児島県立埋蔵文化財センター提供）

図12　南摺ヶ浜遺跡出土土器
（鹿児島県立埋蔵文化財センター所蔵）

もあまりお墓は見つかりませんが、弥生時代にもそのような状況が一部の地域で続きます。そうした所でも弥生時代後期になると活発にお墓が造られるようになります。全国的に古墳時代は古墳以外の墓地が希薄な時代ですが、南九州はその点で特異な地域といえます。弥生時代中期の後半から末頃に始まって古墳時代の半ばまでずっと続いている墓地が何カ所か見られます。薩摩半島南端の南摺ヶ浜《みなみすりがはま》遺跡（図11）やその近くの松ノ尾遺跡では鉄器なども出土しておりますし、完全に民衆のお墓と考えるわけにはまいりませんが、円く溝を廻らせ

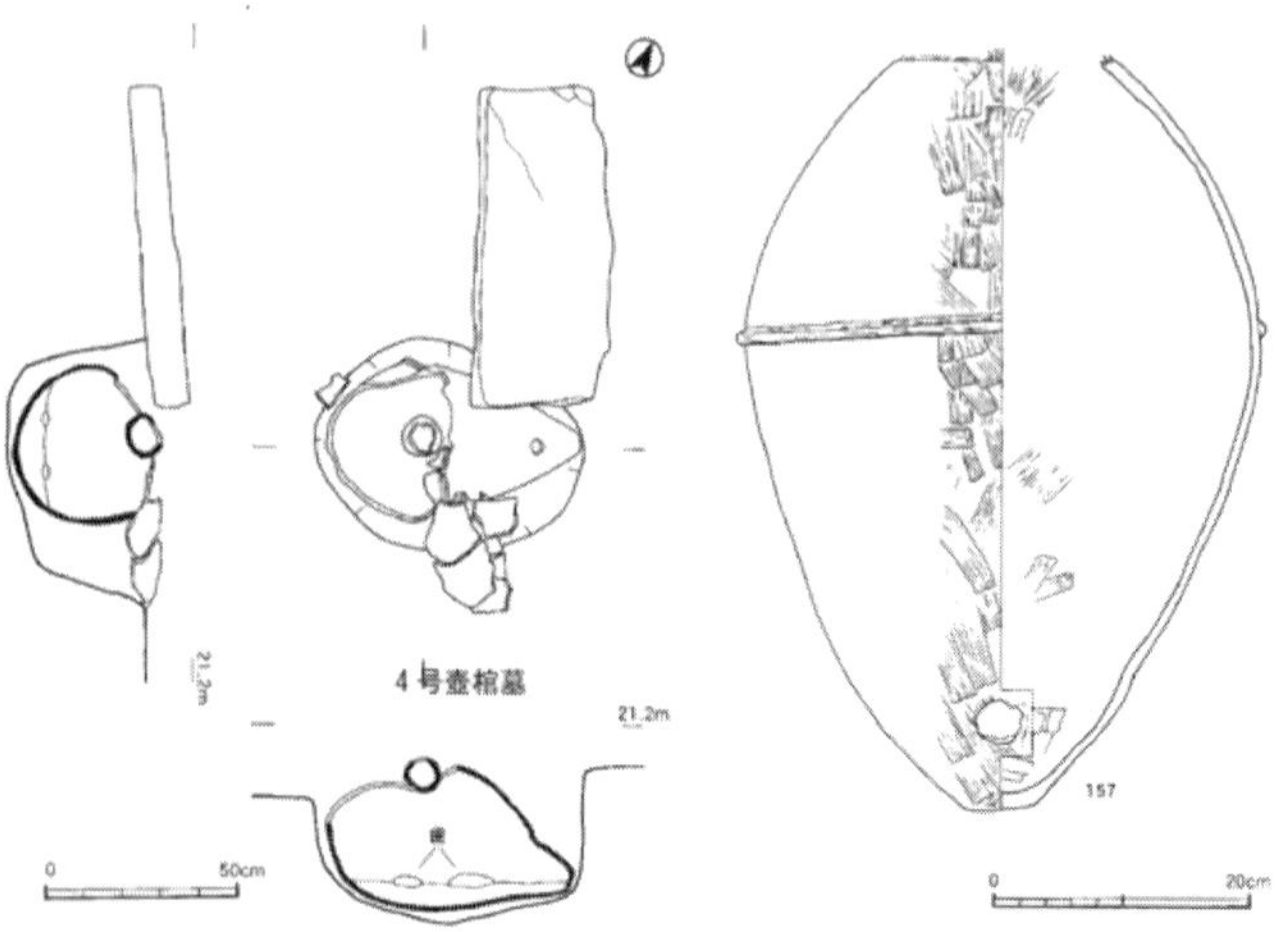

図13　立石をもつ埋葬の例
（南摺ヶ浜遺跡：鹿児島県立埋文センター　2009より）

た円形周溝墓というお墓が弥生時代の終わり頃から古墳時代の初め頃に存在することは注目しておく必要があります。低いマウンドを持っている可能性も考えられます。こうした墓地からは成川式土器が出土しますが、古墳時代中期のものには古手の須恵器が伴うものもあります（図12）。薩摩半島西部の堂園A遺跡でも土壙墓や木棺墓に溝が伴っていたりします。

従来、大隅・薩摩には、一部に見られる古墳を除くと三つの墓制があるとされてきました。立石土壙墓、地下式板石積石室墓、地下式横穴墓の三つです。これらは特殊な墓制とみなされ、熊襲や隼人と結びつけて考えられることがありました。そのうち立石土壙墓は、弥生時代中期後半からわずかに存在しており、古墳時代の初めころまで続きます。立石は、恐らく弥生時代のお墓に見られる標石、つまり標《しるし》の石と考えられます。ほとんどが倒れてしまった状態で検出されますが（図13）。これらのお墓から鉄器がたくさん出てまいりますが、中には鉄の剣が折り曲げてあったりして、西日本各地で見つかっている例と共通する行為と考えられます。

地下式板石積石室墓については、最近では板石積石棺墓と言い直しています。形は円形が多く、方形もありますが、上に石を葺いたような形です。これは弥生時代の石棺の系譜から出てきたものと考えますが、古墳時代の前期にかけて盛んに造られる墓制でありまして、中期に入って終息するようです。一方、地下式横穴墓というものは古墳時代の中期から後期の墓制で、日向と大隅に分布しています。これは古墳文化の影響を強く受けたお墓ですので、別に論じなければならないものと考えます。ですから邪馬台国時代に存在したのは立石土壙墓と板石積石棺墓ということになります。板石積石棺墓で有名なものに永山10号というお墓がありまして、内部はかなり特殊な形ですが、円形の周溝を持ち、墳丘もあったと考えられますので、外見は古墳とよく似ています（図14）。これは古墳時代前期で、在地の壺に伴って土師器系の土器が出土しています。

土壙墓・木棺墓群が薩摩半島の海岸部に広がっています。さっきも述べましたが、弥生時代の中期の後半から末頃に埋葬が開始され、古墳時代中期の五世紀頃まで続くものが多いです。伝統的に貝輪交易に関係していたこの地域の人々は、古墳時代には南西諸島の貝輪を九州や大

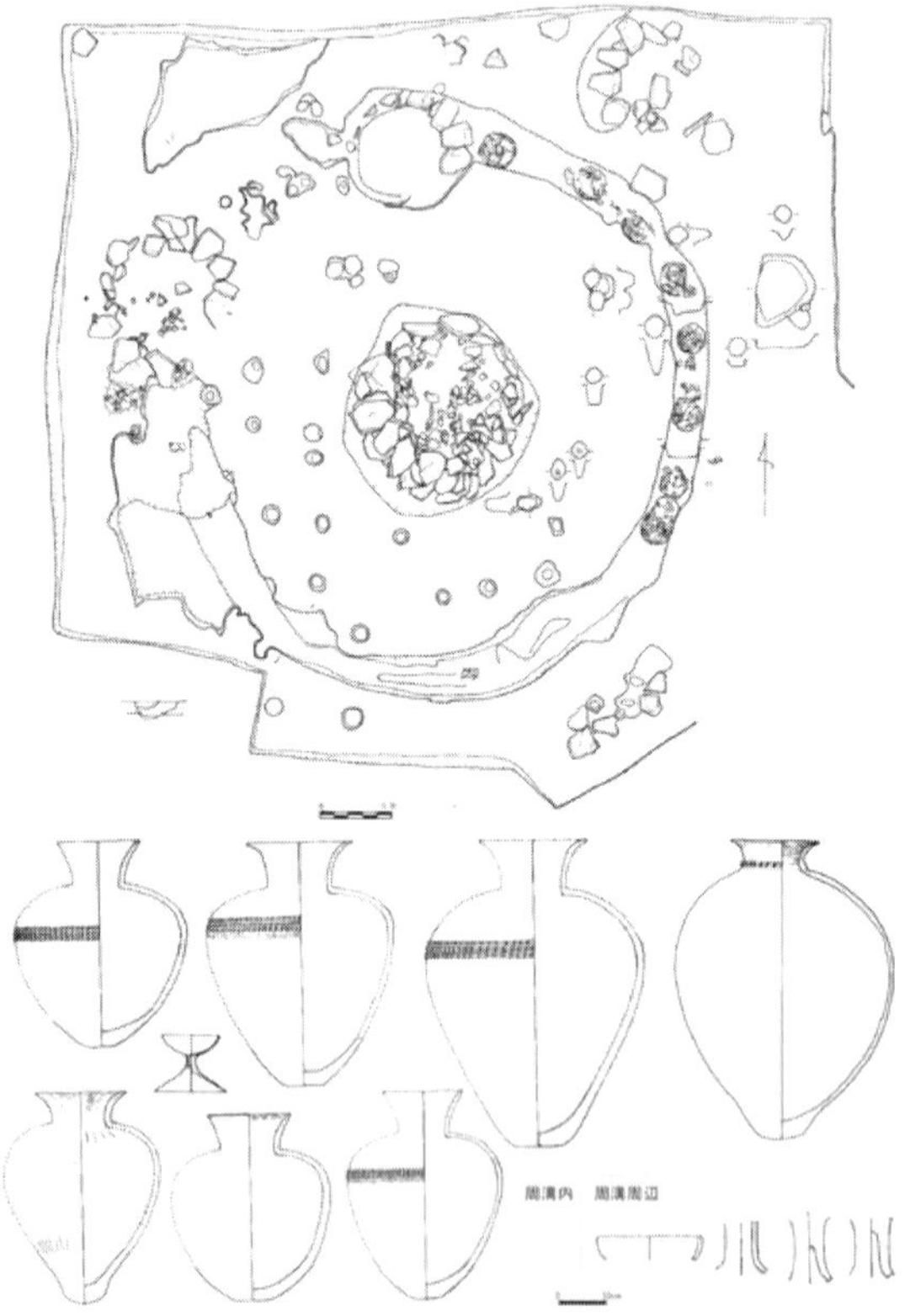

図14　永山10号板石積石棺墓と出土土器
（河口ほか1973より）

和方面へと運搬するルートの中継に関係した人たちであると考えますが、そういう特別な仕事をする人たちにふさわしい意識を獲得していたのではないかと思います。つまり、単に辺境の遅れた人たちということではなく、むしろ積極的にそういう異質なふるまいを獲得したと考えておかないといけないと考えます（補記3）。薩摩半島南端の松ノ尾遺跡からは、鍬形石の祖形といわれる南海産のゴホウラで作られた貝輪が出土しています。大阪府の紫金山古墳の碧玉製の鍬形石などと形が非常に似ています。このように、鍬形石の祖形といえる形をした貝輪が、古墳の碧玉製の鍬形石として材質を変えて作られ、広がっているのです。やはり古墳から出てくる車輪石なども貝に起源するものといわれています。このように、古墳時代、特に前期古墳の重要なシンボルといわれるものが、沖縄で採れる貝またはそれに起源するものであったということに注意しなければなりません。

地図を逆さにしてみると、南九州の歴史的役割が理解できるような気がします。弥生時代には、貝塚時代後期という異質な文化が奄美、沖縄に花開いていた時代にあたります。南西諸島北部の種子島・屋久島などは、もともと弥生土器を使用し、弥生文化に位置づけられます。ところが、弥生時代終わりから古墳時代にさしかかるころに急に変わってしまいまして、種子島・屋久島地域はそれまで弥生文化だったのに、今度は貝塚時代後期の奄美、沖縄地域と類似した文化へと転換してしまいました。そして、種子島の広田遺跡にあるような面白い文様を彫刻した貝札（貝符《かいふ》）といわれる象徴的な遺物が、沖縄から種子島まで南西諸島全体に点々と広がります。そうした地域と前方後円墳やその祭式をシンボルとする古墳文化の地域との境が、南九州と種子島・屋久島との間の海峡といえます。ということは、南九州のすぐ隣に南西諸島という異世界の最前線、種子島・屋久島があることになり、そこと対峙していることになります。古墳時代になるころの南西諸島の人たちは、主要な島々でリレー式に貝を運ぶようになったと考えられます。弥生時代には弥生人が沖縄まで直接出向いていたのですが、恐らく貝をめぐる往来は、直接的には南九州と種子島・屋久島地域の間で行われるようになります（補記4）。こうして、南西諸島から貝製品の原材料を入手する南九州の役割は、弥生時代と同様、もしくはいっそう重視されるようになったのではないでしょうか。

邪馬台国時代の倭国や卑弥呼政権というのは、戦争をしたり、外交・政治をしたり、というような世俗的なところがありながら、一方では前方後円墳の祭式に代表される、儀礼的、象徴的、宗教的な側面が強かったと考えられます。倭国では内外の色々なところと交易や活発な物流があった時代ですが、その時代の地域的なネットワークの中で南九州は、南西諸島という異世界からの物資の獲得において、特殊で重要な位置付けをされた地域ではないかと考えます。つまり、大和にとって南九州というのは、我々の思いのほか重要な意味を持っていたのではないかということを指摘しておきまして、私の発表を終わりたいと思います。ご清聴ありがとうございました。

［補記］

1　壺や甕などは、運搬用の容器として搬入されたとも考えることができ、土器よりも内容物が重視されたことがあり得る。それに対し、盛り付けしかできない高杯は内容物を伴うとは考えにくいため、高杯という土器自体の入手やその入手プロセスに意味があったと見られる。

2　城山山頂遺跡と清水前遺跡の土器の観察所見は、科学研究費補助金・基盤研究（B）（課題番号二一三二〇一五〇）の成果による。

3　主に扱われるのが日常的な物資ではなく、儀礼に関わる象徴的なものであることに注意しなければならない。弥生時代前半期の西北九州沿岸民に見られる墓制をはじめとする特殊性も、貝輪交易の仲介者という面から同様の説明が可能である（Nakazono 2011）。

4　ここでいう南九州とは、薩摩（大隅も？）をさす。いまのところ、その証拠が見られるのは西側の薩摩に限られているが、大隅も視野に入れておく必要があろう。

〔参考文献〕

姶良町教育委員会　一九七八『萩原遺跡』姶良町教育委員会

東町教育委員会　一九八三『山門野遺跡』東町埋蔵文化財調査報告書1

宇野隆夫　一九九五「木製食器と土製食器―弥生変革と中世変革―」『古代の木製食器―弥生期から平安期にかけての木製食器―（第I分冊　発表要旨）』　埋蔵文化財研究会第三九回埋蔵文化財研究集会実行委員会

鹿児島県教育委員会　一九八三『成川遺跡』鹿児島県埋蔵文化財発掘調査報告書二四

鹿児島県教育委員会　一九八四『外川江遺跡・横岡古墳』鹿児島県埋蔵文化財発掘調査報告書三〇

鹿児島県南さつま市教育委員会　二〇一一『清水前遺跡』南さつま市埋蔵文化財発掘調査報告書七

鹿児島県立埋蔵文化財センター　一九九四『本御内遺跡（舞鶴城跡）』鹿児島県埋蔵文化財発掘調査報告書一一

鹿児島県立埋蔵文化財センター　二〇〇二a『今里遺跡』鹿児島県立埋蔵文化財センター発掘調査報告書三三

鹿児島県立埋蔵文化財センター　二〇〇二b『本御内遺跡』鹿児島県立埋蔵文化財センター発掘調査報告書四五

鹿児島県立埋蔵文化財センター　二〇〇三『武遺跡A・B・C遺跡・鳥越平遺跡・松ケ迫遺跡』鹿児島県立埋蔵文化財センター発掘調査報告書五九

鹿児島県立埋蔵文化財センター　二〇〇五『大島遺跡』鹿児島県立埋蔵文化財センター発掘調査報告書八〇

鹿児島県立埋蔵文化財センター　二〇〇七a『堂園遺跡A地点・古殿諏訪陣跡・折戸平遺跡・山神迫遺跡』鹿児島県立埋蔵文化財センター発掘調査報告書一〇八

鹿児島県立埋蔵文化財センター　二〇〇七b『農業開発総合センター遺跡群Ⅳ　諏訪牟田遺跡・諏訪前遺跡・南原内堀遺跡・加治屋堀遺跡』鹿児島県立埋蔵文化財センター発掘調査報告書一一二

鹿児島県立埋蔵文化財センター　二〇〇八『上水流遺跡2』鹿児島県立埋蔵文化財センター発掘調査報告書一二一
鹿児島県立埋蔵文化財センター　二〇〇九a『市ノ原遺跡（第3地点）』鹿児島県立埋蔵文化財センター発掘調査報告書一四〇
鹿児島県立埋蔵文化財センター　二〇〇九b『小中原遺跡・市薗遺跡』鹿児島県立埋蔵文化財センター発掘調査報告書一四二
鹿児島県立埋蔵文化財センター　二〇〇九c『南摺ヶ浜遺跡』鹿児島県立埋蔵文化財センター発掘調査報告書一四四
鹿屋市教育委員会　二〇〇八『名主原遺跡』鹿屋市埋蔵文化財発掘調査報告書八四
河口貞徳・河野治雄・池水寛治・上村俊雄・林敬二郎・出口浩　一九七三「永山遺跡」『鹿児島考古』八
河野裕次　二〇一一「南部九州における弥生時代瀬戸内系土器の基礎的研究」『地域政策科学研究』八
木下尚子　一九九六『南島貝文化の研究―貝の道の考古学―』法政大学出版会
金峰町教育委員会　二〇〇〇『小薗遺跡』金峰町埋蔵文化財発掘調査報告書一一
串良町教育委員会　一九九四『稲村城跡』串良町埋蔵文化財発掘調査報告書四
久住猛雄　一九九九「北部九州における庄内式併行期の土器様相」『庄内式土器研究』一九
国分市教育委員会　一九八五『城山山頂遺跡』国分市埋蔵文化財調査報告書二
中園聡　一九八八「土器様式の動態―古墳の南限付近を対象として―」『人類史研究』七
中園聡　一九九八「丹塗精製器種群盛行の背景とその性格―東アジアの中の須玖Ⅱ式土器―」『人類史研究』一〇
中園聡　二〇〇〇「沖縄諸島出土の九州系弥生土器―様式の同定と解釈―」『高宮廣衞先生古稀記念論集　琉球・東アジアの人と文化』高宮廣衞先生古稀記念論集刊行会

中園聡　二〇〇四『九州弥生文化の特質』九州大学出版会
Nakazono, S.　2011. The Role of Long-Distance Interaction in Sociocultural Changes in the Yayoi Period, Japan. Matsumoto, N., H. Bessho and M. Tomii (eds.), *Coexistence and Cultural Transmission in East Asia*. California: Left Coast Press.
中村直子　一九八七「成川式土器再考」『鹿大考古』六
中村直子　一九九七「南限の古式土師器」『人類史研究』九
橋本達也・藤井大祐・甲斐康大編　二〇〇九『薩摩加世田奥山古墳の研究』鹿児島大学総合研究博物館研究報告四
松永幸寿　二〇〇一「宮崎平野部における弥生時代後期中葉〜古墳時代中期の土器編年」『宮崎考古』一七
松永幸寿　二〇〇四「日向における古式土師器の成立と展開─宮崎平野部を中心として─」『西南四国‐九州間の交流に関する考古学的研究』平成一四年度〜平成一五年度科学研究費補助金（基盤研究（C）（1））研究代表者・下條信行
宮崎県教育庁文化課編　一九八六『宮崎県文化財調査報告書』二九　宮崎県教育委員会
宮崎市教育委員会　一九八七『源藤遺跡』宮崎市文化財調査報告書
森貞次郎　一九六六「弥生文化の発展と地域性　九州」『日本の考古学』三　河出書房新社

〔図出典〕シンポジウム図5、神水遺跡出土絵画土器は、熊本市教育委員会編『神水遺跡発掘調査報告書』熊本市教育委員会一九八六年より改変引用

2　花弁状間仕切り住居と絵画土器の世界

北郷　泰道

一　花弁状間仕切り住居の世界

（1）花弁状間仕切り住居とは

私の名前については、南九州・都城にはある名前でございます。本日は「花弁状間仕切り住居と絵画土器の世界」ということで、二つ課題を与えられたのですが、最後にもう一つ付け加えたいと考えております。

まず、住居のことです。通常の竪穴住居ですと四角なり丸なりに住居を作るわけですが、住居の内側に向かって突出した掘り残しがあります（図1）。掘り残された壁が家の中心に向けて突出しています。平面は形状的に花弁を開いたように見えることから花弁状です。この突出部

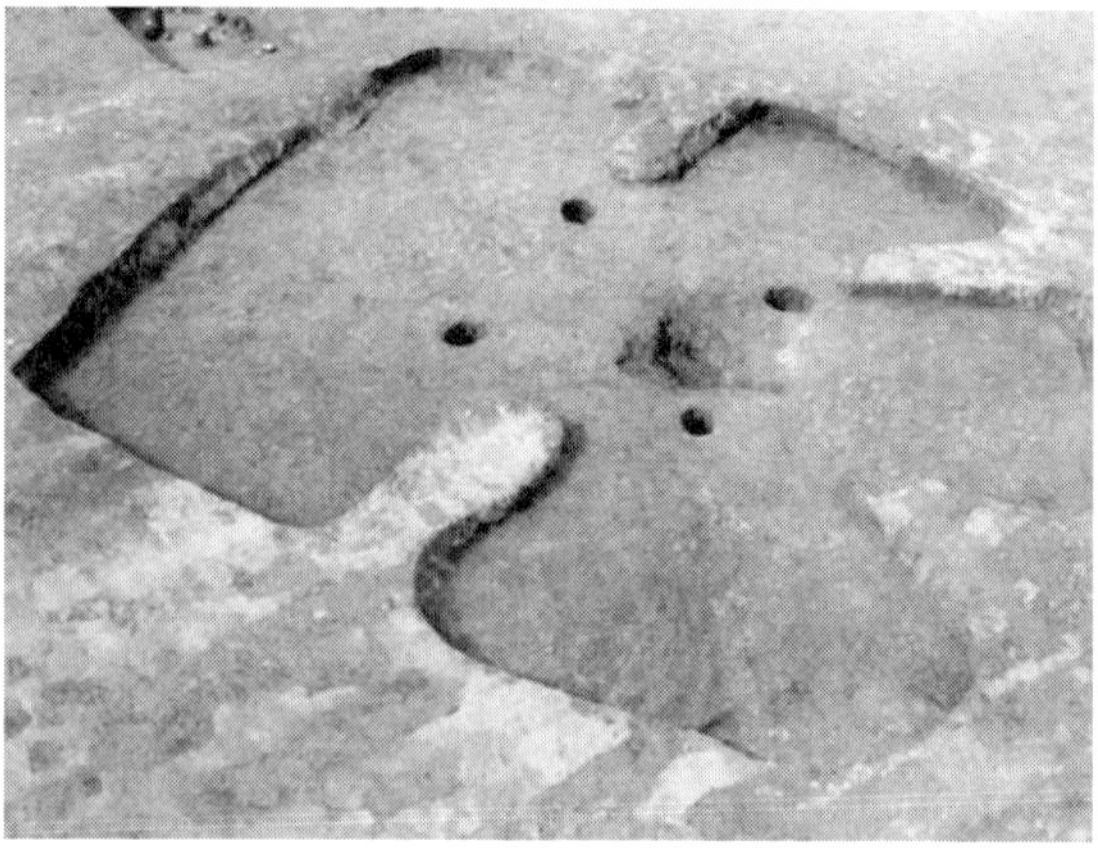

図１ 熊野原遺跡の花弁状間仕切り住居（宮崎県教育委員会提供）

が間仕切りの機能を持つだろうということで、花弁状間仕切り住居というふうに言っているものです。

円形の住居の場合ですが、基本的な構造として突出部に対して柱が対応するというのが、これが一番初期的な構造です。中央には楕円形の土坑がありまして、両端に主柱が立つという形で、その周りにまた柱を立てて、屋根を組むという構造のものであります。南九州の場合、遺構の検出面というのは、七五〇〇年前の鬼界カルデラの噴火によるアカホヤという火山灰まで剥ぎ出した地層になります。文字通り赤っぽいオレンジ色の火山灰ですが、表土を剥いでいきますと、黒いにじみとして遺構が出てきます（図２）。突出の壁の部分も確認できるということで、およそどのような下手な調査員でも掘り間違うことのない明瞭なものであります（図３）。

ただし、この検出面の表土層は、畑作などの耕作で非常に薄いものになっています。そうした中で鹿児島県の王子遺跡が発掘調査された時、まだ厚くアカホヤ上の黒色土が残されていて厳密に観察をされた結果、黒色土の中での本来の掘り込み面が確認され、その例からは一メー

図２　八幡上遺跡の遺構検出状況
（新富町教育委員会提供）

図３　八幡上遺跡の花弁状間仕切り住居
（新富町教育委員会提供）

トルほど竪穴の深さがあったということであります。ただ、アカホヤの面から掘り出すとせいぜい深くても五〇センチ程度ですが、竪穴の深さは基本的には一メートル前後の深さがあったという風にご理解いただきたいと思います。円形の住居跡（図4）と方形の住居跡（図5）のどちらに於いても、突出部を持つ花弁状間仕切り住居が存在するということであります。

（2）花弁状間仕切り住居の成立と基本設計

まず、この花弁状間仕切り住居がどのように成立したのかをお話ししたいと思います。

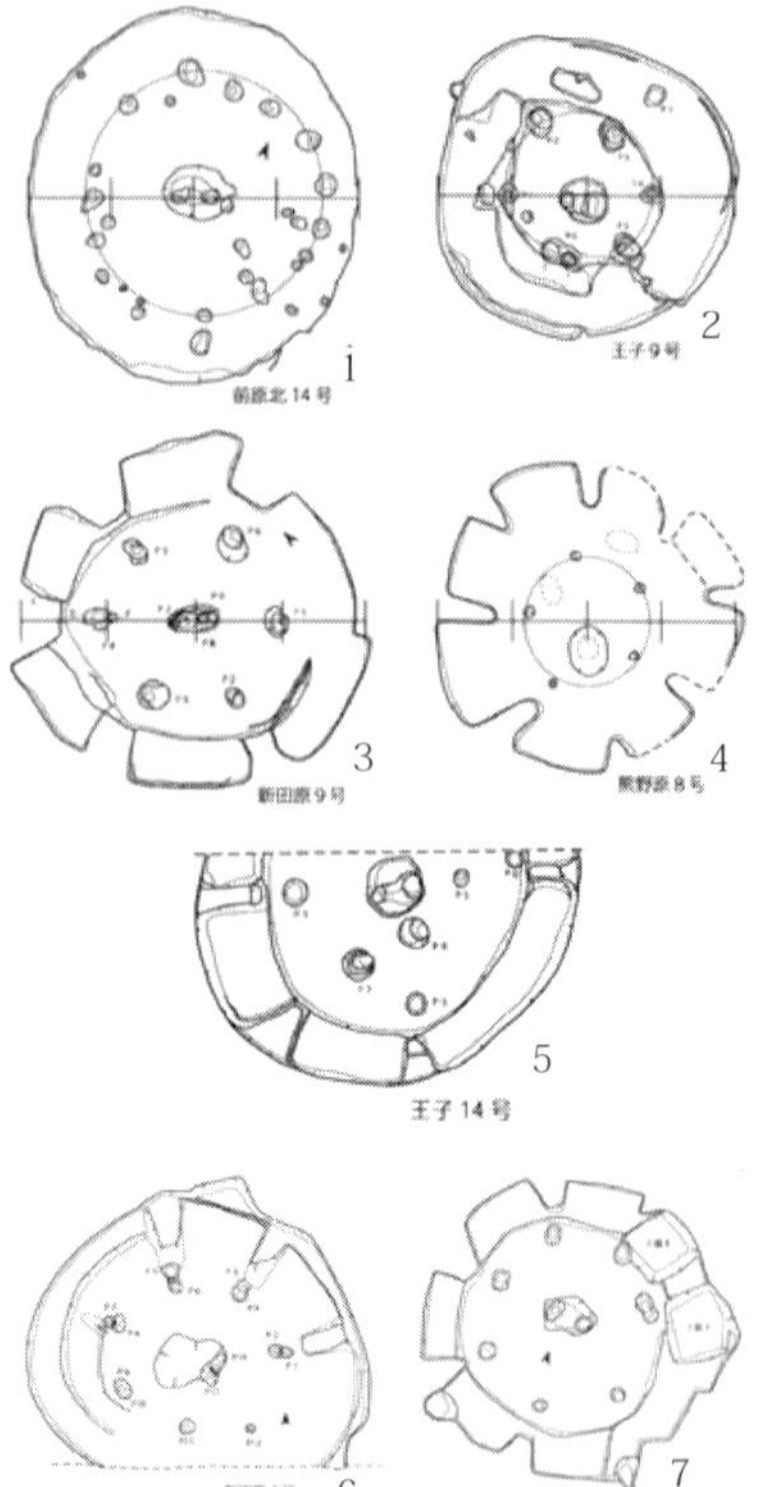

図4　円形の住居跡の基本設計
（北郷 1989）

初期の段階は、中央に楕円形の土坑があって、その中にも二つの主柱があります。周りに囲繞するように廻る柱はまだ無い状態で、中央の楕円形の土坑と両端の二つの柱、そして円形なり方形に竪穴

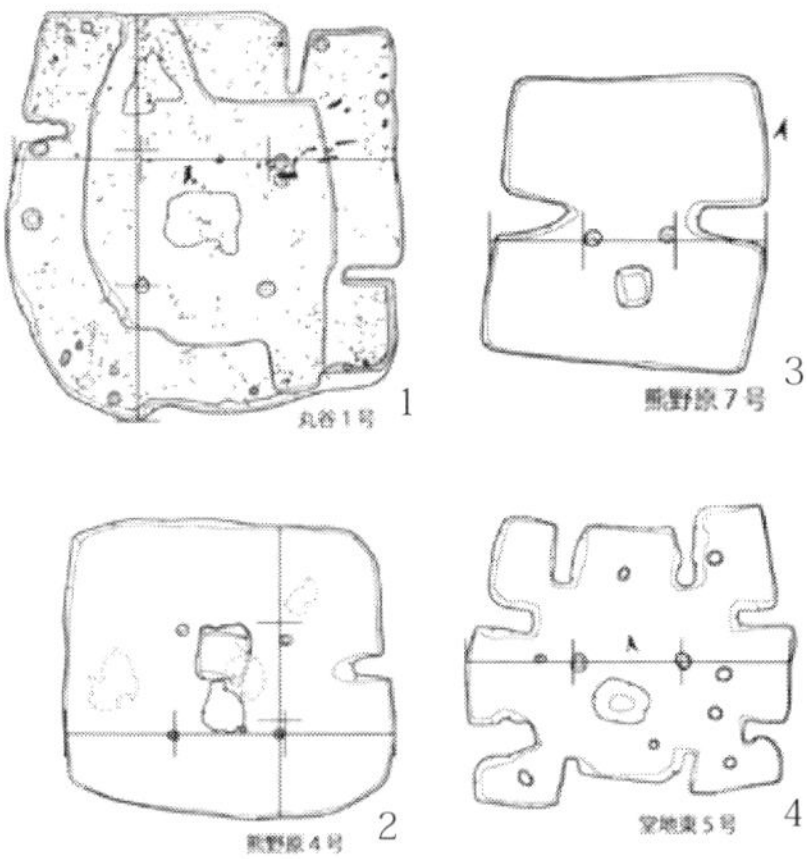

図5　方形の住居跡の基本設計
（北郷 1989）

の本体を掘るというのが、松菊里型住居と呼ばれるものです。韓国の扶余の郊外に松菊里という遺跡があり、そこを標識とする住居の形です。これが日本列島に渡ってきますのが縄文時代の終り頃で、要するに稲作と共に日本列島に入ってきただろうと考えられています。

それが日本列島で次第に大型化してゆく、その過程でこの中央の楕円形の土坑の周りを囲繞するような形で柱が立ち始めるということになるわけです。その柱の位置をご覧いただきたいのですが、直径を四分割、すなわち半径の半分よりも外側に発展松菊里型の段階では柱があります（図4―1）。ところが次の段階、王子遺跡（図4―2）になりますとちょうど半径の半分の所に柱位置があるわけです。といいますのは、発展松菊里型の段階では外側にありましたけれども、柱位置が次第に内側に寄って立てられ、そして半径の二分の一の場所に来る、ということになります。

ただ、この段階では周りはベッド状に高くなっていますが、間仕切りの突出壁はまだ持たないという段階であります。そして、次の段階で半径の半分の位置に柱が来るというのは王子遺

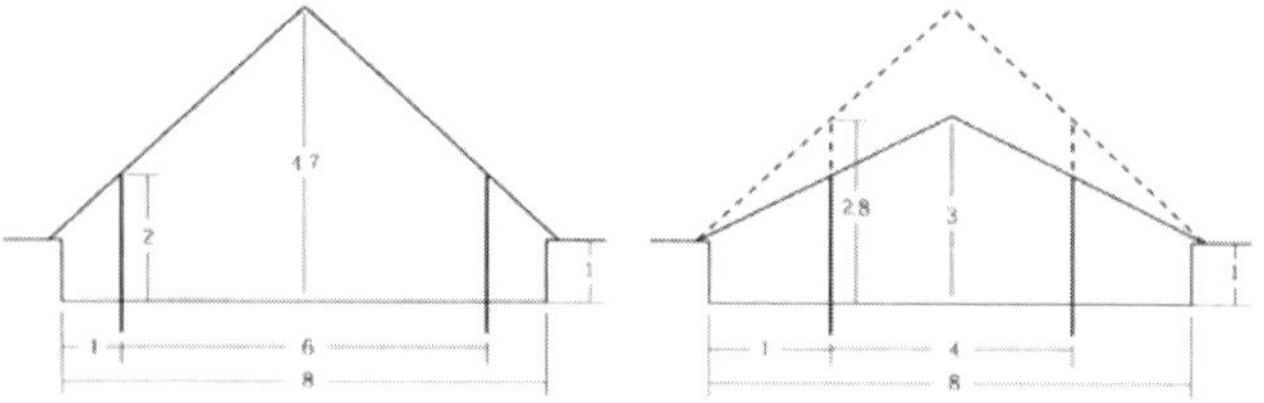

図６　屋根勾配と様式法量（北郷 1989）

跡と同じなのですが、新田原遺跡の段階で間仕切りの突出壁が誕生し、柱と対応する位置に間仕切りの突出壁が設けられることになるのです（図４―３）。

要するに、柱の後ろのデッドスペースを掘り残すわけです。言い換えると、柱と柱の間のスペースを外側に掘り広げる形で、最終的な全体の住居の形を得るということであります。そういうのが、花弁状間仕切り住居の定義になるのであります。さらに時期が降りますと、半径の半分よりもさらに内側に入って来るということになり、中央空間はかなり狭くなります。あるいは、柱の外側の周辺空間がさらに広くなるという形で、中央に主柱が寄るということになります。そして、最後には中央に在った楕円形のピットが、南の方にずれていくという形になります（図４―４）。

このことは何を示しているかと言いますと、柱高を二メートルに想定しますと中央に寄せた分だけ屋根勾配が次第に低くなっていくということです（図６）。

ですから、台風などの風雨に対する工夫というのが、この間仕切り住居の誕生のきっかけになっているのではなかったのかと考えております。住居跡の復元というのは、例えば静岡県の登呂遺跡の復元住居などが典型的ですが、地域ごとに遺跡ごとに検証されることなく、その後も同種・類似の復元住居が作られ遺跡整備がされているように思われます。しかし、例えば火山灰で埋もれた群馬県の中筋遺跡ですとか、そういう所では唐傘を伏せたような低い屋根の住居が確認されております。群馬県あたりでも山からの吹き下ろしの空っ風とかの影響もあって、低い屋根勾配が求められたのではないかと考えます。

ただし、既に壁建の住居も同時に存在しておりますので、単にそういう気候風土的な面だけで理解できるのかということは大いに検証しなければいけませんが、少なくとも柱の位置が中央に寄るという条件のもと柱間間隔が狭くなる、そうすると屋根勾配が理屈上は低くなる、ということは考えられるわけであります。同様のことを関東地方の住居跡を例にとり宮本長二郎さんも指摘されていることであります。

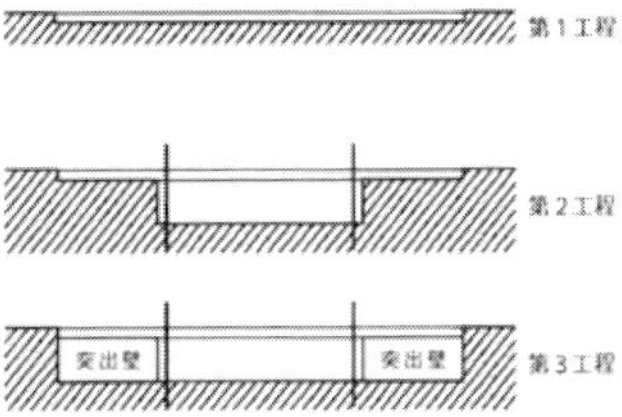

図7　施工工程（北郷 1989）

住居の造り方を考えてまいりますと、まず、第一工程として、最終的に得られる求めたい面積の部分を粗く掘りくぼめて、そしてさらに中央空間を掘りくぼめる。その段階で柱を周囲の荒掘りのところを足場代わりに立てる。そして、柱を立てた後にその周囲の空間を掘り広げるという形で、柱の後ろのデッドスペースは突出壁として掘り残される。こういうような施工工程を想定しております（図7）。

円形住居の発展は、松菊里型の住居からやがて柱位置が半径の二分の一の所まで寄ってきて、この段階ではまだ突出壁を持たない、その後に突出壁が誕生して最終段階ではより中央に柱位置が寄せられる、ということが考えられます。それに対して四角い住居跡の場合は、軸長の三分の一の所に柱を立てます。これは四本柱の場合も同様であり、大型の住居でも小型の住居でも同じであり、基本設計は変わることがありません（図5）。

繰り返しますが、円形の場合は半径の二分の一の位置から次第に内側に入って来る。それに対して方形住居の場合は、軸長の三等分した位置に柱を設ける、これが花弁状間仕切り住居の基本的設計思想であります。西都原考古博物館でジオラマを作って頂きましたが、このような低い

図8 花弁状間仕切り住居のジオラマ（宮崎県立西都原考古博物館制作）

唐傘を伏せたような住居が復元されるのではないかという風に考えております（図8）。

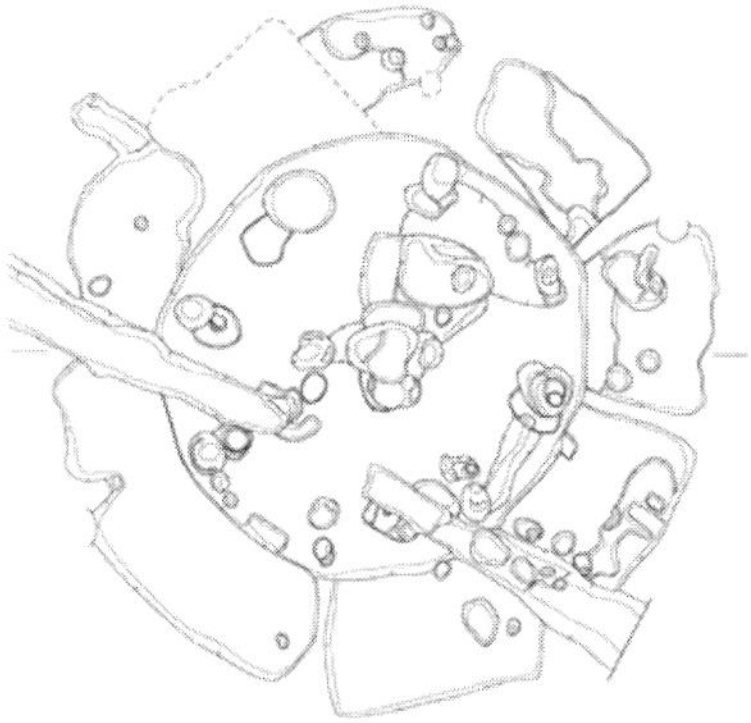

図9　四本柳遺跡ＳＨ 2012

（3）分布圏を考える

佐賀県の吉野ヶ里遺跡のすぐ近くにみやき町の四本柳遺跡がありますが、北部九州の一角においても花弁状間仕切り住居と呼べるものが検出されました。この場合も突出壁に対して柱が対応しています（図9）。

この報告書の段階で図面を見せていただいて、私自身は、中央から二分の一の場所ではなくて若干外側に柱が来ると考えましたが、発掘調査を担当された方の見解では、建て替えを一度行っている可能性を言われており、その関係からいきますと、先にある柱はちょうど二分の一の位置にありまして、次に建て替えによって使った柱が若干外側に立てられているという見解であります。

私が想定した外側の柱が内側に入るということではなくて、最初に二分の一の位置に柱が立てられ、その後の建て替えで外側に柱が立てられたという考えを示しておられます。ただ、この柱位置の問題は二〇センチ、三〇センチの微妙な間隔の問題でありまして、意識された設計上の計算に基づく差ではなく、施工上のブレ幅の範囲に収まるものかも知れません。いずれにしましても北部九州の四本柳遺跡の例は、私が定義しております花弁状間仕り住居で間違いないと考えております。

ところで、吉野ヶ里遺跡の住居は、四本柳遺跡とほぼ同じ規模で直径七・二メートルの円形住居であります（図10）。この場合は明らかに周壁、周りの壁に近い位置に柱が来ているという

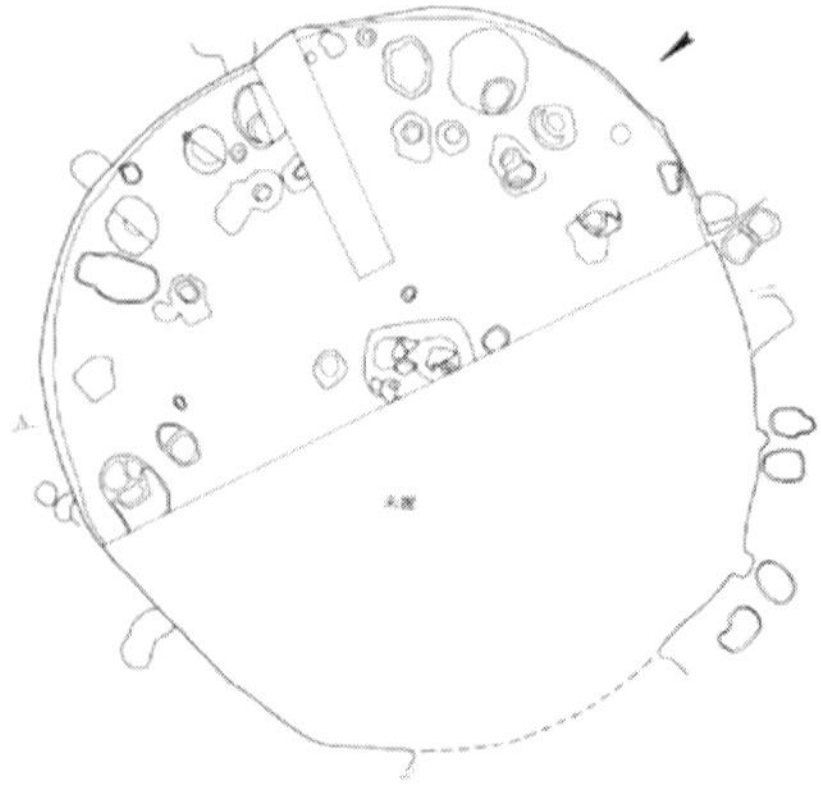

図１０　吉野ヶ里遺跡

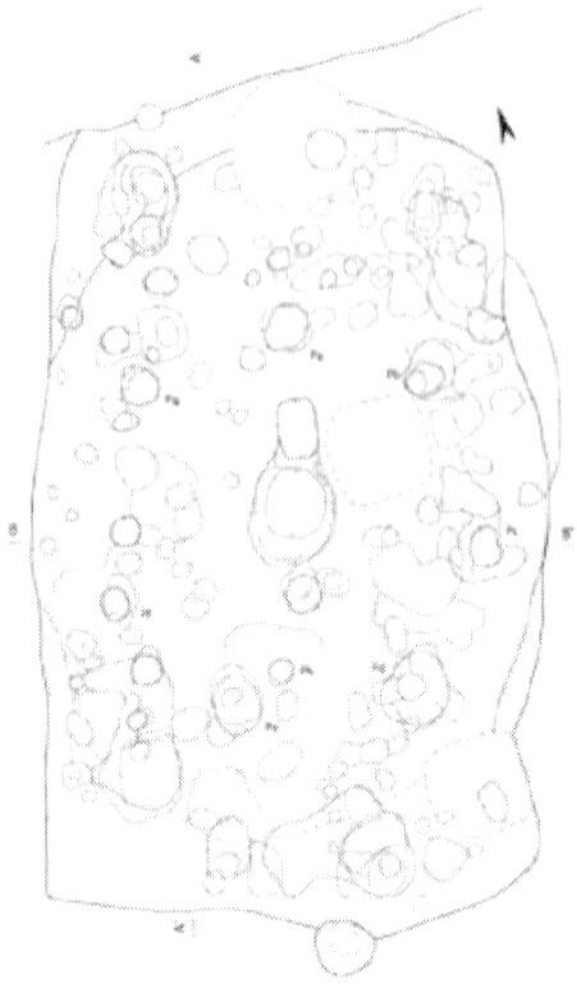

図１１　四本柳遺跡ＳＨ 2017

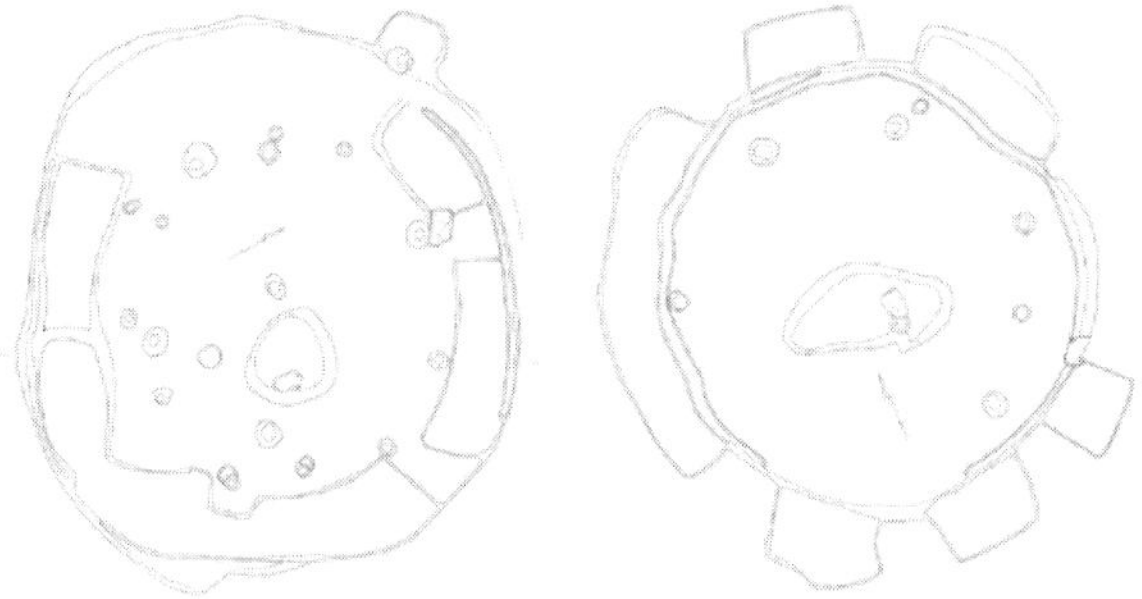

図１２　左　四反田西区２４号　右　四反田西区１２号

ことで、先ほどの発展松菊里型も中央に土坑がありますが、発展松菊里型の半径の二分の一よりも外側に柱位置を構えるものであることは間違いないことであり、北部九州においてはこの吉野ヶ里遺跡で見るような住居跡が基本になるようであります。四本柳遺跡の方形住居も中央に楕円形土坑と主柱を持つもので、これは方形の松菊里型の住居になります（図11）。

今から十数年前までは、後期に入って日向地域において花弁状間仕切り住居が成立するというふうに考えていたのですが、その後の土器編年の研究の進展・整理から考えると、中期の後半から宮崎、鹿児島に花弁状間仕切り住居が成立をしたと言えるようになりました。そこで問題になるのは、四本柳遺跡は中期の前半に相当するわけであります。ですから南九州における花弁状間仕切り住居の成立展開よりも一歩先んじているということになります。

四反田西区24号や12号（図12）は、これは福岡県の類似住

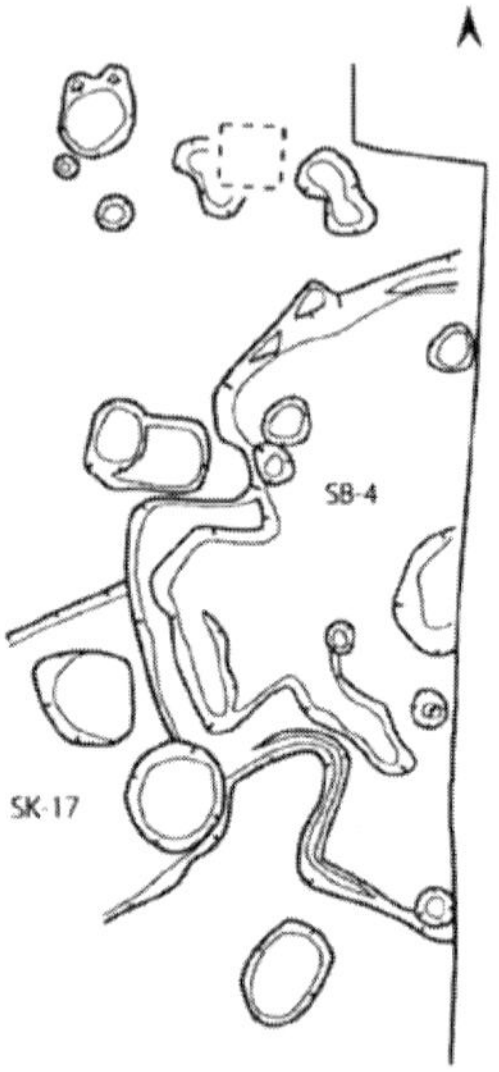

図１３　文京遺跡３次４号

居なのですが、これも一見花弁状間仕り住居に見えますけれども、例えば24号の方は突出壁があるのではなくベッド状遺構の（可能性の）方が高いのです。従いまして、この突出壁に見えるところは床面と一緒で、ベッド状の（可能性の）方が高いのです。ということで、これは花弁状間仕り住居の概念とは異なります。また12号の場合は、外側に壁帯溝という、外側に堤を掘り出した土を盛り上げるもので、その土を支えるような形で内壁をつくるのですが、その時の基礎工事と言える溝が掘られているわけです。12号の住居は、そもそも当初の目的は壁帯溝までの住居規模が想定されていて、その後に拡張、建て替えという段階で外側に対する張り出し部が造られたと考えられます。一見花弁状間仕り住居に見えますが、若干発想が異なるものと考えています。ちなみに四反田の例は、中期の初頭と言われる時期ですから、古い段階のものと考えられます。

　花弁状間仕り住居と思しきものは北部九州や一部四国にも見ることができます。例えば四国の場合、文京遺跡（図13）のものは半分だけしか判りませんが、これも明らかに花弁状間仕り

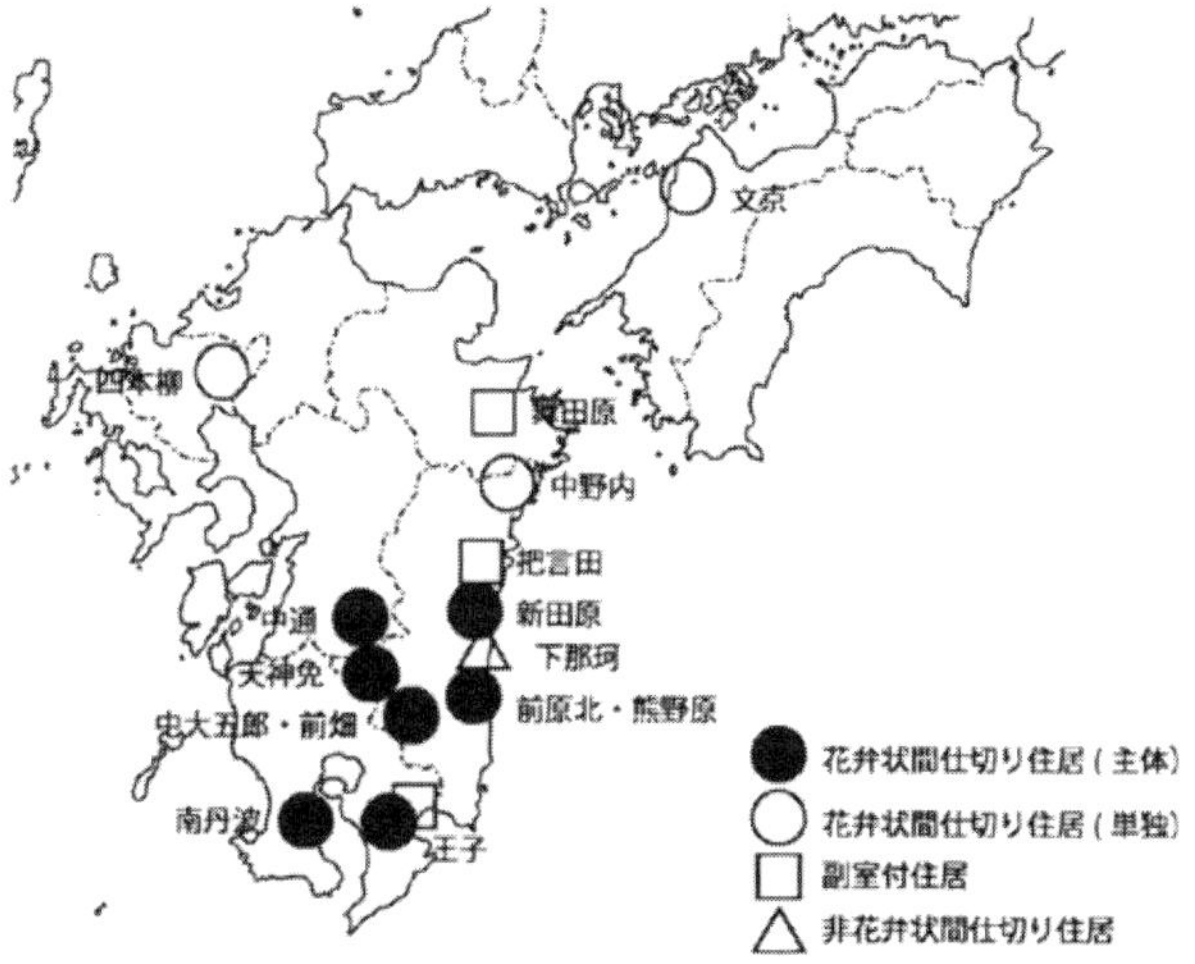

図１４　花弁状間仕切り住居の分布図

住居と考えていいだろうと思います。

成立期の問題と、北部九州で成立したのか南九州で成立したのかという問題と、分布する範囲での住居跡の在り方ということを考えていきますと、分布図（図14）の白丸の所はポツポツと出てきていて、継続性を持たないものであります。四本柳遺跡の場合もこの円形の花弁状間仕切り住居が一軒だけ、その他の住居は方形住居址であります。しかもその前後にもこの花弁状間仕切り住居は出てこないのであります。主体となるのは方形住居で、その遺跡の中にポツンと花弁状間仕切り住居が出てくるというものであります。ですから特定の目的、特定の機能を目的として作られたもので継続性を持たないものであります。

それに対して黒丸で表した場所、宮崎県の

南部から鹿児島県の薩摩半島にかけての地域は、住居の規模の大小に関わらず作られており、花弁状間仕り住居のみで集落が構成されていると言ってよいと思います。しかも後期の間、古墳時代の初頭にまで連綿として花弁状間仕り住居が作られているということであります。考古学ではよく分布図を書きますが、一〇出てきている場所と一しか出ない場所をいっしょくたに分布範囲として線で囲いますと質的なものを見落とす危険性があります。量の多寡を質的に考えていく必要があるというふうに思います。

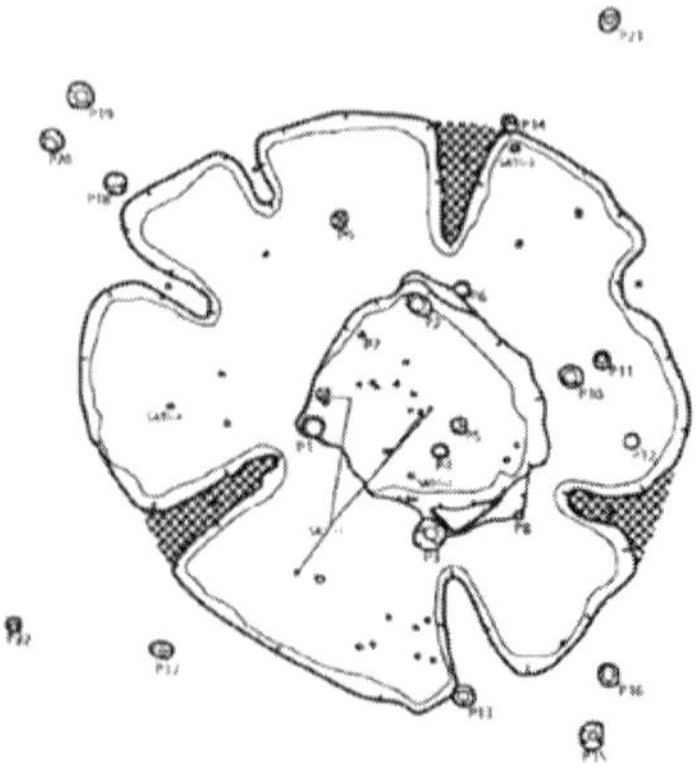

図１５　南丹波遺跡１号
（網かけ＝盛り土による突出壁）

再度申し上げますと、分布図の白丸の場所は単独で、ある特定の時期にポツンと出てきて、その前後に継続性を持たない性格、それに対して南九州の黒丸の場所は一つの村が全て花弁状間仕り住居で構成されて、しかも弥生時代の後期から古墳時代の初頭まで連綿として継続性をもつということになります。従いまして、その質的な違いを考えなければならないだろうと考えます。

ちなみに南丹波1号（図15）というのは、網掛けを施した部分は一旦掘り残さず住居を掘ったのですが、そののちわざわざ盛り土を施して突出壁を造ったもので、この絵では三カ所網掛けをしておりますが、わざわざ土を持ちこんで突出壁を作るということを行っております。この突出した壁によって家の内部を間仕切ると言うことに対する強い意識が南九州の住居跡から読み取ることができるというふうに考えられるのであります。

（4）花弁状間仕切り住居の意義

次に、時間の関係上詳しくお話しすることは出来ないのですが、都出比呂志先生は周りに周庭と言う堤が造られ、その周庭の外側に山の垂木をさしかけるという案を出されています（図16）。都出案でも最初のころは周庭の上に垂木の先が乗るような形を考えておられたわけですが、水捌《は》けの問題の指摘があって周庭の外側に屋根を張り出す案に変更されたわけです。ただし、東大寺山古墳出土鉄刀の家型の環頭や家屋文鏡の表現（図17）を見ると、どうやら周庭よりも外側に屋根を張り出させる必要はないのではないかというふうに考えます。中筋遺跡は群馬県の榛名山の麓にある、日本のポンペイと言われる遺跡で、火山灰に埋もれて住居が空洞の状態で発見されているという遺跡であります（図18―1）。非常に低い屋根、さらに屋根の外側に周庭を盛り上げるという形の住居を作っております（図18―2）。

また、大阪府の八尾南遺跡の例では周庭の上に屋根を葺き下ろすというような構造の住居も

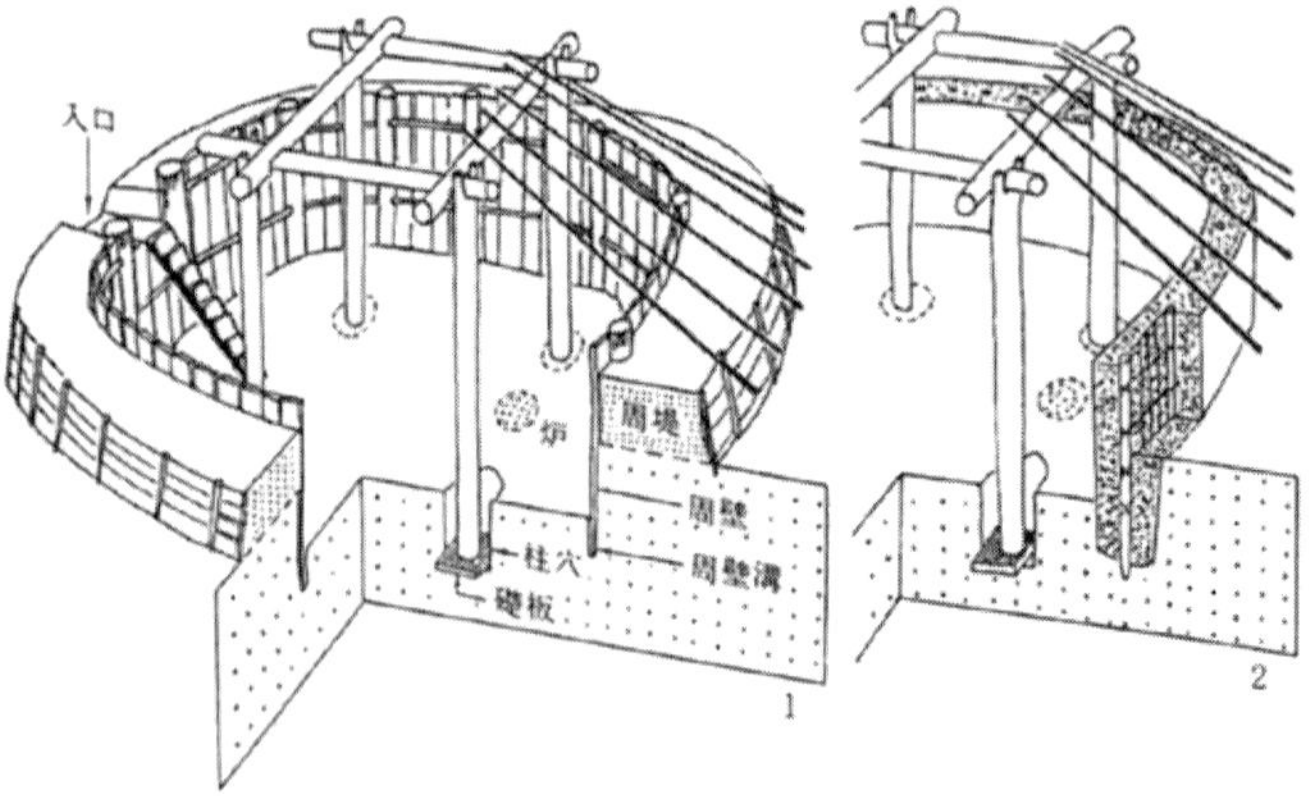

図１６　竪穴住居復元案（都出 1989）

確認されているようです。周庭と屋根の関係はよほど良い例で無い限りは正しい判断がし難いのですが、少なくとも周庭の外に屋根を張り出させる必要は無くて、周庭の巾の中あるいは周庭の内側に屋根を葺き下ろす案で、私は良いのではないかと考えます。

そういうような屋根構造がこの花弁状間仕り住居

図１７　佐味田宝塚古墳出土
家屋文鏡文様

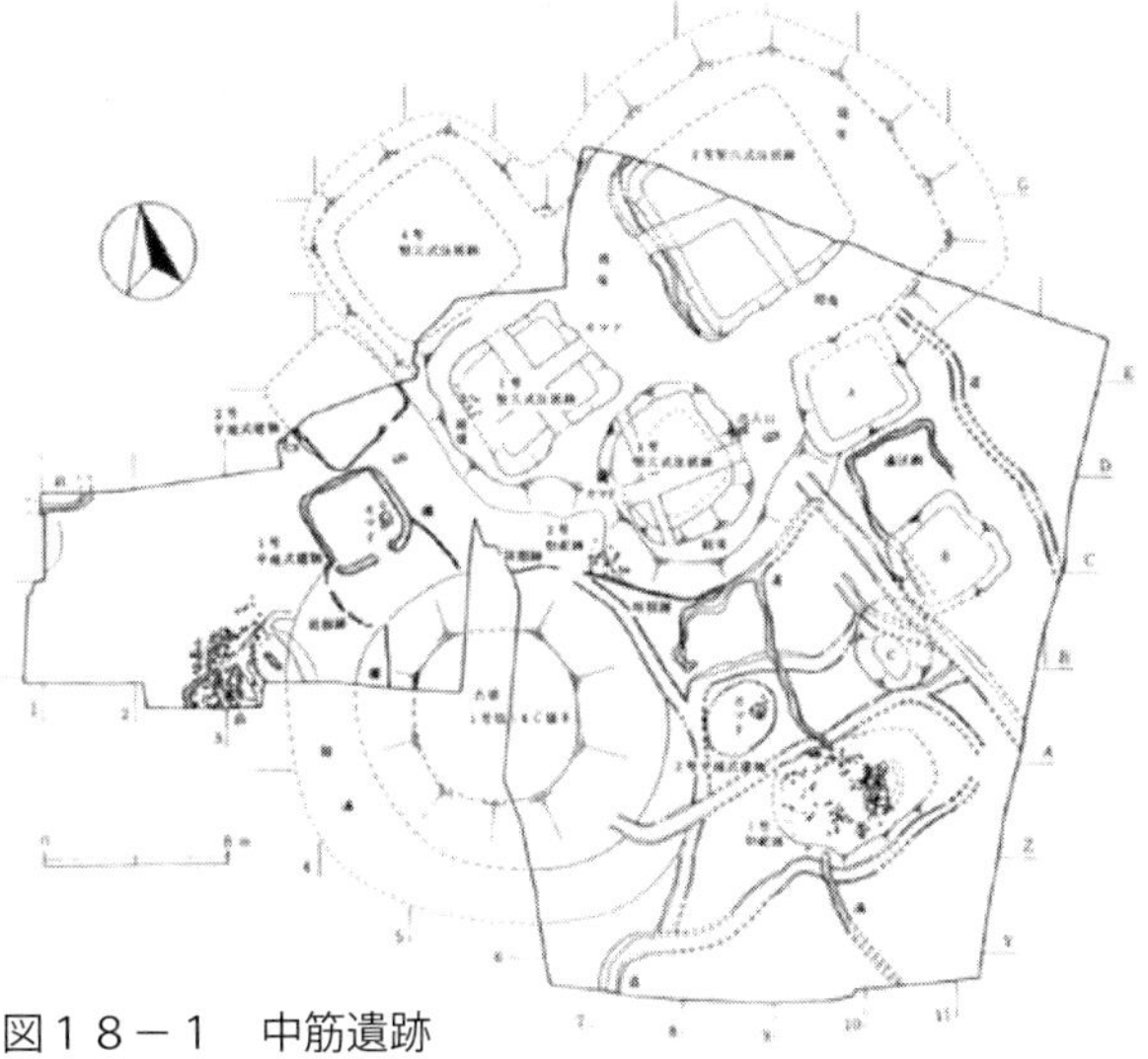

図１８－１　中筋遺跡

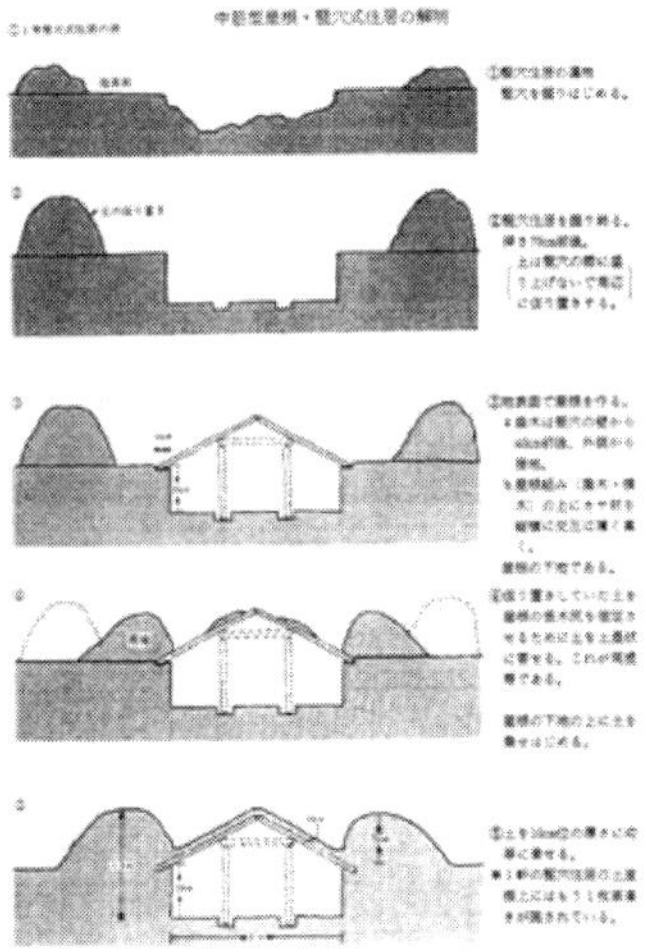

図１８－２　中筋遺跡模式図

図19　元村遺跡（宮崎市）出土の凹線文土器
（宮崎県立西都原考古博物館提供）

の場合も想定されていいだろうと思います。先ほどの中園さんのお話の中で、どちらかというと薩摩半島側の話が中心になったと思いますが、この花弁状間仕り住居は宮崎平野から大隅半島にかけて、を中心とするわけで、その中心的な時期はワイングラス型の凹線文土器（図19）と言われるものがあります。これが中期の後半から後期にかけて宮崎、鹿児島に入って来ます。要するに、この凹線文土器というのは瀬戸内系の土器だというふうに考えられるわけで、直接搬入されている例もあります。

図20は四国の梅木さんが整理された分布図でありますが、私が分布図を作ったのが十数年前で、この段階では宮崎平野と都城盆地という極めて限定された地域を中心とするというふうに考えていたのですが、最近、梅木さんが調べられると、薩摩半島も含めて分布するということが判ってきております。ただし先ほど量の多寡の問題を質的に考えなければいけないということからは、とはいえ瀬戸内系の土器が七、八割集中するのは、やはり宮崎平野を中心とした場所であるということには変わりはないようであります。

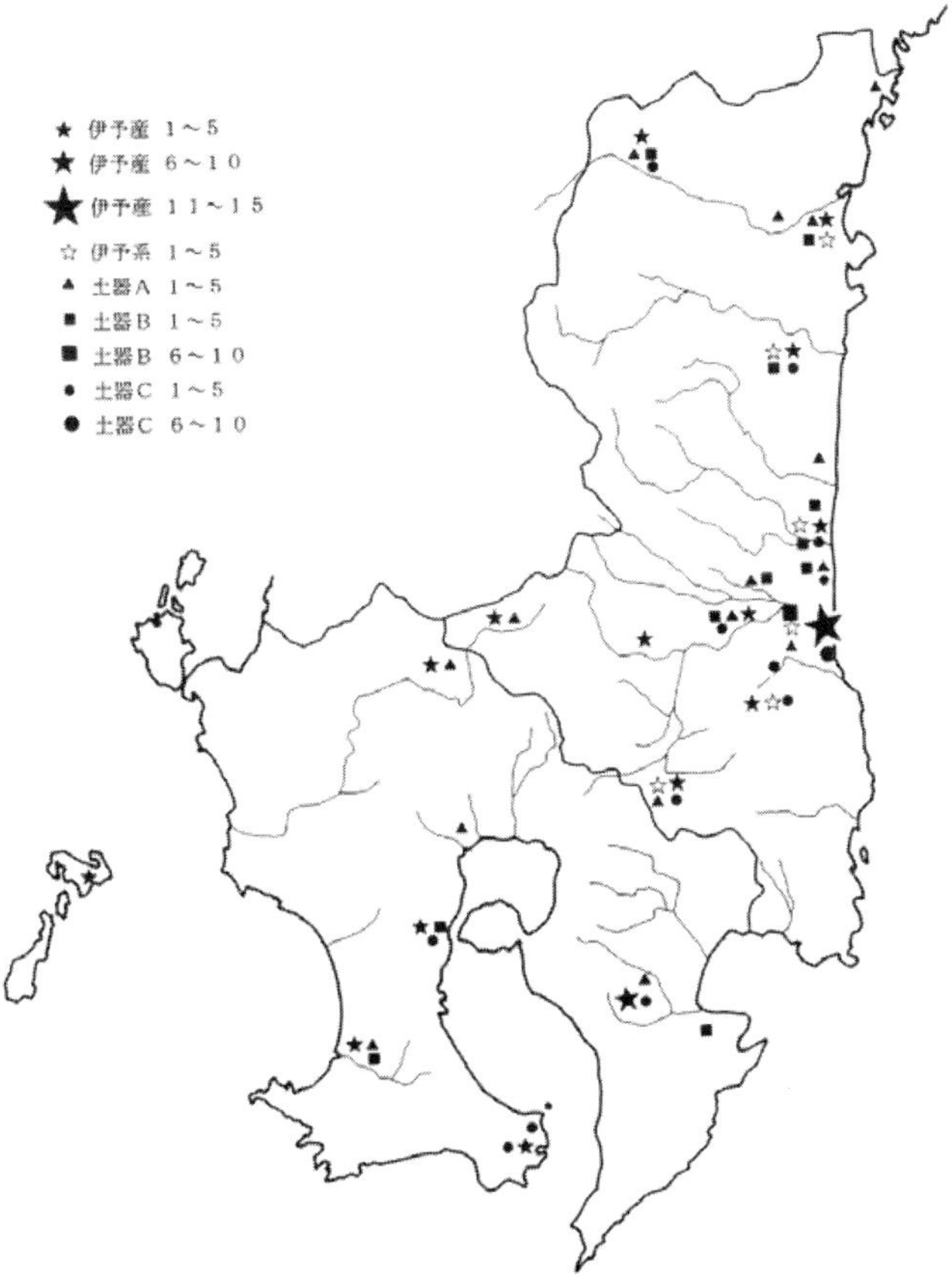

図２０　瀬戸内系土器の分布図（梅木 2004）

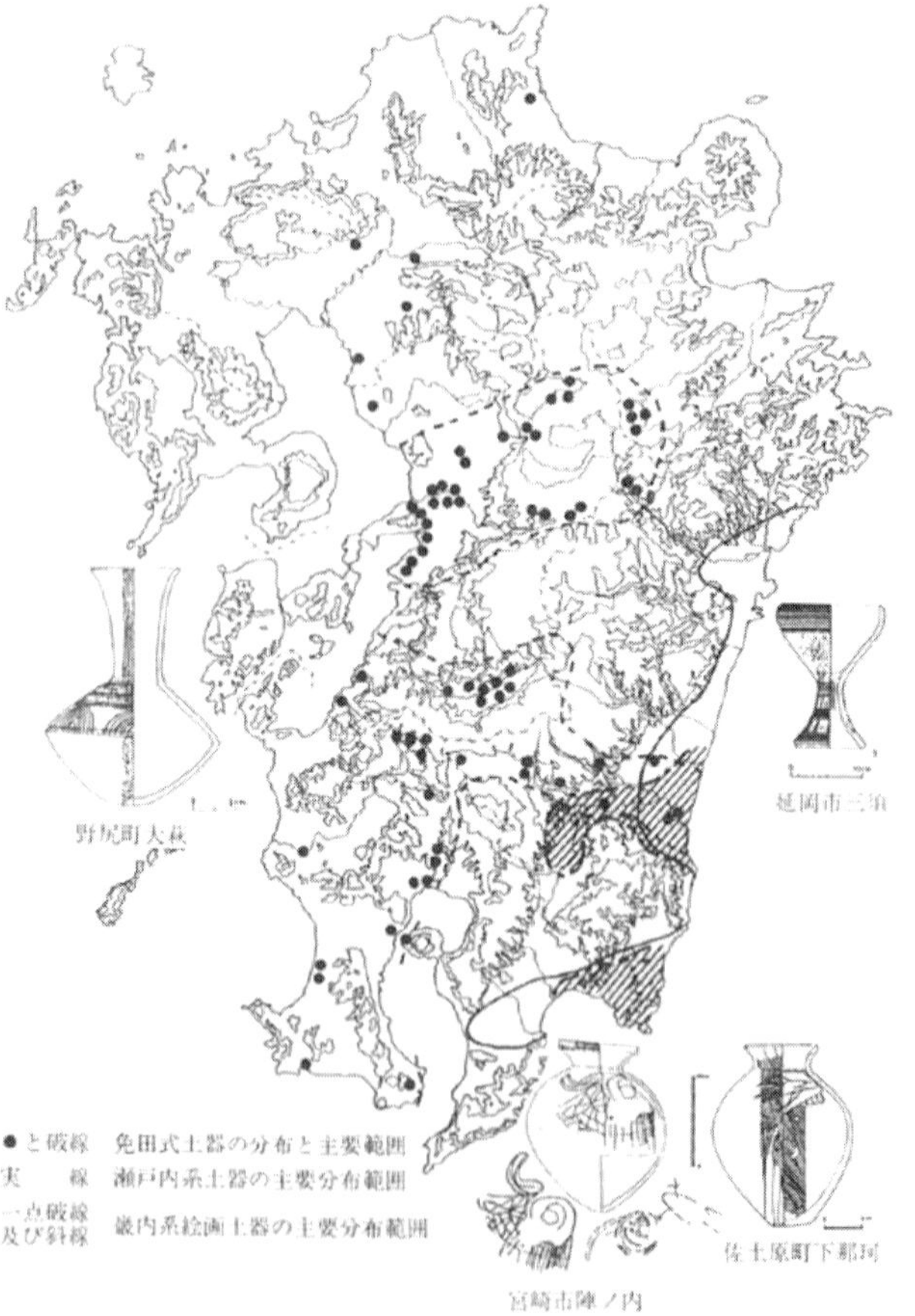

図２１　畿内・瀬戸内系土器と免田式土器の分布（北郷 1989）

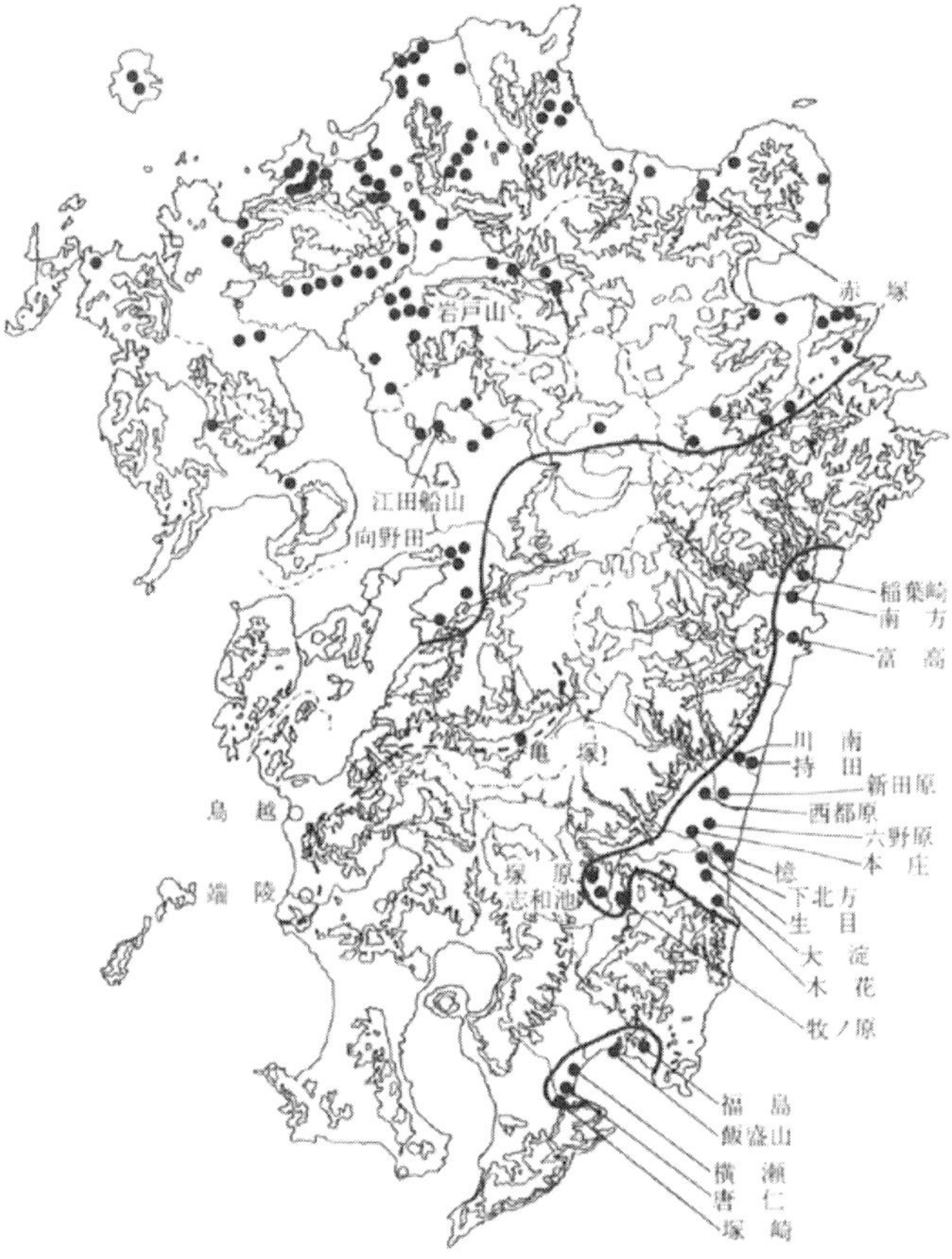

図２２　主な前方後円墳の分布（北郷 1989）

ですから今でもこの分布図（図21）を使っているわけでありますが、要するに薩摩半島側までドットを落としてゆきますと、中心的な意味合いが薄れてしまうということです。基本的には瀬戸内海を通じて宮崎平野を玄関口としながら瀬戸内系の土器が入って来る、ちょうどその時期が花弁状間仕り住居が成立する時期でもあるということであります。

図22は前方後円墳の分布図です。前方後円墳の分布は、北部九州に於いては大分県の佐賀関から熊本県の宇土半島、このラインで切れるわけであります。その南は基本的に前方後円墳が分布しない地域であります。薩摩半島の方にも若干前方後円墳と疑わせるものもあるのですが、ただ量的に少ない。そういうことから言いますと、薩摩半島側は基本的には前方後円墳を主体としない地域であるわけです。

それに対して西都原古墳群をはじめとして東側の平野部、大隅半島の肝属《きもつき》平野に密度の高い前方後円墳が成立する。その数は約二〇〇基に及ぶ数で、北部九州の福岡県に存在する前方後円墳に拮抗するような数の前方後円墳が、南九州の宮崎県を中心とした平野部に成立するわけは重要です。要するに、瀬戸内系の土器と次にお話をする絵画土器が分布する範囲を踏襲する形で、後の前方後円墳を盟主とする古墳時代が訪れるということをご理解いただければと思います。

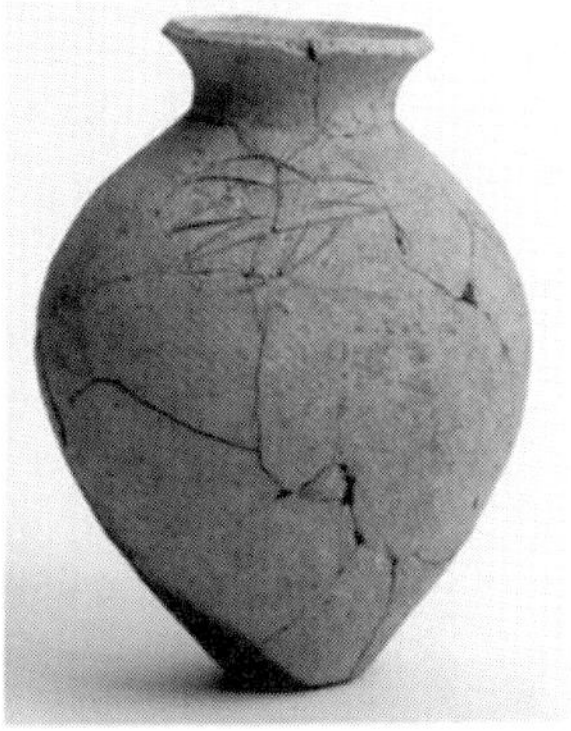

図２３　下那珂遺跡出土絵画土器と絵画部分（宮崎県立西都原考古博物館提供）

二　絵画土器の世界

（1）画材としての「龍」の変化

次にもう一つのお題であります、絵画土器のお話をいたします。絵画土器は基本的に早い段階で北部九州に出現しますが、本格的に展開するのは銅鐸の絵画と連動するような形で近畿地域に於いて展開してゆくのであります。それが中期の段階であります。そして一足遅れて、後期の段階で南九州に分布の中心が来るということになります。絵画土器の集成を揚げております。

今日は時間の関係から一つのポイントに絞ってお話をさせていただきます。

この線刻の描かれている土器（図23）は、三〇年ほど前に出土したもので、これを私たちは飛んでいる鳥、さらに突っ込んで言えば「燕」を描いたものだろうと考えて来たわけであります。

図２４　桜馬場遺跡出土　方格規矩四神鏡（唐津湾周辺遺跡１９８２）

私は今もそう考えているのですが、これを春成秀爾さんが「龍」なのだというように指摘をされたわけであります。方格規矩鏡（図24）という鏡に四神が描かれるわけですけれども、この中の龍が次第に記号化されていく過程で、下那珂のような形になっていくというふうに指摘をされたわけであります（図25）。この図でいきますと、池上遺跡の図柄は非常に龍ということを支持していると思いますし、龍が画材になっていることはほぼ間違いないことだと思うわけであります。ただ、基本的な図柄としては、やはりS字状に描く胴体部が龍の図柄の基本であると思います。しかし、下那珂に於いては直線化した胴体部になるわけであります。直線的な胴体部を描いた後に鰭《ひれ》状の物を描いているわけであります。

実は古墳時代に於いても鏡の中に四神が描かれるわけですが、田中琢さんが指摘されているように、最初の鏡の図から倭人達が鏡を作り始めると、段々その図柄が崩れていくことが指摘されているわけであります。要するに、中国の宇宙観である四神というものを十分理解し得ない段階では龍が龍でなくなっていく、時に鳥に置き換えられたり、という形になっていくこと

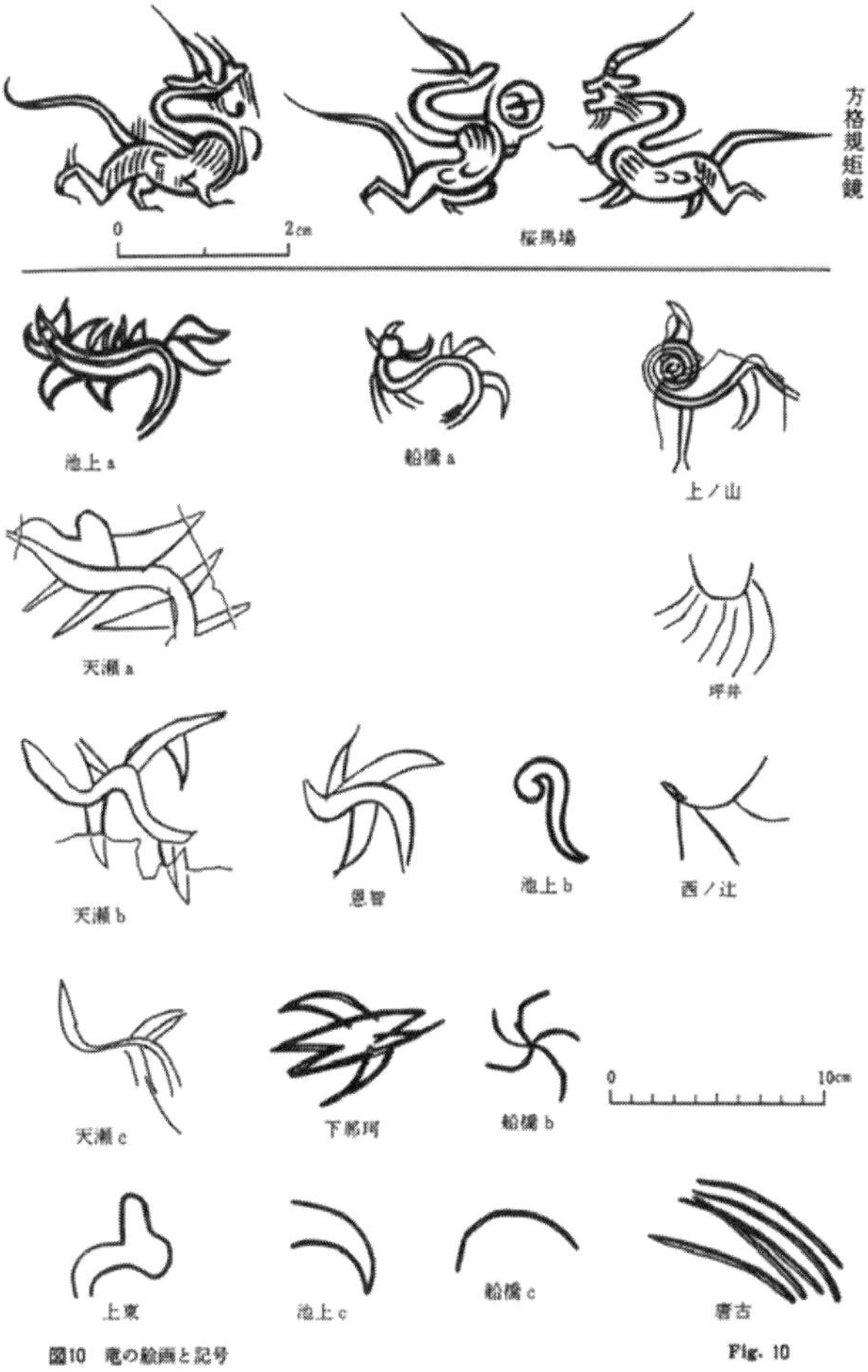

図２５　龍の絵画と記号（春成 1991）

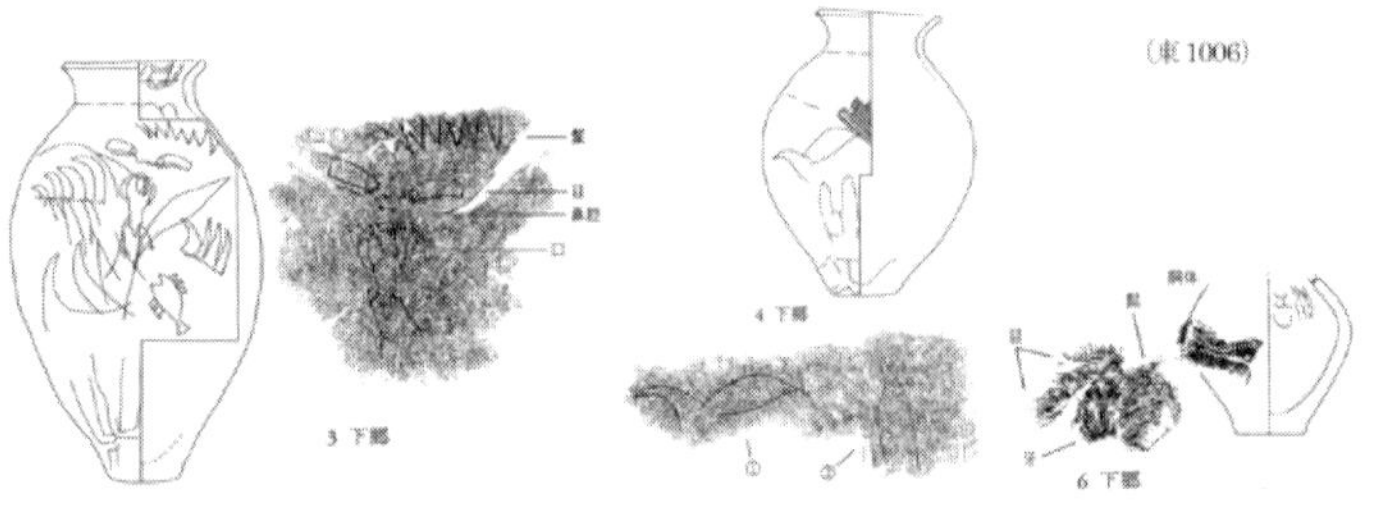

図２６　下郷遺跡　絵画土器

が指摘されております。

そういうことから考えますと、最初は龍として伝達の起点があったのかもしれませんが、これが南九州に伝達された段階では異なるものとして理解された。それがこの「飛燕」という図柄になっているのではないかと考えているわけであります。

図26は、鹿児島県の東さんの論文から引いています。下郷遺跡、これは非常に複雑な図柄が描かれているわけですが、これを、龍が魚を飲み込もうとしている図柄であると東さんは指摘をされています。しかし、龍のビジュアルな姿というものを果たしてここまで描き得た、想像し得たのだろうかというふうに思います。高松塚の龍の絵などはビジュアルが完成していますが、中国の鏡である方格規矩鏡に描かれた龍がイメージの出発とすると、それを三次元的に理解したうえで想像できるでしょうか。しかし、正面から見て、目はこれで、そしてタテガミのようなものがあって、魚を飲み込もうとしている図柄であると指摘されておられます。気候風土の中で、特にシラス台地が卓越する南九州の気候風土の中で、龍蛇信仰、龍に

対する水神信仰につながるようなものが強く現れて、龍が描かれる。東さんの言葉を借りますと「南九州における絵画土器の画題というものはすべて龍に行きつくのである」と言っておられます。

（2）海にまつわる信仰と画材

しかし、それはちょっと考え難いのではないかと思います。この描き方を見ますと一見目のように見えますが、描き方はまずお結び型の丸を描きます。次に長方形の部分を書きます。そしてシンメトリーの形で反対側にも書き、この下に波状のものを描くのですが、最後の波のところを接地させています。ただ漫然と描いているのではなく、一つのセオリーを持って描いております。この画材が一体何であるのかということを考える場合は、そういう書き方のレベルでも検討していかなければいけないのではないかと考えております。

ちなみに大阪府立弥生文化博物館の合田幸美さんが特別展の図録でまとめられた時に、龍と見るのではなくヒレ状のものは航海信仰、海にまつわる信仰にあるのではないかと言っておられます。結論的に言いますと、先ほどの薩摩半島の海の問題、大隅半島の海の問題があります。

貝の道というのは、弥生時代には西側のルートを行くのですが、古墳時代に入るとどうやら

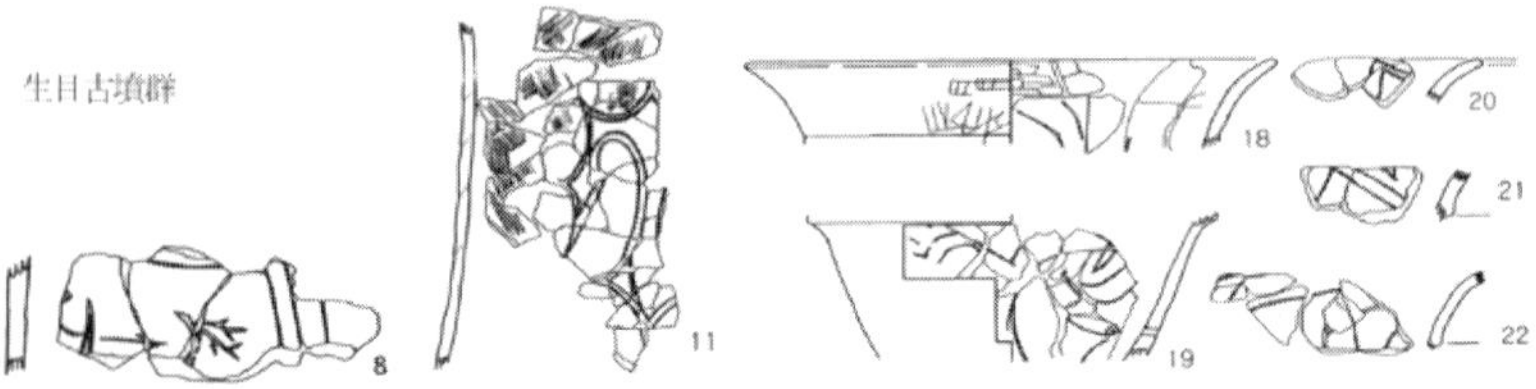

図２７　円筒埴輪の水字貝

種子島から大隅半島、宮崎県の東側を通って行くという東側のルートが開拓されたのではないかと考えられます。南九州は常に朝鮮半島、中国大陸、そして南島との関係の窓口になりえた場所であると言えます。

そういう中では、航海信仰というものが発達することは十分にあり得るというふうに思います。ただ、このレジュメが送られてきたときに、サーッと目を通した時に石野先生が鮫、サメじゃないのと言われました。多分明日も言われるのではないかと思いますが、これはちょっと参ったなといった感じです。そこまで考えが及ばなかったと……。まあ明日楽しみにしておりますが、少なくとも今日の話としては、すべてが龍に行きつくというのは極端な言い方で、鳥の画材というのも明らかに描かれています。それから、古墳時代の円筒埴輪に水字貝（図27）があります。水字貝というのは沖縄で取れる「水」の字に似た形の貝でありますが、これを円筒埴輪に描くと言うことも確認されていますので、そういったことも考えると、海に対する親和性と言うものが南九州にあるというふうに見ていいのではないかと思います。

三　邪馬台国を都とする倭国ともう一つの倭国

最後です。最後の余計なことを言うのを楽しみで来ましたので、言わせていただきます（図28）。折角考古学を勉強してまいりましたので、邪馬台国の話というのもちゃんと話しておかなければいけないだろうと考えました。日本人は最初からボタンの掛け違いをしてきているというふうに思うわけです。本居宣長以来いろいろな人たちが論じていますので、私自身の新しいオリジナリティーというものはそれ程ないのでありますが、少なくとも妥当性のあるものとして、私は整理してこれを最後のご奉公という形で言っておかなければいけないだろうと思うわけです。

まず、日本人のボタン掛け違いですが、邪馬台国にあらずんば日本にあらず、みたいにみんな思っている。そうでなくて、百余国の中のわずか三分の一のまとまりでしかあり得ないのであります。あくまで局地的なことが魏志倭人伝には書いてある。陳寿は、日本列島にどういう国々があるかということを全て書く必要はなかったわけであります。要するに、魏に朝貢する国が、邪馬台国を都とする倭国であるわけですから、その三〇の国々だけを書けばよかったのです。

既に我々は、もっと広い弥生時代の後半から古墳時代の初頭にかけての現実の遺跡を見てい

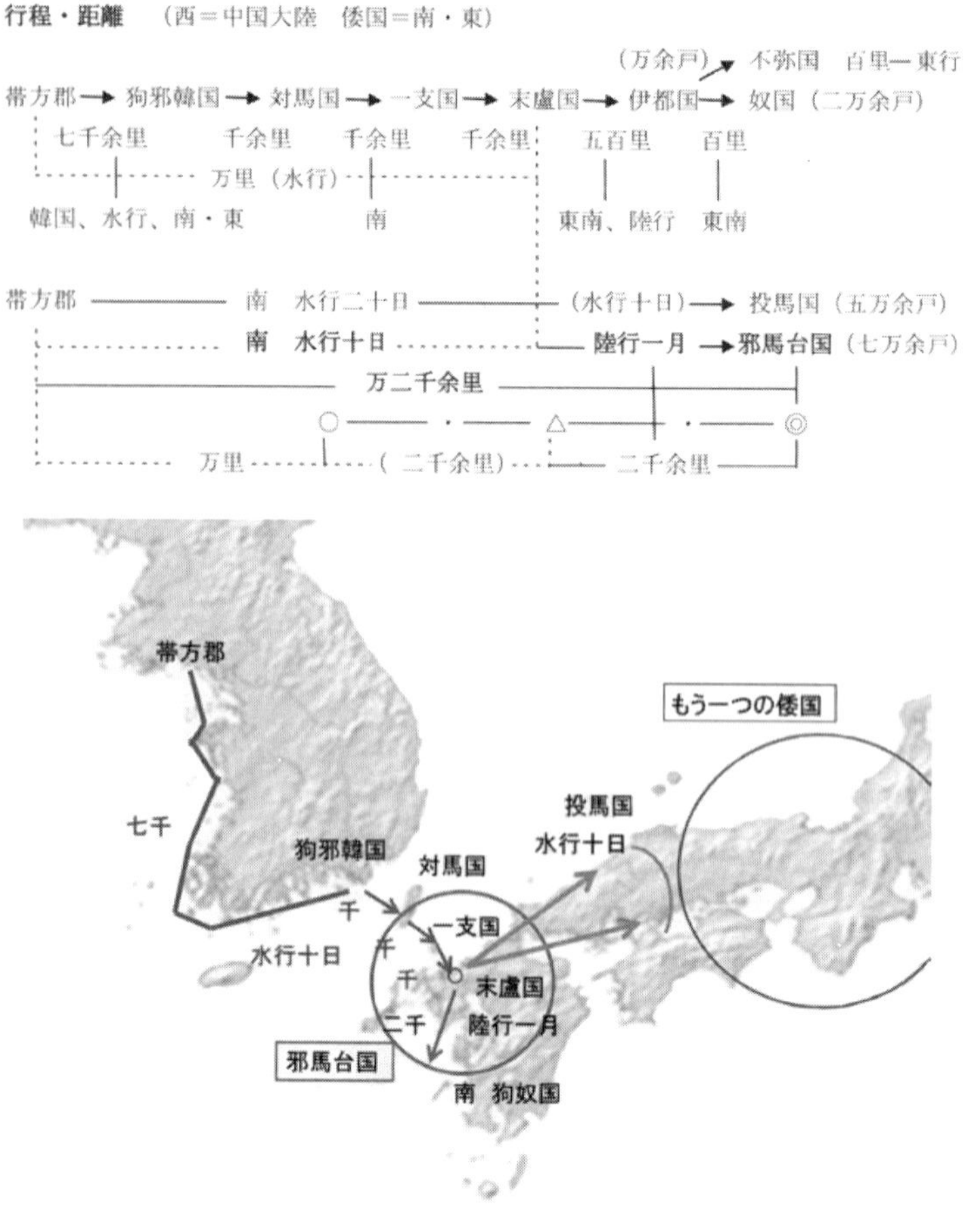
行程・距離　（西＝中国大陸　倭国＝南・東）
（万余戸）
不弥国　百里ー東行
帯方郡
狗邪韓国
対馬国
一支国
末盧国
伊都国
奴国（二万余戸）
七千余里
千余里
千余里
千余里
五百里
百里
万里（水行）
韓国、水行、南・東
南
東南、陸行
東南
帯方郡
南　水行二十日
（水行十日）
投馬国（五万余戸）
南　水行十日
陸行一月
邪馬台国（七万余戸）
万二千余里
万里
（二千余里）
二千余里
帯方郡
七千
狗邪韓国
対馬国
千
一支国
千
千
末盧国
二千
陸行一月
水行十日
邪馬台国
南　狗奴国
投馬国
水行十日
もう一つの倭国

図２８　邪馬台国への行程・距離

るわけです。その現実の遺跡を魏志倭人伝の中に閉じ込めようとするから畿内説だとか、九州説だとか、そういうふうになってしまうのです。

最初から畿内説というのは成立していないのです。と言いますのは、『日本書紀』の編者たちには、魏志倭人伝というのは全く寝耳に水と言う状態なのです。そして、距離、行程の問題を読みこんでいくと、連続式に読むのではなく放射式に伊都国から読みましょうというのは賛成です。要するに書きぶりが変わるわけであります。それに加えて投馬国、邪馬台国についても書きぶりは変わるわけです。

今迄の放射読みでは、伊都国を起点として放射読みをするのですが、「南水行二十日」「南水行十日」「陸行一月」というのは、起点は帯方郡と読むべきです。帯方郡の「南水行二十日」、邪馬台国までで言いますと「一万二千余里」と最後にちゃんと書いてあるのです。ですから邪馬台国までの距離は一万二千余里です。そして、海上交通を帯方郡から狗邪韓国、これは七千、対馬までは千、一支まで千、末盧まで千、これらを合わせた一万里は水行です。水の上を行った距離が一万里、そして残り二千里を陸行するわけです。

そうすると、末盧国から半径二千里の間に邪馬台国が存在することになります。そういうふうに陳寿は書いているわけであります。

魏志倭人伝を読む時に、『三国志』全体の中で魏志倭人伝をきちんと読んでいくということが大事であります。なぜなら陳寿は、魏志倭人伝の最後の後書きのようなところで、周辺に異なる民族国家は色々あるけれどもそのどれを取り上げるかは、その時々によるのである、と書いているのであります。要するに主観的な選択は、魏が漢の正当な後継者であるという主観的な判断に基づいて魏に朝貢している三〇の国について書く、それだけが役割だったわけです。

では、畿内には何があったのかを申し上げますと、ハツクニシラススメラミコト、崇神天皇。この天皇は二五八年に亡くなっています。邪馬台国の卑弥呼の一〇年後になくなっているということで、少なくとも磯城、あるいは纒向で確認される巨大な建物群というものは、実質的な初代天皇、あるいは初代大王達の宮殿の跡というふうに考えておく必要があります。邪馬台国の卑弥呼と崇神天皇は同時期に生きていた人ですから、全てを畿内に持っていって邪馬台国、邪馬台国と言っていると、初期の大王達の都が無くなってしまうのです。その大王達の都を探してやがて放浪の旅に出なければいけなくなるというふうに思います。以上です。

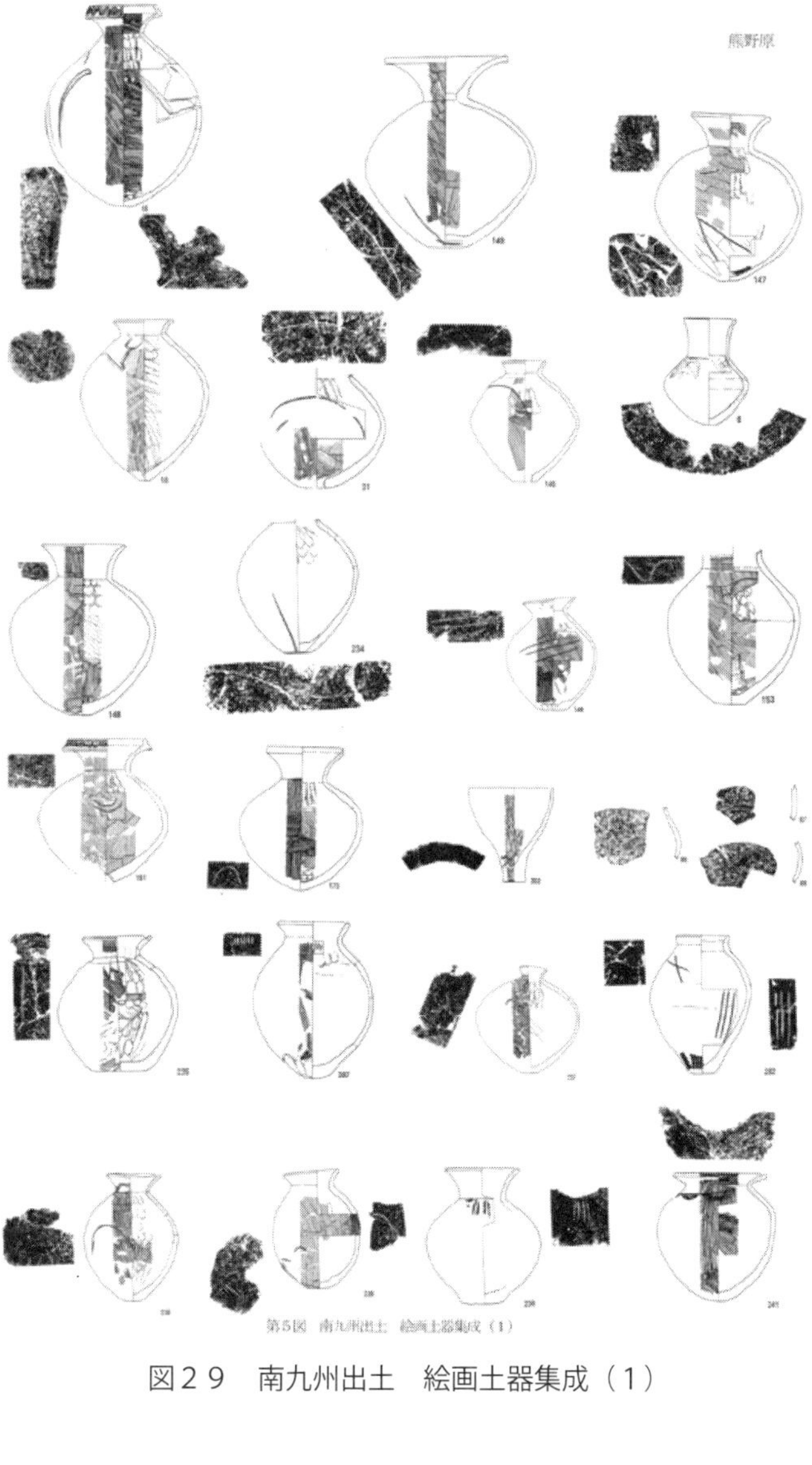

第5図　南九州出土　絵画土器集成（1）

図２９　南九州出土　絵画土器集成（１）

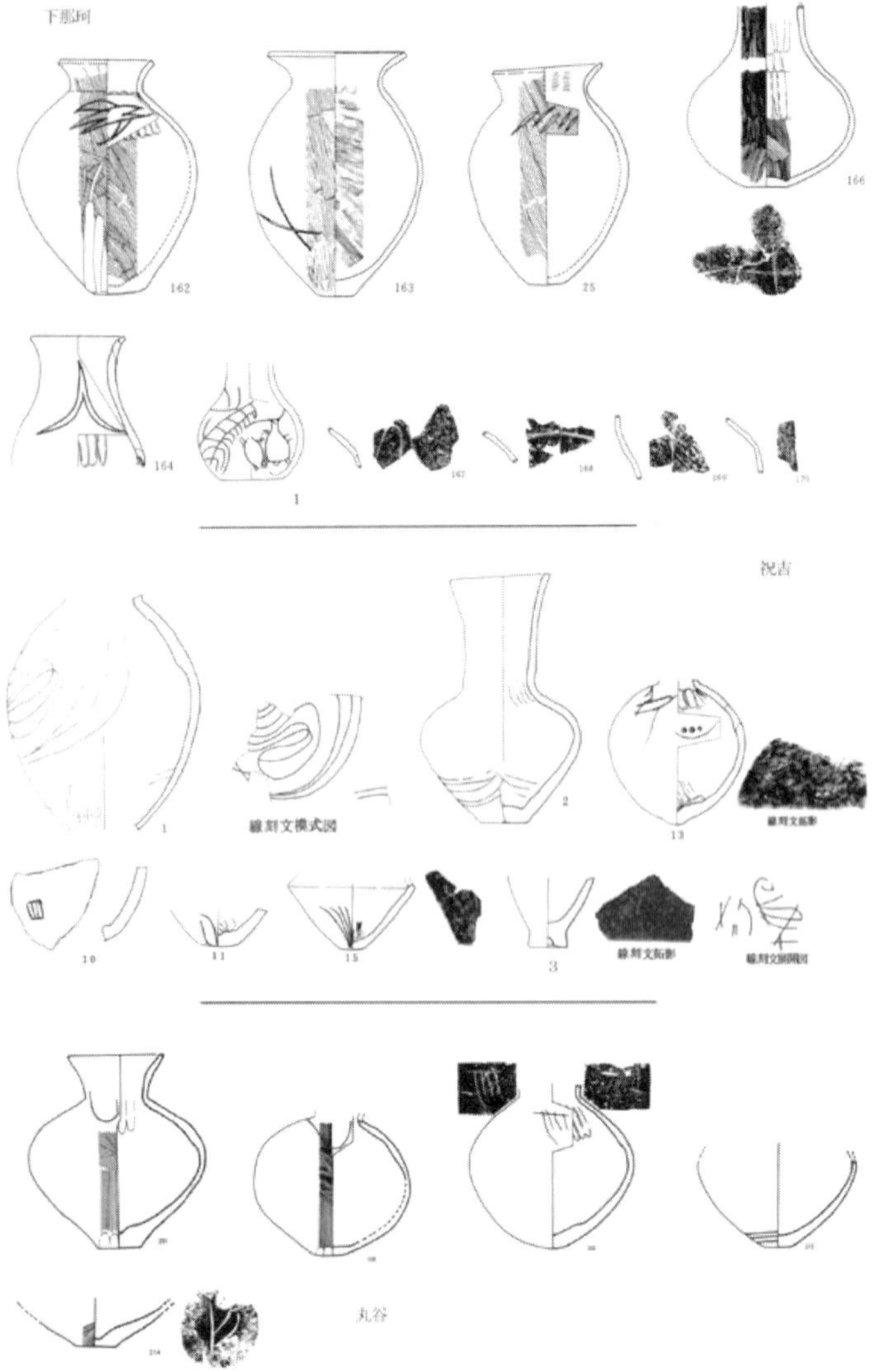

図３０　南九州出土　絵画土器集成（２）

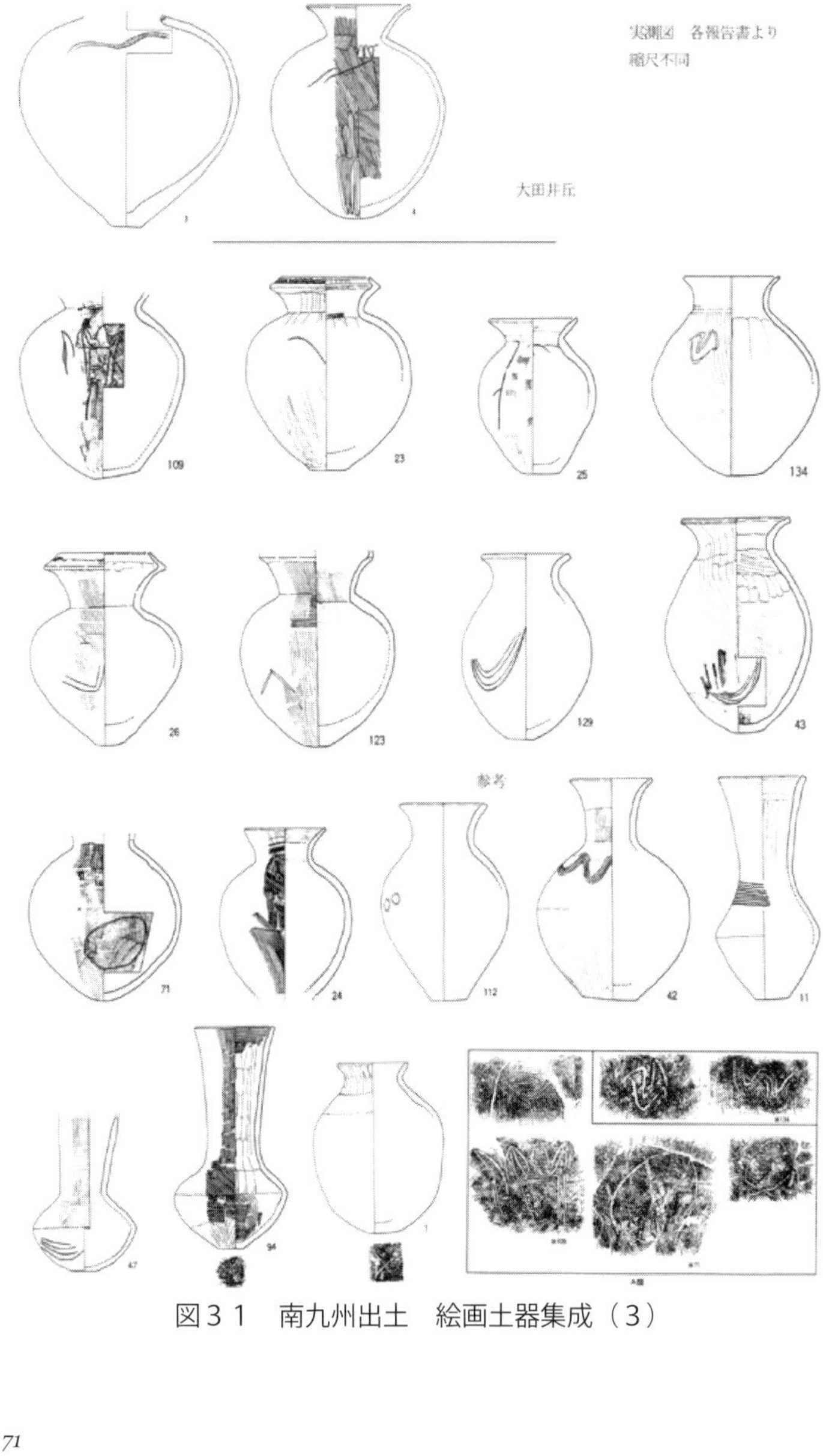

図３１　南九州出土　絵画土器集成（３）

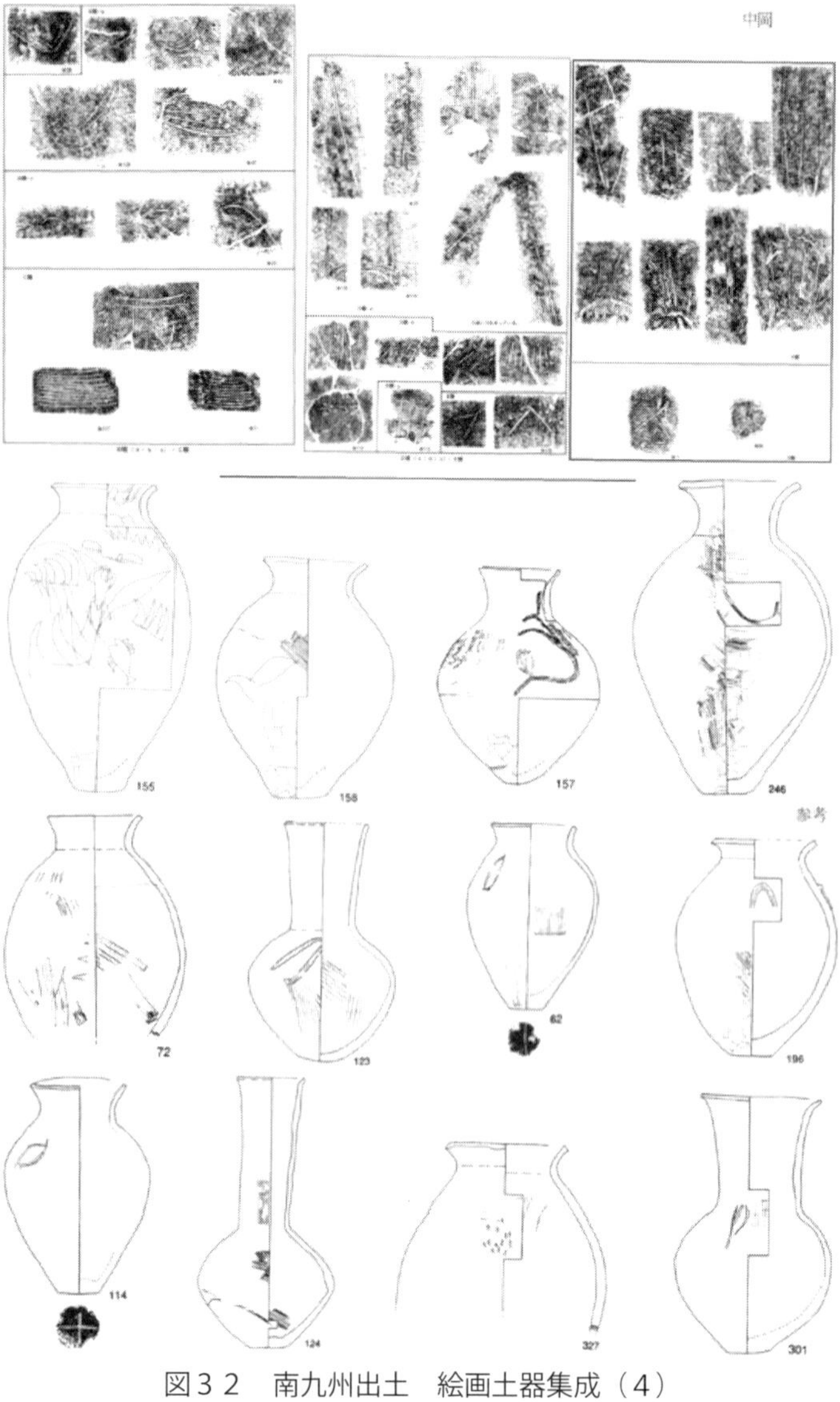

図３２　南九州出土　絵画土器集成（４）

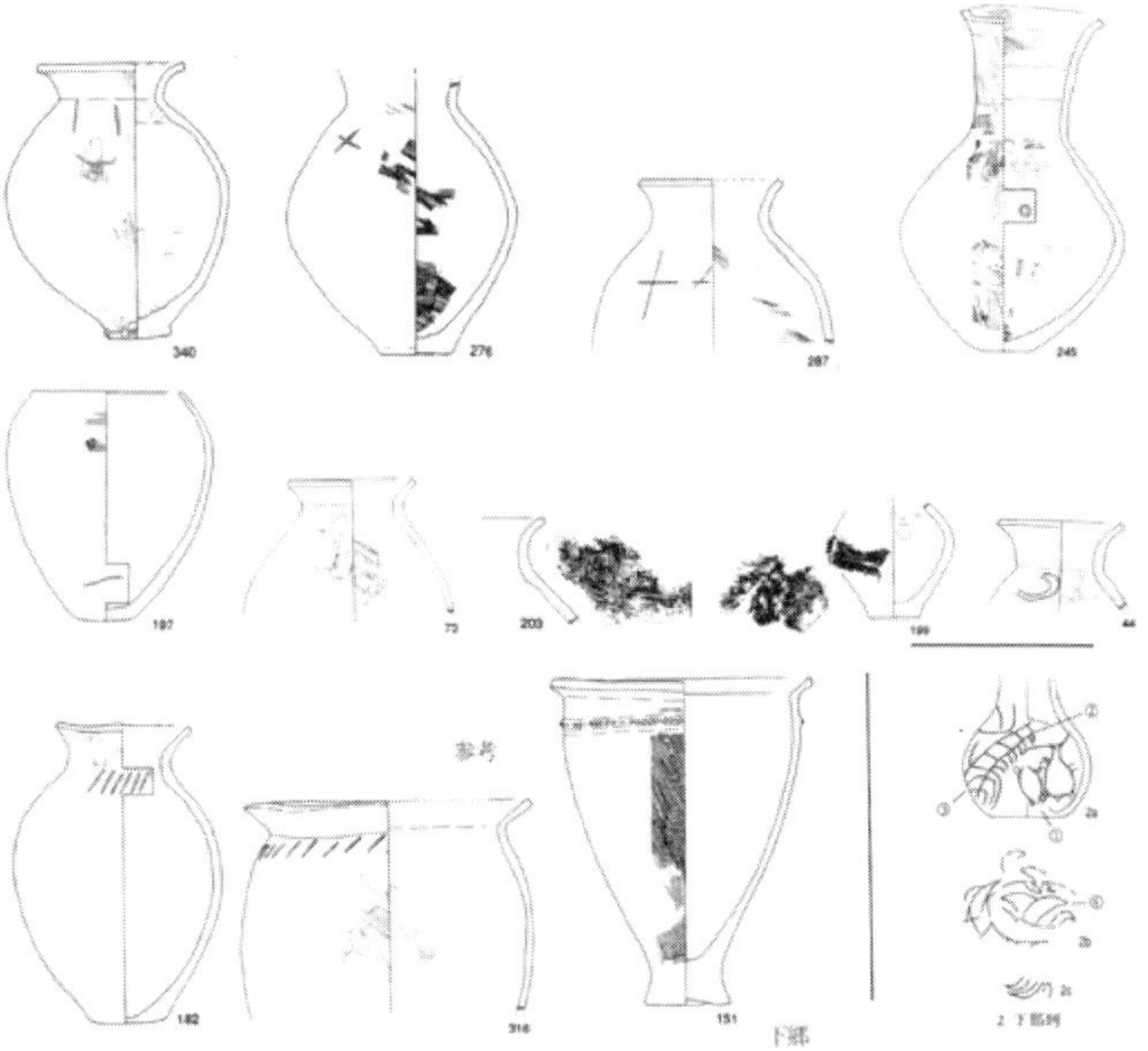

図３３　南九州出土　絵画土器集成（５）

〔参考文献〕

北郷泰道　一九八九「南九州のおける間仕切り土壁住居の成立と終焉」『宮崎県史研究』第3号　宮崎県
宮本長二郎　一九九七「住居と倉庫」『弥生文化の研究』第7巻　弥生集落　雄山閣
佐賀県みやき町教育委員会　二〇一一『西寒水四本柳遺跡』
都出比呂志　一九八九『日本農耕社会の成立過程』岩波書店
梅木謙一　二〇〇四「四国・南九州間における凹線文土器の交流」『西南四国―九州間の交流に関する考古学的研究』
春成秀爾　一九九一「絵画から記号へ―弥生時代における農耕儀礼の盛衰―」『国立歴史民俗博物館研究報告』第35集　創設10周年記念論文集　国立歴史民俗博物館
東和幸　二〇〇六「南九州地域の龍」『原始絵画の研究　論考編』六一書房
合田幸美　二〇〇七「南九州の弥生絵画と記号」『日向・薩摩・大隅の原像　南九州の弥生文化』大阪府立弥生文化博物館

※遺構・遺物の図面については、断りのないものはすべて各報告書による。

3　二・三世紀の南九州における鉄の普及

村上　恭通

一　はじめに

愛媛大学の村上です。どうぞよろしくお願いいたします。私は先週モンゴルから帰って来たのですが、そこで騎馬民族の鉄の遺跡を探して回りました。たいへん暑かったのですが、爽快な風を受けながら調査をしてきました。ところが、日本に帰って来ますとこの暑さに相当疲れております。私は熊本の生まれでして、今日おもに議論される鹿児島や宮崎の少し北にあるわけですが、同じような暑さを感じるところであります。そういう暑さを思い出しながら話をさせていただきたいと思います。

このシンポジウムに関しましては、石野先生からＦＡＸで「村上君よろしく」と一言あり、それに加えて、「最近は熊本でもまた沢山鉄器が出ているらしいな」というお言葉がありました。これは、恐らく熊本の話もせよとおっしゃっているのではないかと汲み取りました。そこで、今日は南九州のまえに、若干、中九州の熊本の話をし、それから鹿児島県、宮崎県の話をすすめたいと思っております。

今日の私の話はつぎのような内容になります。簡単に弥生時代全体の鉄器研究の現状をお話しして、南九州という地域区分について少しだけ説明をしまして、それから中九州の鉄製品、南九州の鉄製品、そして鉄器普及の背景等々については深くは突っ込めないと思いますが若干その普及の背景をお話しして、最後に生産、鍛冶の画期について論じたいと思います。

二　全国的な鉄器の出土動向

それでは、最初に弥生時代の鉄器研究の中で南九州は、どのように議論されてきたかというところをお話ししておきたいと思います。かつては鉄器の出土があまりなかった地域、特に一九九〇年代以前のことですが、そういう地域でかなり、鉄器が出土するようになってきました。これは、それまで発掘が少なかった地域で大規模な調査がなされるようになったという理由もあります。その中には、みなさんもご存じのように、山陰地方、鳥取県の青谷上寺地遺跡や妻木晩田遺跡があり、一遺跡で二〇〇点、三〇〇点も鉄器を出土するということが判ってきました。日本列島における弥生時代の鉄器の分布図が大きく変わる兆しが出てきたのです。その北の北陸でも、鉄器の出土遺跡が増え、一遺跡である程度まとまって出土することも判って参りました。そういった遺跡では、例えば鏃だけが単独で出土するというようなことではなく、鏃、工具、農具とさまざまな種類の鉄器が発見され、当時の道具の組み合わせを示すような発見も石川県、富山県、新潟県で知られるようになってきました。それから意外と出土量が少なかった四国でも、特に徳島県において、吉野川流域下流域

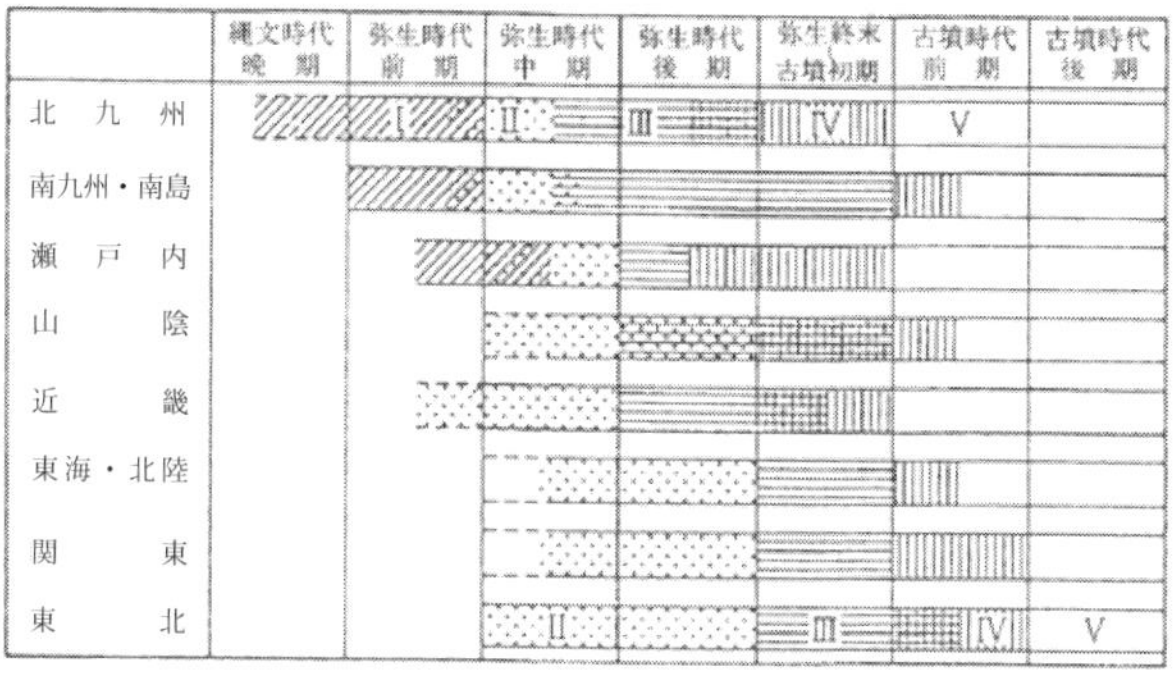

I　大陸系磨製石斧群（木工具）＋木製農具＋石製収穫具（石庖丁・磨製石鎌）＋少数の輸入鉄製工具（刀子・鋳造斧）＝縄文時代晩期から弥生時代初頭　北部九州を中心とした地域で、鉄製工具が補助的な役割を担う。

II　磨製石斧群＋国産鉄製工具（板状鉄斧・袋状鉄斧・鉇・刀子）＋木製農具＋輸入鋳造鉄刃装着農耕具（北九州のみ、少量）＋石製収穫具＝弥生時代前期末から中期前半北部九州が中心で、瀬戸内以東は遅れ、鉄製工具も出土例は少ない。

III　磨製石斧（少なくなる）＋国産鉄製工具（伐採用・加工用の器種が増える）＋国産もしくは輸入の鉄製収穫具（鎌、北部九州のみ、少量）＋石製収穫具（石庖丁）＝中期後半　全国的に木工具の鉄器化が進展する。

IV　鉄製工具＋木製農具＋鉄刃・青銅刃装着農耕具＋鉄製収穫具（摘鎌・鎌）＋石製収穫具（石庖丁）＝後期後半　北部九州で農耕具の鉄器化が普及、他地域では鉄製工具＋木製農具の段階のままで、まれに鉄刃農具あり。

V　鉄製工具（鋸・ヤスリ・キリなど器種が拡大）＋鉄刃木製農具＋鉄製収穫具＝古墳時代4世紀以降。

図１　鉄器普及の状況（川越１９９３）

から中流域にかけて多くの鉄器を出土し、さらには鍛冶工房も多々発見されました。さらに、高知県の太平洋に面した地域でも大量の鉄器をもつ遺跡が発見されました。以上のように、全国の鉄器の分布状況がかなり変わってきたといえるでしょう。

（図1）は、私の恩師である川越哲志先生が鉄器普及の状況について表現された普及概念図であります。その中で一番上が北部九州、その次に「南九州・南島」と書いてありますが、実はこの南九州には熊本も含まれておりますので、ここでは熊本、宮崎、鹿児島、沖縄までも含めた地域概念であります。このほか、その下には山陰、東海・北陸などと続きますが、実際には北陸と東海とは分けて考えざるを得ず、それ程日本海側の鉄器の活況を呈しています。以上のように、この川越先生の図が大きく書きかえられる段階になってきたわけです。

また、この図が描かれた頃はそれ程顕著ではなかった鉄器生産の痕跡、鍛冶工房の発見も増加しました。日本海側の富山県まで、そして恐らく鍛冶工房の可能性のある遺構も新潟まで発見されています。そして太平洋側でも愛知県まで確認されておりますが、鉄器生産遺構の密な分布が見られるのは九州北半部、山陰、そして四国東部の徳島県側で、それらを除くと点的な分布になっています。そのようななか、最近兵庫県の淡路島の五斗長垣内《ごっさかいと》遺跡が発見され、綿密な調査によって多数の鍛冶工房が発掘され、これまでの認識を変えるような所見が得られています。そこでの新しい所見、あるいは鍛冶遺構の判定法を取り入れて今後調査していけば恐

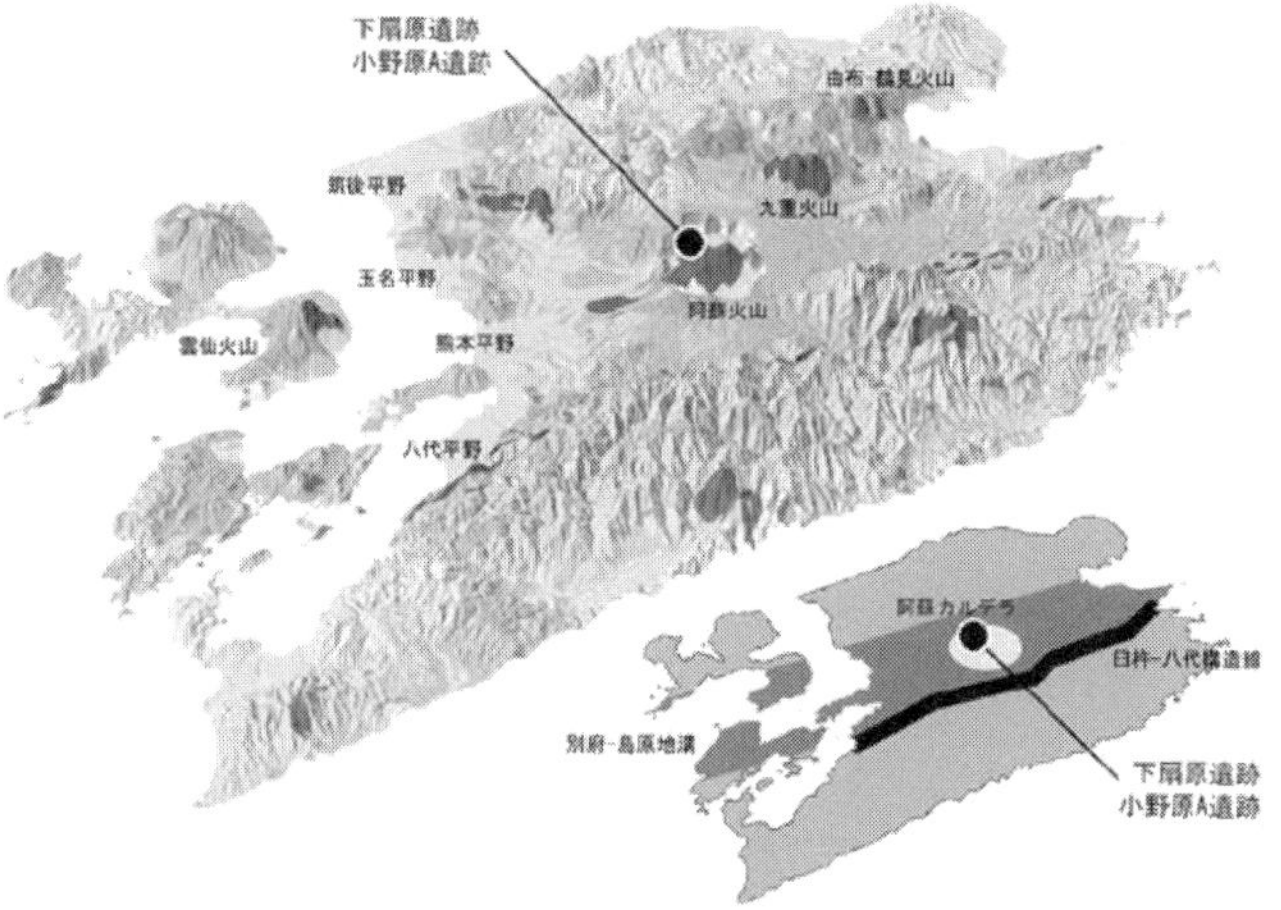

図２　中九州・東九州と臼杵—八代構造線と南九州（宮崎編２０１０）

らく東日本、近畿地方の鍛冶工房の数はもっと増えてくるのではないかと考えております。個別の鉄器については、弥生時代の鉄器全般を見渡した場合、稲作の時代の鉄器でありながら農耕に直接関わる鉄器が少なく、分布が限られているということが判ります。また、その他の生業、例えば漁業であれば、釣針等々の鉄製品ですが、それらも地域的に限られます。さらに玉作などに細い鉄錐《きり》を採用して、石を加工し装飾品が作られますが、局地的な現象です。なかなか議論が進まないのが、狩猟具と鉄との関係ですが、鉄鏃が出土するとすぐに武器と判断される場合が多い。その中にはかなりの狩猟具が含まれているはずなのですが、このあたりの弁別はこれからの課題です。

　以上のような、全体的な状況を前提とした場合、南九州、特に鹿児島、宮崎という地域の鉄器

の状況を見てみますと、確かに徐々に増えつつありますけれども、そう極端に増加したという
わけではない。しかし、分布は非常に面白い状況を呈してきております。したがいまして、分布密度が濃くなってきたために考えられること、あるいはその他の考古資料によって導き出されている現象とあわせて評価できることが次第に増えてきたといえます。

さて南九州とはどういう所かということでありますが、まず九州には二つの東西に走る線があると思っていただいたらいいのではないかと思います。（図２）に臼杵―八代構造線がありますます。これは大分の臼杵から熊本の八代にかけてまっすぐに走る構造線であります。これから南を南九州と呼んでおります。そして北側に別府と島原を結ぶ地溝帯があり、これから北を北部九州と呼んでおります。そして、それらのちょうど真ん中に阿蘇山がありますが、その西側を中九州と呼んでおりまして、その東側を東九州と呼んでいます。一般的には中九州という言葉はあまり使われていませんが、長崎を西九州というように、熊本を中心とする地域を中九州とわれわれは呼んでいます。ただ、熊本県域は一部構造線を越えて南の山地帯も含んでいます。

三　中九州における弥生鉄器の動向

それでは、鉄器に関して、まず中九州、構造線以北の熊本の状況についてお話ししましょ

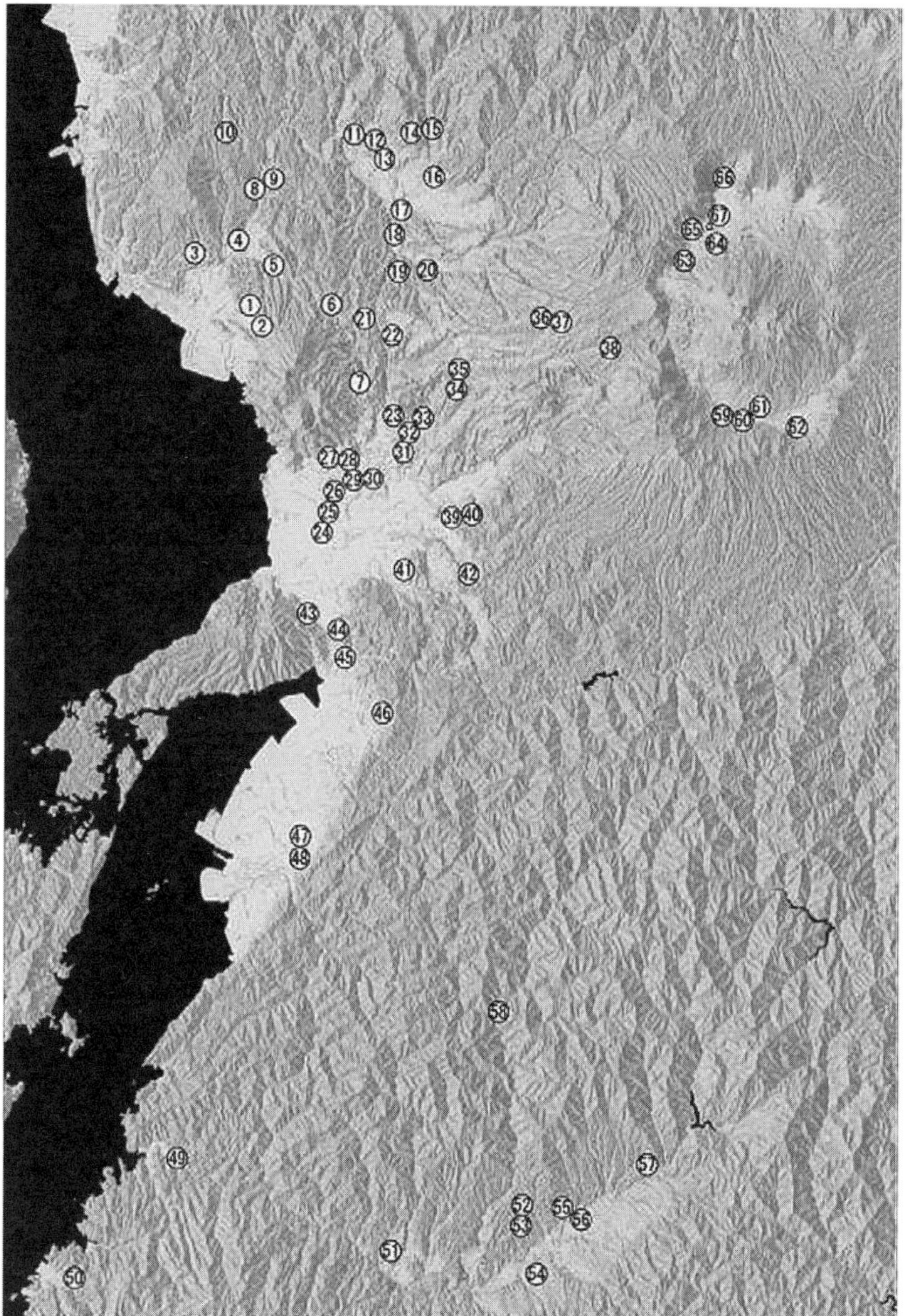

1野部田 2斉藤山 3東南大門 4柳町 5稲佐津留 6ヲスギ 7五丁中原8前田 9諏訪原 10大場石棺群 11桜町 12古閑白石 13方保田東原 14蒲生上原 15津袋 16台 17小野崎 18北無田 19石川 20石立・八反田 21小糸山 22梶尾 23 黒髪 24八ノ坪 25護藤 26白藤 27上高橋高田 28二本木田崎 29八島町 30平田町 31神水 32大江 33新南部 34弓削山尻・石原亀甲 35梅ノ木 36西弥護免 37大松山 38外牧 39石塚 40二子塚 41新御堂 42上山神・下山神 43西岡台 44東松山 45大塚台地 46大坪貝塚・田中 47上日置・女夫木 48西片町 49宮浦 50北園貝塚 51荒毛 52新深田・高ノ原 53夏女 54本目 55沖松 56市房隠 57ヤリカケ松 58頭地 59小無田館 60西一丁田 61南鶴 62幅・津留 63宮山 64下山西・焼山下 65狩尾遺跡群 66陣内 67小野原遺跡群

図３　中九州の主要弥生遺跡（宮崎編 2010）

う。阿蘇外輪山に囲まれた地域に弥生時代の集落遺跡、特に後期の集落遺跡が多々発見されています（図3）。そのいずれの遺跡も鍛冶工房を複数擁していたり、大量の鉄器をもっています。単純に数えますと、熊本は日本全国でも最多の鉄器の出土数を誇っており、その集中度、密度は群を抜いています。ただ、そのことによって当時の鉄器の消費量とか、鉄器の生産量がこの地域が一番だったといっているわけではありません。福岡周辺は弥生時代の後の遺跡の攪乱とか、後天的な事情があって遺っていない場合もありますから、恐らく当時の状況はもっと高く評価できるのではないかと考えています。先ほど述べましたように鍛冶工房の数も多かったと考えています。

熊本では、北の方から南にかけて、鉄器出土遺跡の集中地域がいくつかあります。真ん中の部分は阿蘇外輪山地域でありますが、県の北側を流れる川は菊池川といい、古墳時代には江田船山古墳などが造られているところであります。そして阿蘇に源泉をもつ川が白川で、西走して有明海に注いでいます。その白川沿いに大規模な弥生集落遺跡があって、一つの遺跡で二〇〇点、三〇〇点と鉄製品を出土する遺跡が点在しています。それから南の方にも遺跡が集中しておりますが、このあたりは緑川がありまして、大規模集落遺跡分布の南限になり、ここでも大量の鉄製品を出土します。

（図4）は熊本県二子塚遺跡の鉄製品の一部ですが、熊本県教育委員会からお借りした写真

図４　熊本県二子塚遺跡の鉄製品の一部
（熊本県教育委員会提供）

を掲載しています。この遺跡では、こういった鉄製品が竪穴住居址で多数出土し、鍛冶工房も時期を違えながら一軒ずつ設けられました。この緑川流域では免田式土器という県南部の南九州に位置する遺跡の名前にちなんだ有名な土器が多く見られます。標式遺跡はもっと南なのですが、その出土数や文様のバリエーションから見てもこの地域が中心地ではないかとも考えられております。

今説明しましたように菊池川、白川、緑川の各流域において、鉄器の生産あるいは消費が活発な集落が存在したことが判っており、また各流域は何らかの形で北部九州圏と接触していたということが、出土している青銅器などから判ります。ただ有明海沿岸地域は、出土する鉄製品に特徴があり、北部九州ですと鋳造鉄製品が多いとか、ある種の舶載品が多いということがありますが、熊本県はその種類が少なく、特に後期になるとほとんど無いといっても過言ではありません。そういう意味では、福岡平野を中心とする北部九州とは、異なるルートを持っていて、外来の鉄製品や鉄の素材の入手していた可能性が考えられます。

四　阿蘇山周辺の鉄器

もう少し詳しく見てみましょう。阿蘇外輪山の中に位置する下扇原《しもおうぎばる》遺跡の鉄器の例を挙げたいと思います（図5）。つい最近報告書が出たばかりの遺跡でありまして、一〇〇〇点近い鉄製品が出ておりますが、まだ鍛冶遺構から出た資料が整理されていない状況であります。鉄鏃は茎《なかご》の無いタイプがあり、小型品から大型品まで種類が豊富にあります。むしろ装飾性の高い鏃は無茎鉄鏃で作り、木製の茎（根挟み）に彫刻などで意匠を凝

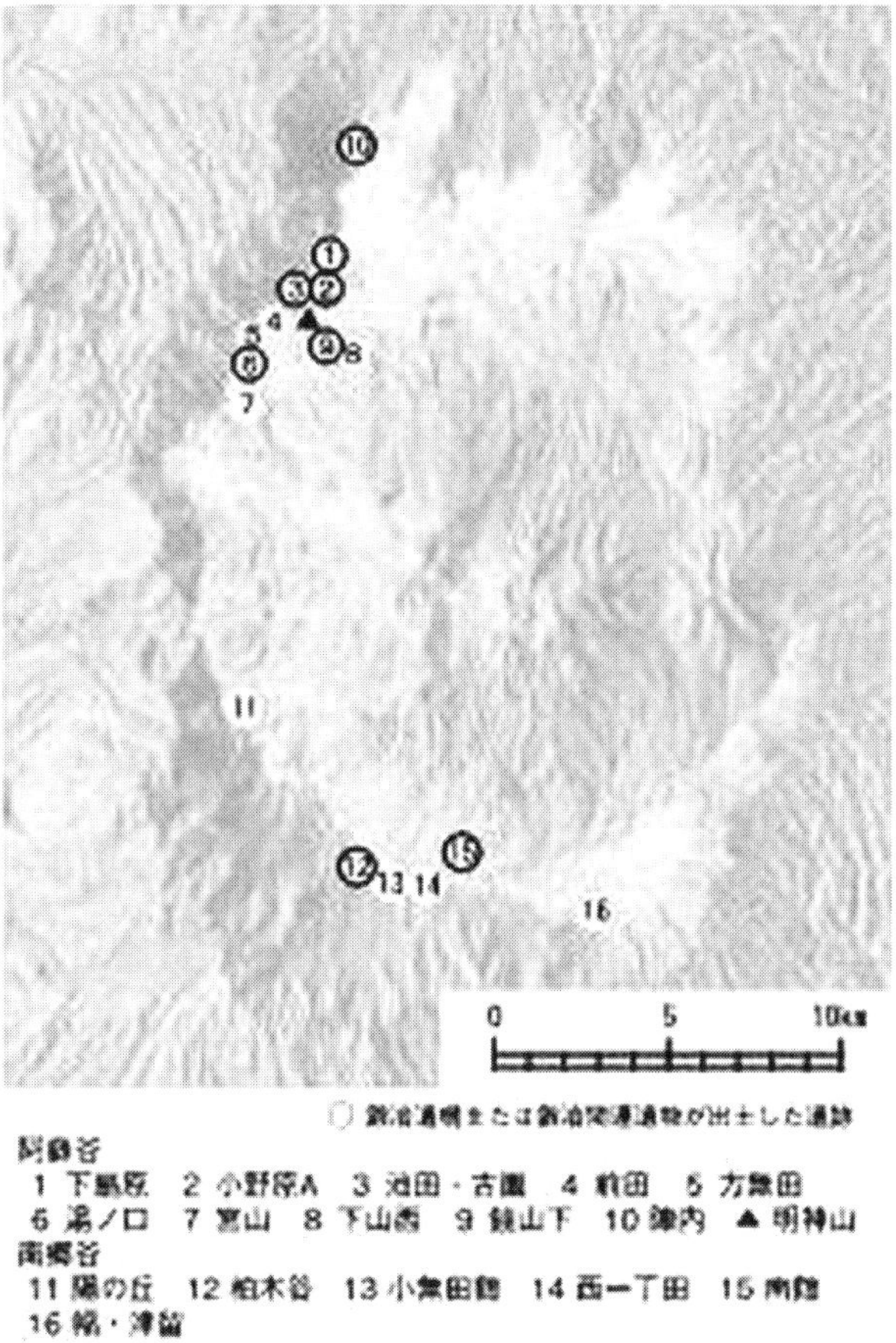

図5　熊本・阿蘇の主要遺跡

らしていたということもわかってきました（図6）。有茎鏃とは対照的です（図7）。このほか、鉇《やりがんな》という木の表面を削る道具（図8）、鉄の刀子（図9）、鉄斧、いっても木を伐採するようなものでは無く手斧《ちょうな》のような機能をもつものではないかと思われるもの、あるいは鑿《のみ》状品などがあります。斧、手斧については、斧の柄を差し込む部分の縁に帯が走っているのが見えますが、これは使用中に袋部の端部が曲がり易いために工夫されたものです（図10）。最古の例は中期末葉の福岡にありますが、その後、福岡では見られなくなりまして、後期中葉以降は熊本に集中しています。その未製品が熊本の鍛冶遺構で出土するので、在地で作っていたのだろう

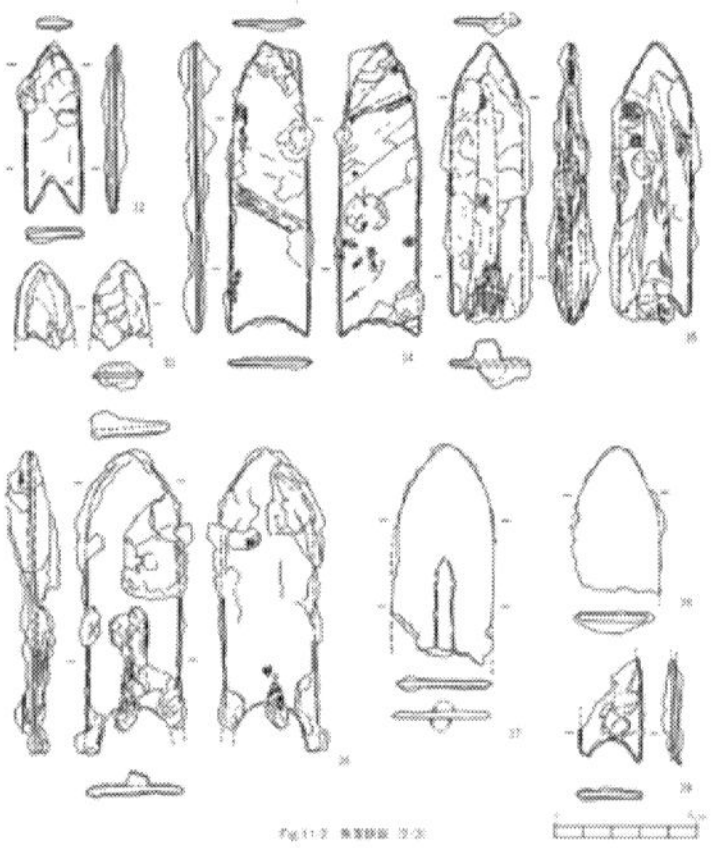

図6　阿蘇・下扇原遺跡出土の鉄鏃①

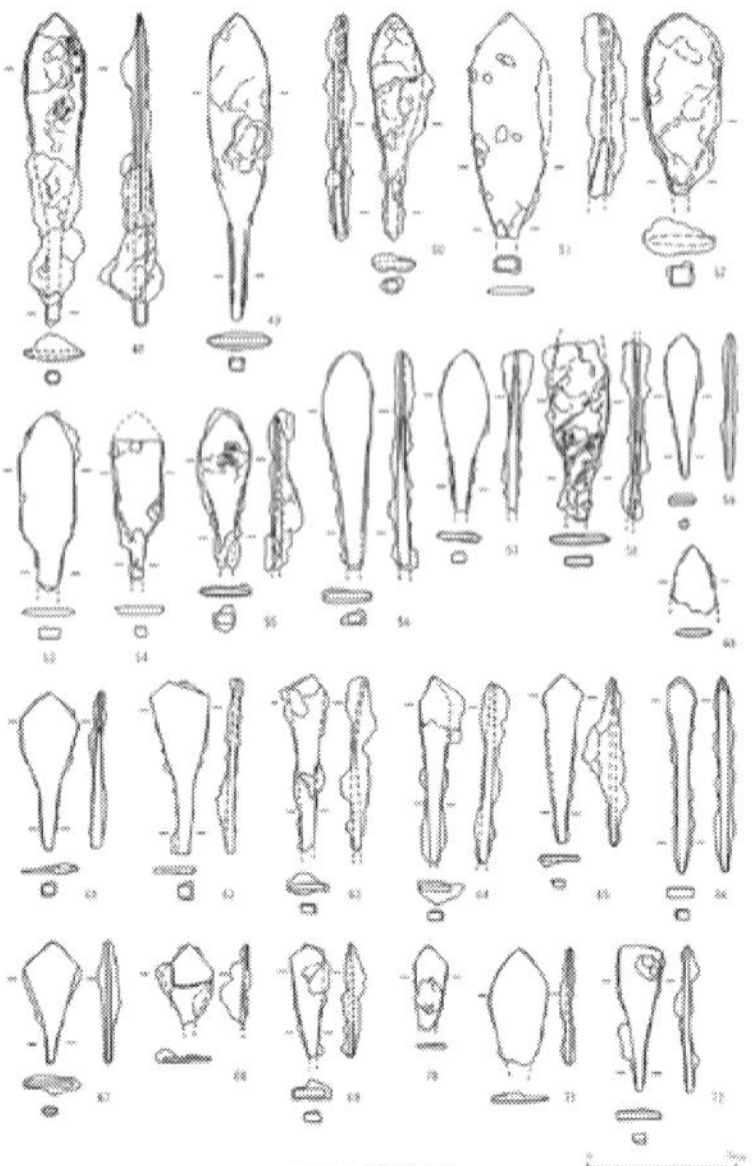

図7　下扇原遺跡出土の鉄鏃②

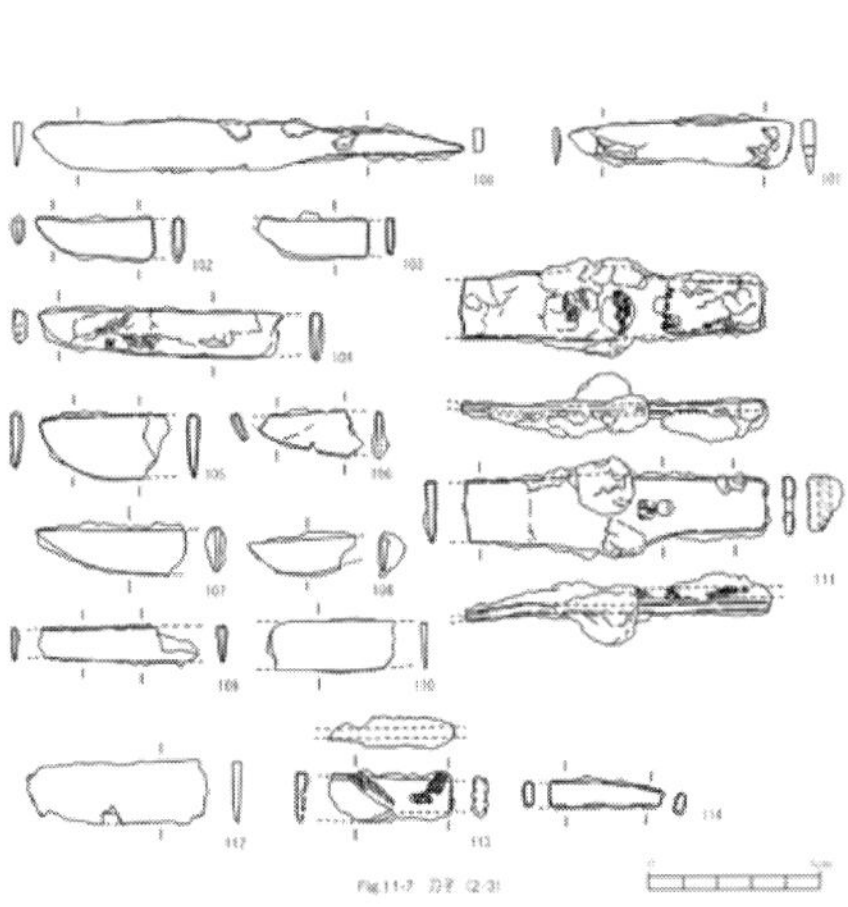

図９　下扇原遺跡出土の刀子

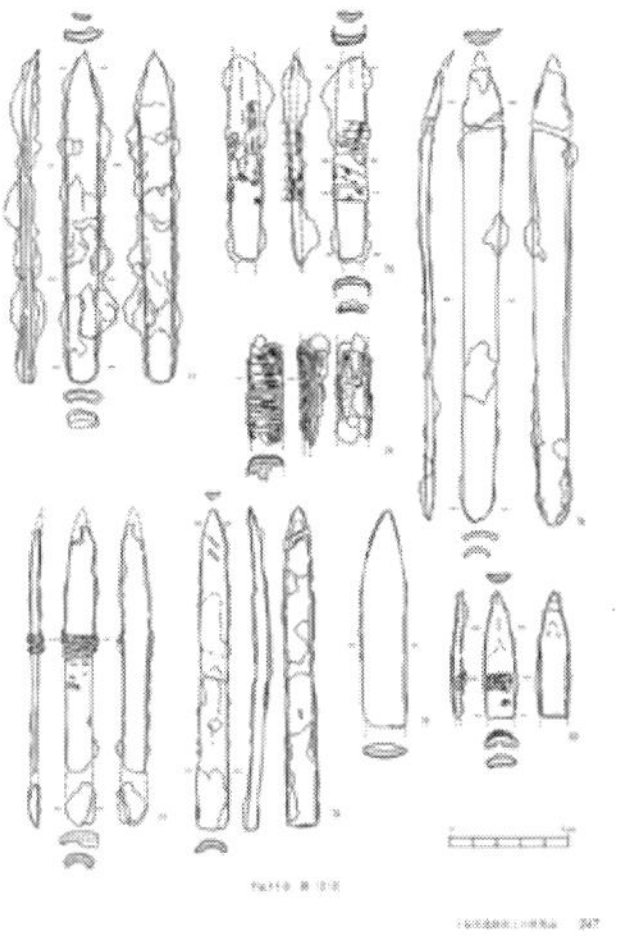

図８　下扇原遺跡出土の鉇《やりがんな》

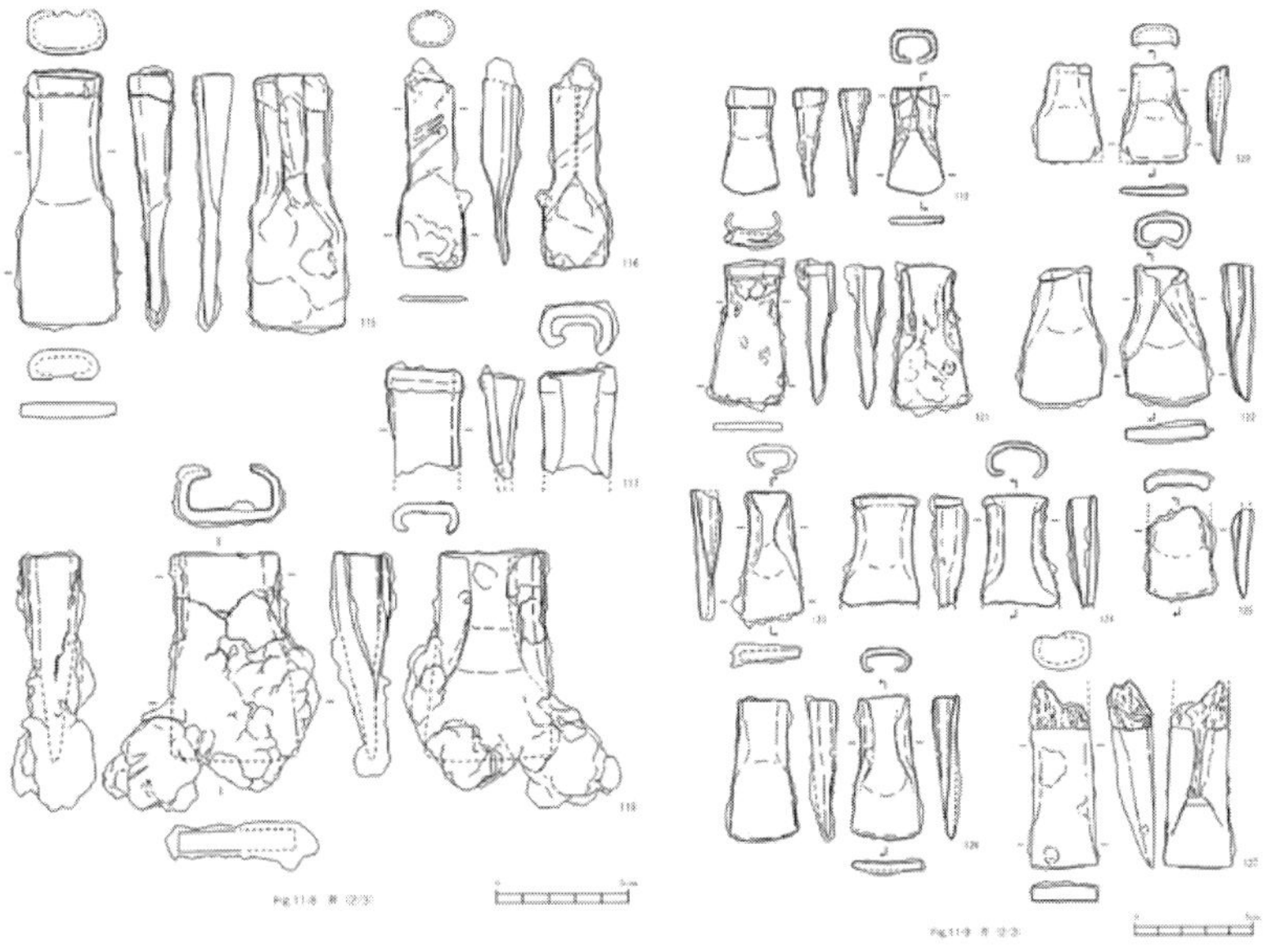

図１０　下扇原遺跡出土の鉄斧

と思います。この種の鉄製品は、遠隔地間の鉄器の伝播を評価する際、重要になります。遠く北陸まで見られます。また、北部九州では、鉄器生産技術が向上し、厚い鉄板でも鉄斧が作れるようになっていたのに対し、熊本は比較的薄い鉄板を加工するという技術にとどまっていたために、こういった工夫の鉄斧を製作していたのだろうと考えています。

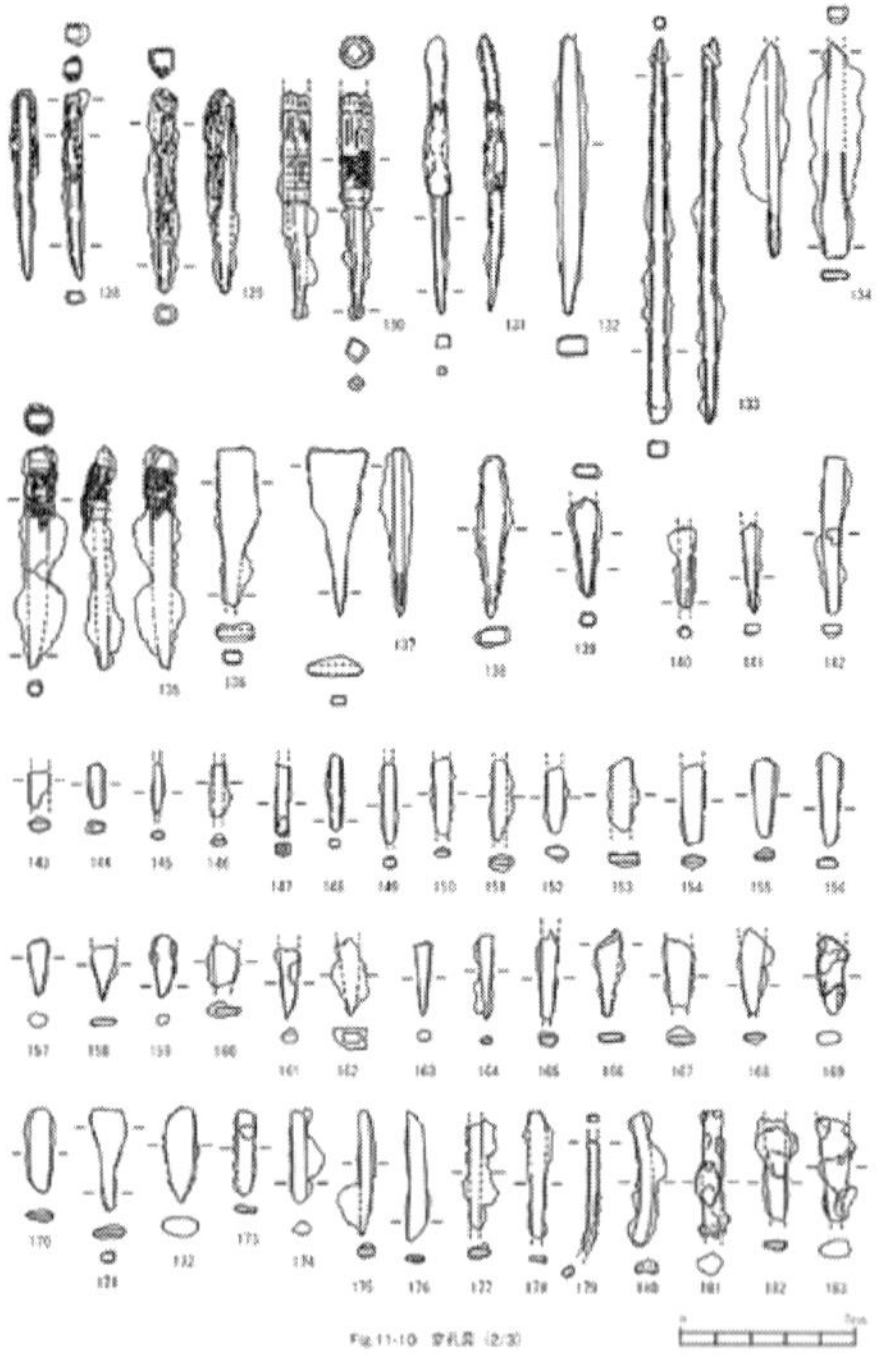

図１１　下扇原遺跡出土の小型加工具（穿孔具等）

それから住居跡が丁寧に調査されるようになった結果、小型の穿孔具《せんこうぐ》、針とか錐《きり》などの尖端をもつ道具がたくさん存在することもこの遺跡が証明しました（図11）。全国的には少ない農具も、この地域では石庖丁にかわる摘鎌《つみがま》という鉄製品が実に多く出土します（図12）。なかには、異常に大きく、手からはみ出るようなものもありますが、祭祀にで

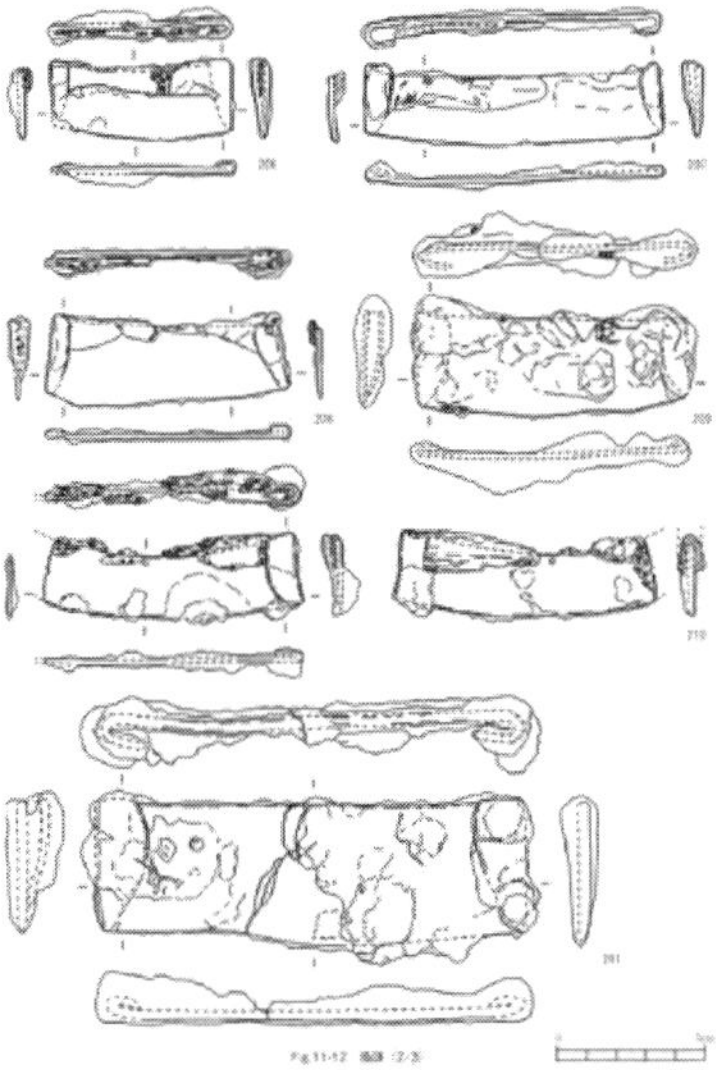
図１２　下扇原遺跡出土の摘鎌

も使われたのでしょうか。これは全国で二例目です。また穂摘み用の摘鎌ではなく普通の鎌も出ています。

この遺跡では、方形を呈する八軒の鍛冶工房が発見されています。先ほどの北郷先生の話に関係があると思いますが、すべてベッド状遺構をもつようです（図13）。これらの鍛冶遺構では、鉄板の裁断片や鉄器の未製品が大量に出土しました（図14）。

この下扇原遺跡には、この地方では作っていないと思われる青銅器やガラス製品が豊富にあります。銅扣《どうこ》と呼ばれるボタン状の銅製品もそうですし、破片ですが銅矛もそうです。こういった貴重な物がどうしてたくさん出てくるのでしょう？　阿蘇は直接海に面している地域でなく、内陸にかなり入っていますから、交易上は何か特別な反対給付品があったに違いありません。その一つとして赤色顔料、ベンガラがあるのではないのかと思っております。この遺跡では、しばしば住居址から赤色顔料が堆積した状態で出ています。近隣の遺跡では、環濠の溝の

図１３　下扇原遺跡の鍛冶工房

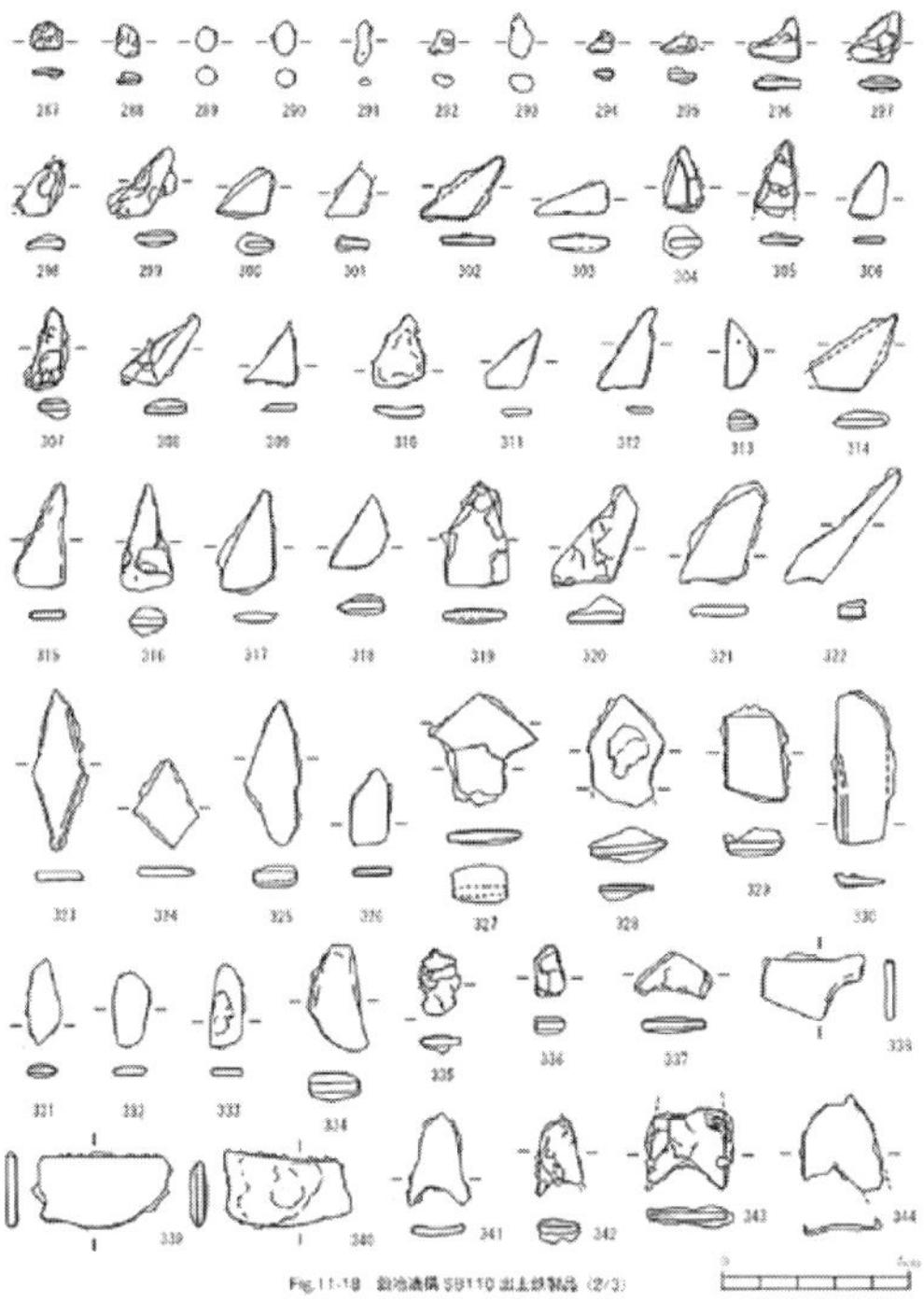

図１４　鍛冶工房出土の鉄板残片

中に相当の厚さのベンガラが堆積している状況さえありました。ただ、これらが直接北部九州と交換されたということを述べているのではなく、広く有明海沿岸地域と交易し、その結果、青銅製品、ガラス製品、鉄の素材等々も入ってきたといえるでしょう。

　内陸でありながら、沿岸地域との深い関係があるという現象を鉄と関係させて考えてみたいと思います。この遺跡では、丁度手のひらに入る大きさの砥石が百点近く出土しています。その九〇%以上がリソダイトあるいは天草島石と呼ばれる石で、陶器の原料として使う石であります。これは当然砥石としても使用されています。この砥石の原石は、有明海沿岸地域から入手されたことは間違いなく、恐らく白川を利用した交易により搬入されたと考えられるでしょう。

五　南九州における鉄器普及の状況

（1）肥後南部の鉄器

さて、熊本の南半、南九州地域に下りますと、免田式土器の故郷である球磨地方があり、この地域の代表的な遺跡として夏女《なつめ》遺跡を挙げて、鉄器の状況を見てみましょう。この遺跡は、集落遺跡であり、方形の竪穴住居址が発見されております。ここには鏃、鉇《やりがんな》、刀子があり、棒状の工具もあります（図15）。

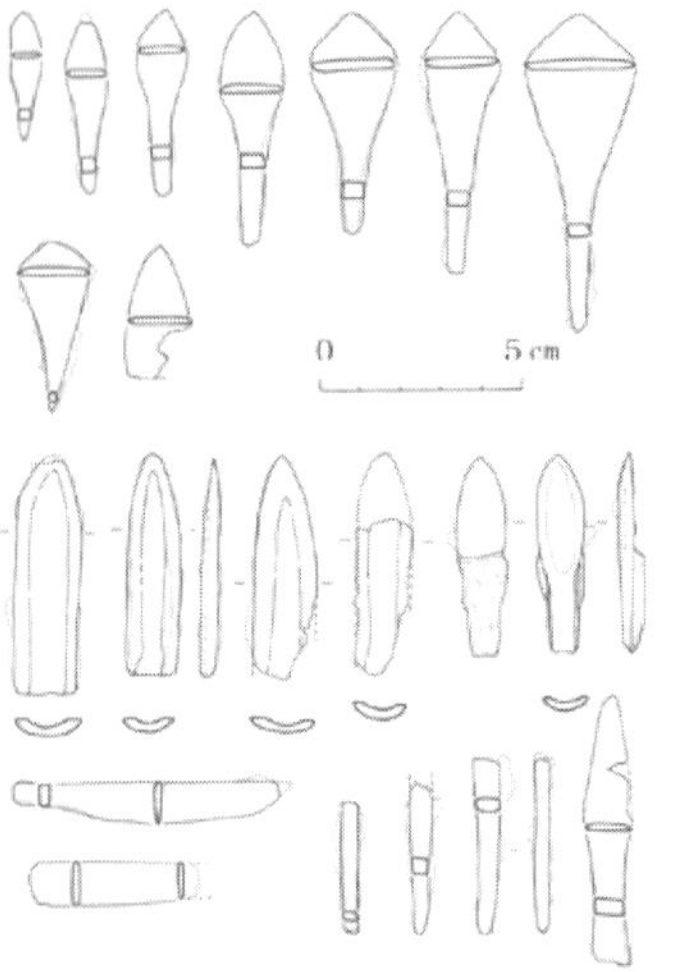

図１５　球磨・夏女遺跡出土の鉄器

注目しておきたいのが鉇です。熊本で出土するほとんどの鉇は一方がくぼんでおり、横断面形が「へ」の字状を呈しています。これをわれわれは「裏すき」と呼んでおります。これに対し、この遺跡では一点だけ裏すきをもたず、柄の部分が平板で、切っ先の部分だ

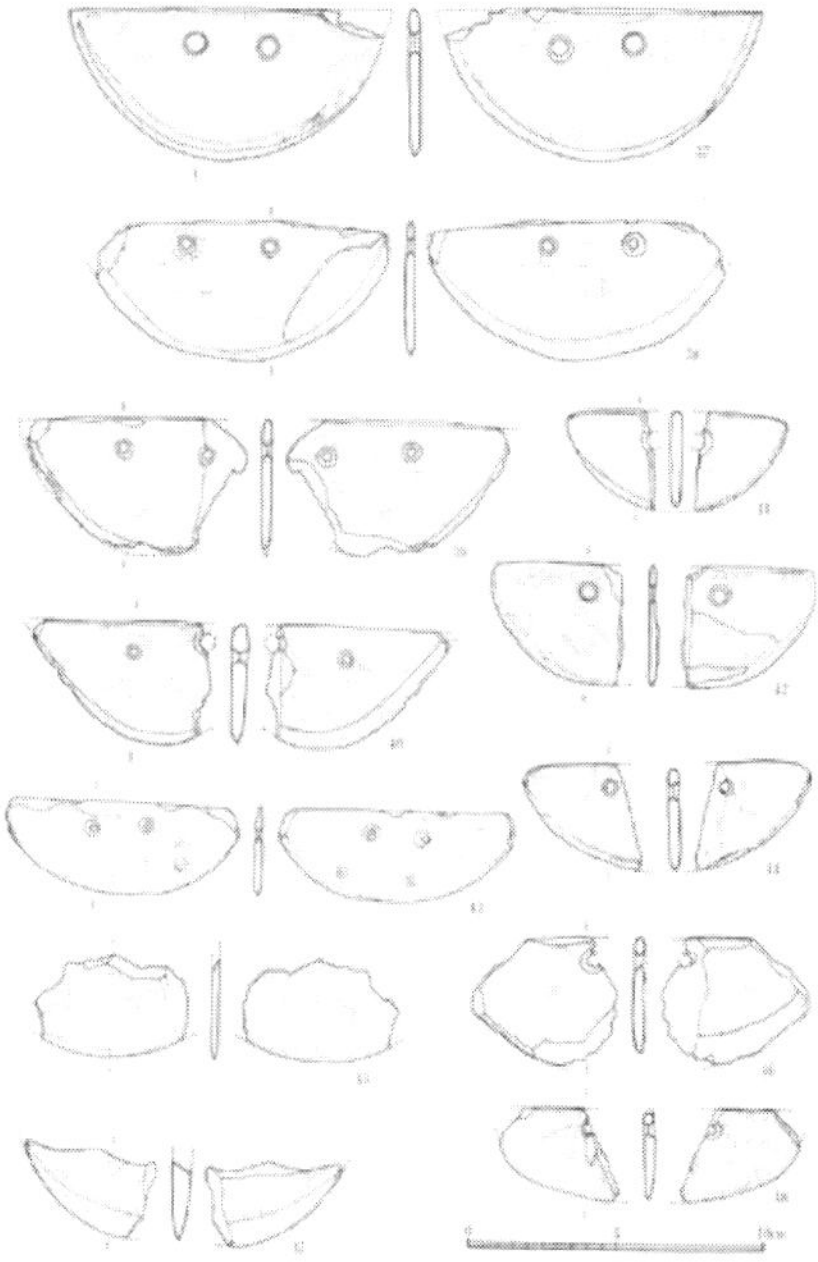
図１６　夏女遺跡出土の石包丁

けに裏すきをもつ鉇が含まれています。これは西部戸瀬戸内系の鉇でありまして、非常に珍しく、熊本では二例しか出ておりません。こういった道具はわずかですが、外部社会と接触しているということがうかがえる資料であります。ただ鉄製品は鏃、鉇、刀子と言う小型の鉄製品が主体でありまして阿蘇とか緑川流域で見られるような農耕具、斧のような立体的で、鉄の消費量が多い鉄製品はありません。農具は穂摘み具である石庖丁が卓越します（図16）。ですから弥生時代の後期の後半、後葉から終末にかけてのこの地域にも恐らく鍛冶工房があったとは思いますが、同時に石器製作工人も存在していたのです。

この遺跡では北部九州で作られたと考えられる小型仿製鏡（中国の鏡を模倣して作った小型の鏡）が二点出土しており、銅釧も出土しております（図17）。森岡秀人さんの文章にも記されているように、鹿児島にも小型仿製鏡があります。川内市外川江遺跡に出土例がそれです。また中園さんによれば、お聞きしましたところ、さらに出土しているということです。この夏女遺跡より南の鹿児島の方でもこういった仿製鏡が何点か出土しているということです。ただし、こういった鏡が中九州から南に行くにつれて徐々にその密度を減じていることは間違いないでしょう。

また、注目されるのはここでも免田式土器が出土しているということです(図18)。これから南へ、つまり薩摩半島の方へ下って行きますと、鉄製品や鍛冶の痕跡と考えられる遺構、遺物を出土する遺跡は免田式土器との相関関係があるようです。

図１７　夏女遺跡出土の小型倣製鏡と銅釧

図 18　夏女遺跡の免田式土器

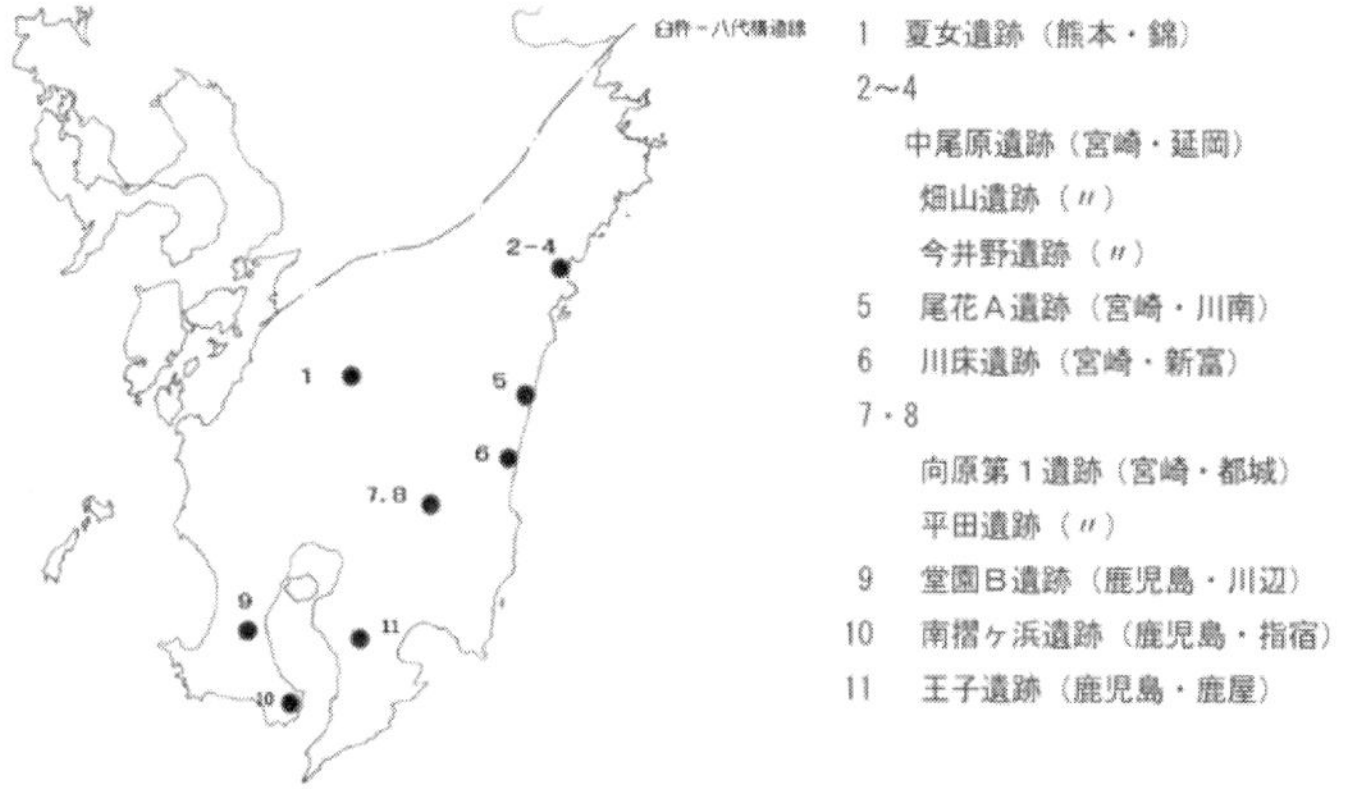

図１９　南九州の鉄器出土主要遺跡

(2) 日向・薩摩における中期以前の鉄器

さてここから宮崎県域、鹿児島県域における弥生時代の鉄器についてお話をさせて頂きます（図19）。中期以前については、宮崎県ではポツポツと単独で出土しているといった具合で、あまり深い議論ができる状況ではありません。しかし、都城市という鹿児島県との県境に近いところでは向原第一遺跡で中期末の鍛冶工房が出ております。熊本、大分などでは中期の鉄器の生産痕跡は今のところ判っていませんので、日本最南端の弥生時代中期の鍛冶工房遺跡としてたいへん注目されます。ただし、その段階にどういう鉄器を、どの程度作っていたのかという点についてはよく判りません。

鹿児島では、学史的にも有名な高橋貝塚で前期に遡ると報告されている鉄製品があります。この遺跡の発掘された時期が古いために、その後とりたてて議論されることもありませんでした。結果的には、最近のＡＭＳ年代測定法の採用に始まった議論で、弥生時代前期に属する鉄器の存在がことごとく否定されて、それら時代の所属が判らないような状況に陥ってしまいました。しかし、中期以前に遡る資料として評価できる鉄器は多々あると思われます。これは先ほどの中園さんとの話とも関係してきますけれども、薩摩半島側、西側の沿岸側は南島交易との関係で鉄器が入ってきていてもいいのではないかと考えます。普及という評価が妥当かどうかは今は断じませんが、南西諸島に鉄器が伝わっていくプロセスで入手している可能性は否定できないと思います。例えば中園さんのスライドにもありましたように沖縄県の旧具志川市の宇堅《うけん》貝塚で板状鉄斧《てっぷ》が出ております。これはまぎれもなく朝鮮半島製の板状鉄斧です。それから読谷村中川原貝塚では北朝鮮の楽浪郡よりももっと古い土器ではないかといわれる舶載土器に伴って鋳造鉄斧の破片が出ております。つまり中国か北朝鮮辺りで鋳型に鉄を流しこんで造った鋳造鉄斧の破片だと思います。また鉇も、先ほど中九州で見たような貧弱なものではなく、幅広でしっかりした作りの例が出土しています。私が保存処理して、調査しています。これは北朝鮮の龍淵洞積石塚で発見された資料と似通っています。

こういう鉇は九州本土でもなかなかお目にかかることはできませんが、中国や朝鮮半島の鉄器が沖縄まで伝わる背景には、中園さんがおっしゃったように南島の貝が北に伝えられ、その反対給付として、結果的に薩摩半島の西岸に古い鉄器が伝わった可能性はすでに指摘しています。そういった前史があって、中期後葉以降の甕棺墓の時代にも舶載鉄器がこの地に搬入されます。金峰町の松木園遺跡では鋳造鉄斧の再加工品が出ております（村上　二〇〇〇）。そもそもこのあたりは北部九州起源の甕棺分布域の南限地帯でありますので、そういった墓制の拡大との関係で伝わっているとみられます。そして大隅半島の王子遺跡では、中期末に属する裏すきをもつ古い型式の鉇が出ております。ただ、点々とした出土のあり方であることは否定できません。

（3）日向の後期の鉄器

近年、後期後半あるいは中葉以降で、多くの鉄製品を出土する遺跡が宮崎県側で知られるようになりました。川南町の尾花A遺跡の集落遺跡でたくさんの鉄製品が出ております（図20・図21）。個別に見ると、（図21）左上の、上と下に二つの突起のついた二段逆刺《かえし》の無茎鉄鏃が注目されます。この鏃の分布の中心は熊本の緑川、白川流域にあります。熊本独自の鉄鏃といっても過言ではないものです。次に（図20）右下の斧ですが、袋部の端部を折り曲げた、袋の口部の強化を図った鉄器で、これも圧倒的に熊本に分布の中心があります。そうすると、熊本と共通点のある鉄器が目立つことが判ります。

その一方で鉇のような使用頻度の高い小型の加工具は、個性が強くて熊本や瀬戸内側とは異

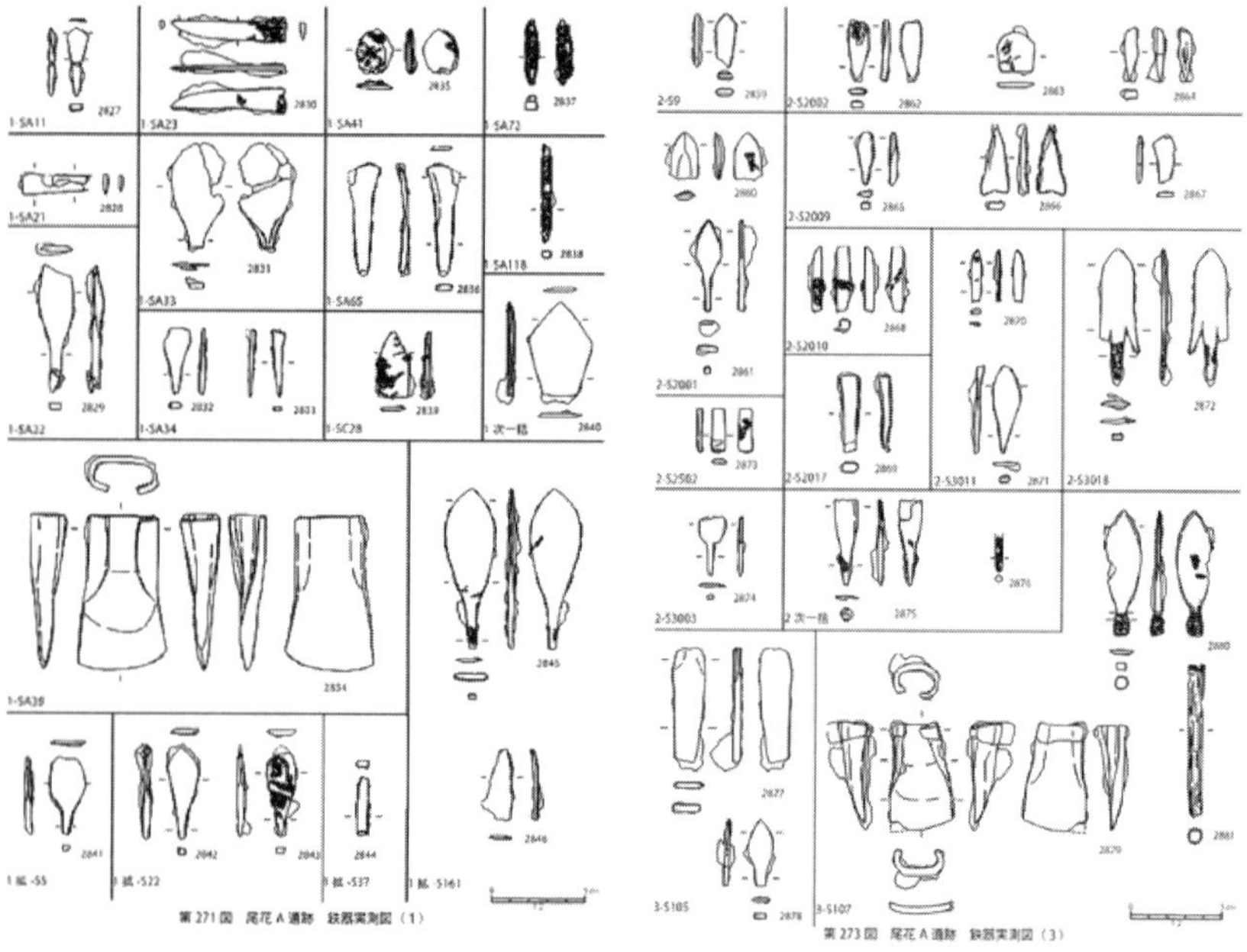

図２０　宮崎・尾花Ａ遺跡出土の鉄器（１）

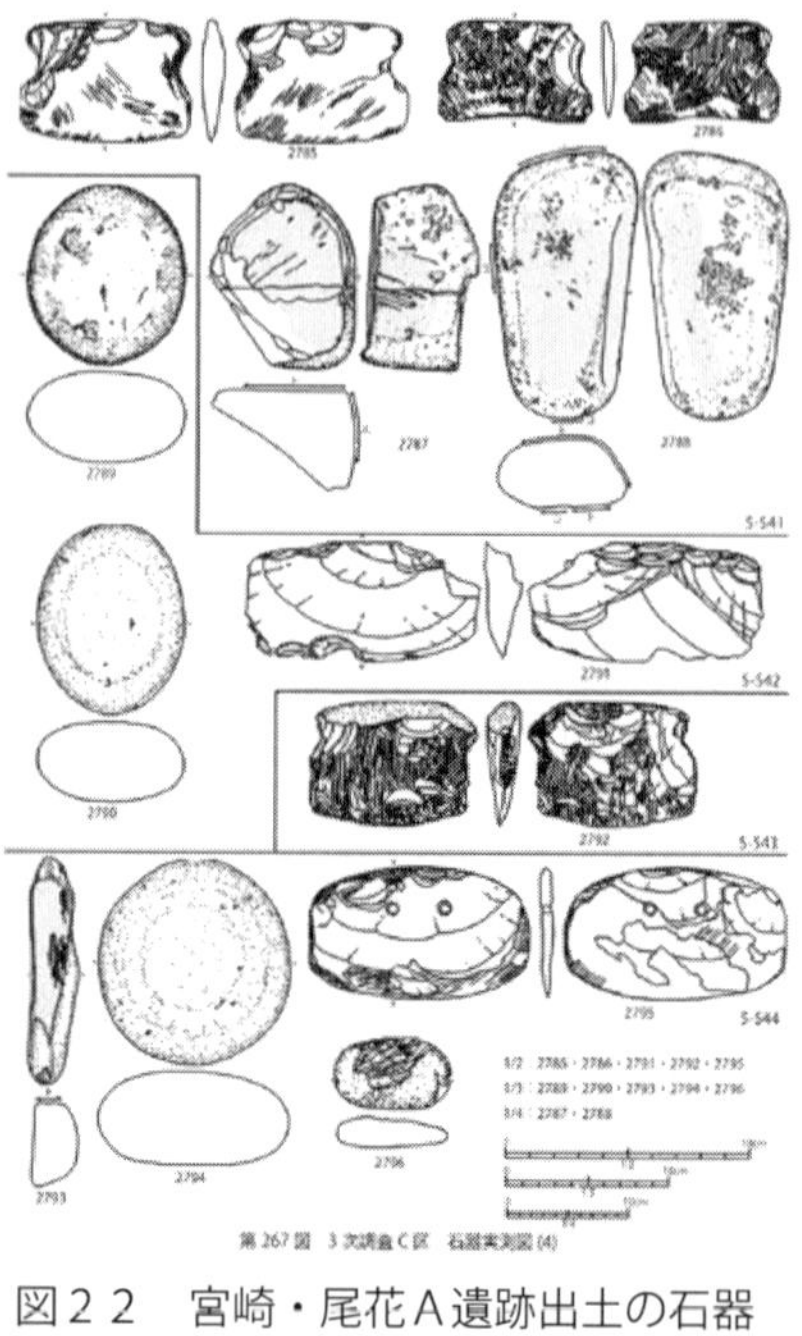

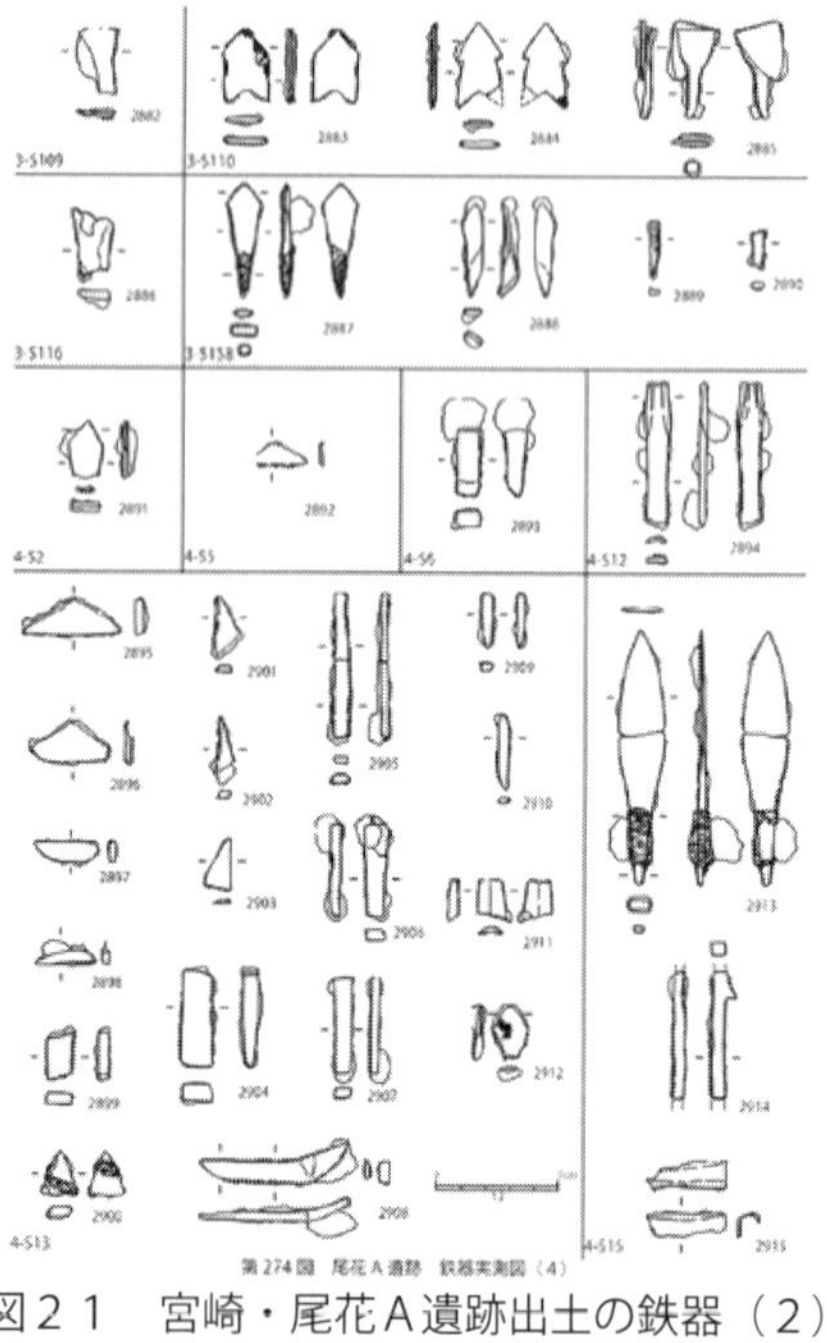

図２２　宮崎・尾花Ａ遺跡出土の石器　図２１　宮崎・尾花Ａ遺跡出土の鉄器（２）

なる形状や大きさを呈しております。ということは在地で鉄器を生産していることが想定されるのです。（図21）左下に三角形の鉄片があります。そのままでは道具としては使えないような小型品で、用途不明の鉄器です。これは鉄器を作る際に鏨《たがね》で鉄板を切った際に生ずる裁断片です。また石器類を観察すると、極度に火を受けた石器あるいは錆がめり込んだ石器が出てりますので、それらは石の鍛冶具と考えて良いと思います。したがいまして、大量の鉄器を出土した尾花A遺跡は熊本的な鉄製品を獲得したり、あるいは特殊な鉄器に関する情報を入手している一方で、自分たちでも鉄器を作っていたといえるでしょう。

ただし、生活で使う道具の全てが鉄であったかというとそうでは無くて、石庖丁は多数存在するように、鉄と石をどこに投入するかというコントロールがなされていたとみなければなりません（図22）。石器工人がいなければ、生活を満たす利器が供給できなかったのです。元来、宮崎県には新富町に川床遺跡という埋葬遺跡があり、副葬品として鏃、刀子、鉇、斧といった鉄製品を大量に出土していました。この遺跡の時期について詳細には判らないことが多く、もしかしたら後ほど柳沢先生からお話があるかもしれませんが、お墓に入れるだけではなく、集落の中で鉄器を作り、消費していた姿も復元できるようになりました。

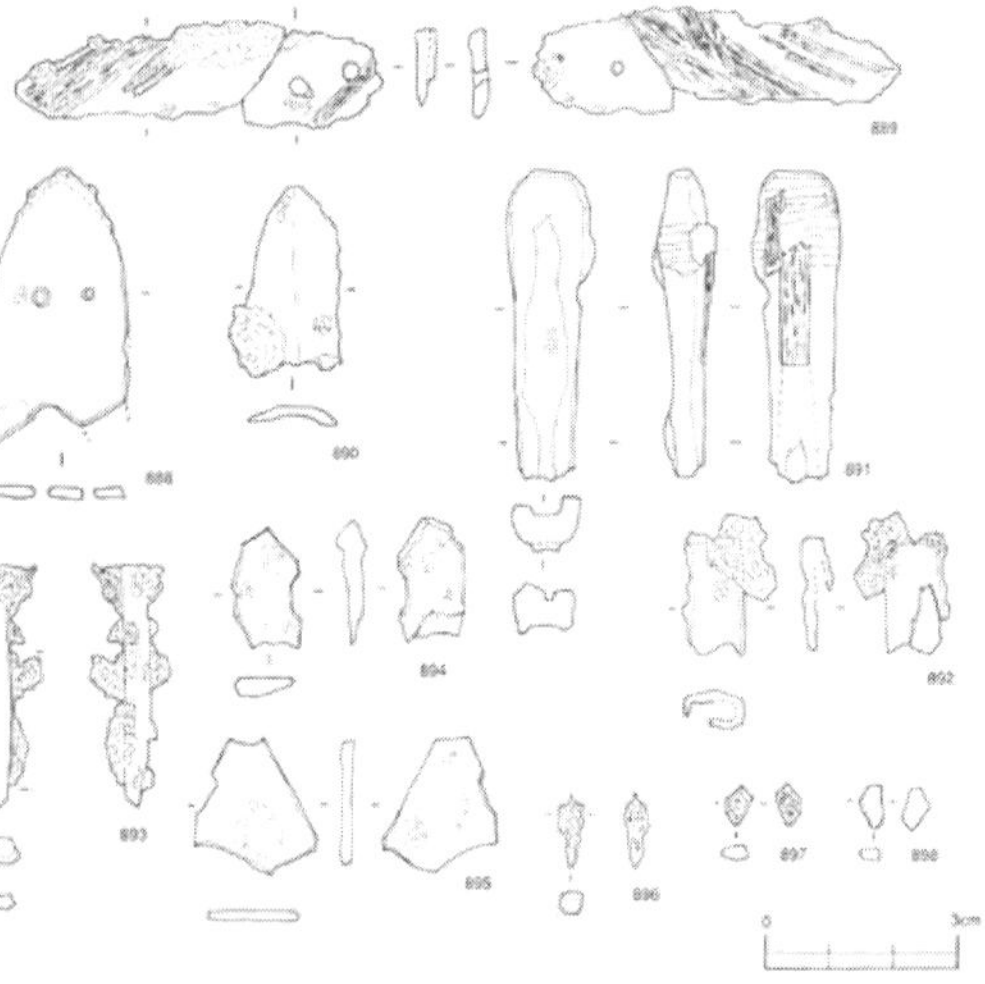

図２３　鹿児島・堂園遺跡Ｂ地点出土鉄器

（4）薩摩の後期の鉄器

一方、鹿児島県では、薩摩半島の南さつま市堂園遺跡Ｂ地点でさまざまな鉄器が出土しています（図23）。鉄製品には、鍛冶、鉄器製作の際に生ずる鉄板の裁断片があり、さらに鍛冶具と認定できる石製品が出てまいりました。これは（図24）に掲載しております。先ほど熊本のところでリソダイトという名前を出しましたが、その天草島石製の砥石も出てきております。したがって、遺構としては判っていませんが、鉄器生産の痕跡と認めることができ、南

図２４　堂園遺跡Ｂ地点出土の鉄器と石製鍛冶具

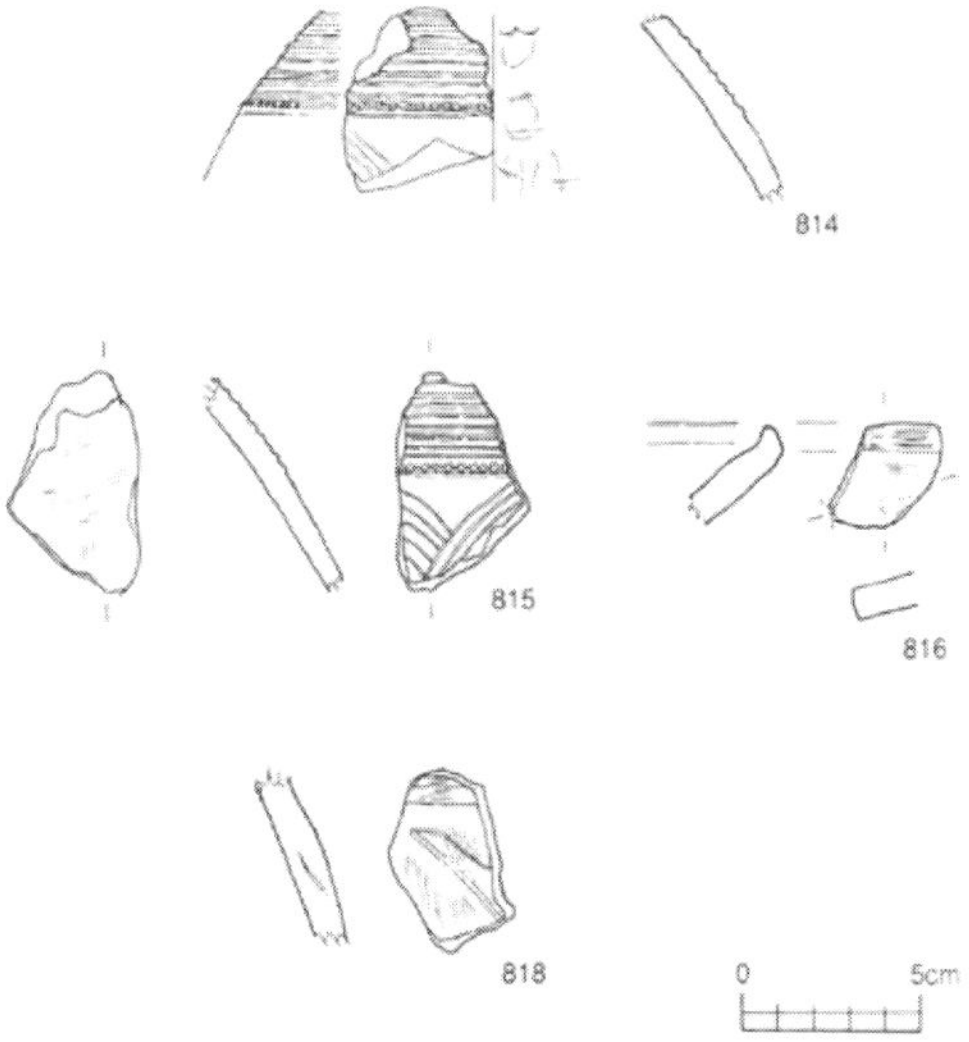

図25　堂園遺跡B地点出土免田式土器

限に近い地域での鉄器生産の痕跡といっていいでしょう。この遺跡でも免田式土器が出ておりまして（図25）、でも免田式土器と鉄器生産技術あるいは鉄器普及は密接な関係があるといえるでしょう。また先ほど中園さんの話にもありました指宿市の南摺ケ浜遺跡では、磨製石鏃といっしょに鉄製の鏃が出土しています（図26）。ただ、この遺跡の鉄鏃は古墳時代中期までの例を含んでいるので、すべてを弥生時代の資料と考えるわけにはいきません。ただ、ここでも免田式土器が出ております。

さて、南九州の西と東とでは異なる背景があったと思いますが、西の東シナ海側と言いますか有明海側、不知火海側では、中九州、熊本北半地域の様相が、夏女遺跡の熊本南半地域の球磨地方を介して薩摩半島側に伝わったと想定できます。その時にここでは免田式土器の荷担者、言い換えれば、免田式土器を使う人たちが動くことで鉄器が動いている可能性があるので

図２６　鹿児島・南摺ヶ浜遺跡出土磨製石鏃と鉄鏃

はないかと思います。それに対して日向灘側、宮崎側については、別の説明が必要です。今回、東九州の現象との関連性については議論できませんでした。宮崎の北にある佐伯、臼杵地域はリアス式海岸があり、陸路ではなく、海路で東九州からものが伝わることはあったかもしれません。そこで内陸に目を向けると、熊本の阿蘇山近くから源を発する大野川の上流域の様相に近いのではないかと考えます。元来、熊本阿蘇地域と大分大野川上流域は接しており、鉄器のあり方にも親縁関係が観察されます。

これは先ほどお話をされました北郷さんが、かつてお書きになっておられますが、祖母傾山という熊本、大分、宮崎の接点となる地域の文化を理解しておく必要があります。阿蘇外輪山の南、高森から宮崎の高千穂へのルート、また大分側の大野川に近い所から宮崎県の県北へといったルートとが関係している可能性がかなり高いと思われます。東九州、大分といっても、内陸の様相と比較する必要があるでしょう。

六　南九州の鉄器生産

現段階では、古墳時代前期に入っても恐らく弥生時代的な技術でしばらくは対応していたのではないかと考えられます。

北部九州では、古墳時代の到来とともに鉄器生産に大きな画期があったと判っておりますが、南九州では宮崎県の延岡市の今井野遺跡、つまり（図27）が示すように古墳時代前期の後半にはじめて画期的な鍛冶工房が登場します。この遺跡では、しっかり焼けた鍛冶炉と鉄床石が出ており、整った施設で生産していたということが判りました。さらに大型の専用羽口があり、このことは高温の鍛冶が可能となったことを示しています。また、鍛冶の際に生ずる不純物でしかも大型の椀型滓が出土しています。これらが示すことは、多少不純物が入った鉄素材

図27　今井野遺跡（宮崎県延岡市教育委員会所蔵）

が招来されたとしても、精製、加工ができ、より自立的な鉄器生産が可能となったということです。したがいまして、今のところ弥生時代的な鉄器生産がどの時点で変わるかというと、南九州、特に日向では古墳時代前期後半は確実といえるでしょう。

七　まとめ

以上をまとめますと、南九州の鉄器普及は中九州との関係でとらえる必要があると思います。古墳が誕生する頃、全国的に鉄器の流通機構が大きく変わったとする議論もあるのですが、この地域の場合、むしろ中九州以南の範囲で解決されるべき問題であろうと思われます。また、鉄器と石器の共存は弥生時代後期末まで継続しますので、双方の生産工人の共存もあったということ。それから日向の副葬鉄器は、川床遺跡の例で豊富にあることが判っていましたが、葬送で消費されるだけではなく、集落の中での活発な消費も尾花A遺跡の例で見たようにあるのだということです。これは、近畿地方以東の鉄器文化と比較するとき重要な現象です。それから鉄器生産の画期は古墳時代前期後半にあり、北部九州で古墳時代の初頭に見られるのと比べると遅れる可能性があるということであります。

〔参考文献〕

有田辰美編　一九八六『川床遺跡』新富町教育委員会
甲斐康大　二〇一一「宮崎県北部の発掘調査事例～今井野遺跡～」『二〇一〇鉄技術資料検討会in　宮崎　日向における古代以前の鉄器生産』ユーラシア冶鉄史研究会
川越哲志　一九九三『弥生時代の鉄器文化』雄山閣
久保田昭二・辻明啓編　二〇〇九『南摺ヶ浜遺跡』鹿児島県立埋蔵文化財センター
園村辰実編　一九九三「夏女遺跡」熊本県教育委員会
橋本憲二　二〇一一「宮崎県の鍛冶関連遺構・遺物の出土」『二〇一〇鉄技術資料検討会in宮崎　日向における古代以前の鉄器生産』ユーラシア冶鉄史研究会
松林豊樹編　二〇一一『尾花A遺跡Ⅱ　弥生時代以降編』宮崎県埋蔵文化財センター
宮崎敬士編　二〇一〇『小野原遺跡群』熊本県教育委員会
村上恭通　一九九二「中九州における弥生時代鉄器の地域性」『考古学雑誌』77―3
村上恭通　一九九七「肥後における鉄研究の成果と展望」『肥後考古学』10
村上恭通　二〇〇〇「鉄器生産・流通と社会変革―古墳時代の開始をめぐる諸前提」『古墳時代像を見なおす―成立過程と社会変革』青木書店
村上恭通　二〇〇二「鉄器の普及と生産・流通」『季刊考古学』80、雄山閣
村上恭通　二〇〇七『古代国家成立過程と鉄器生産』青木書店
村上恭通　二〇一〇a「下扇原遺跡出土の鉄製品」『小野原遺跡群』熊本県教育委員会
村上恭通　二〇一〇b「肥後・阿蘇地域における弥生時代後期鉄器の諸問題―下扇原遺跡を中心として―」『小野

原遺跡群』熊本県教育委員会
八木澤一郎ほか編 二〇〇八『堂園遺跡B地点・堂園遺跡A地点』鹿児島県立埋蔵文化財センター

〔図出典〕
図1：〔川越一九九三〕、図2・図3・図6〜14：〔宮崎編二〇一〇〕、図5：〔村上二〇一〇b、図15：〔園村編一九九三〕および村上原図、図16〜18：〔園村編一九九三〕、図20〜22：〔松林編二〇一一〕、図23・25：〔八木澤ほか編二〇〇八〕、図26：〔久保田・辻編二〇〇九〕、図4：熊本県教育委員会提供、図24：鹿児島県立埋蔵文化財センター提供、図27：延岡市教育委員会提供、シンポジウム図2 久保田・辻編二〇〇九『南摺ヶ浜遺跡』鹿児島県立埋蔵文化財センター

4　南九州の出現期古墳

柳沢　一男

一　古墳調査の始まりと編年研究の経緯

南九州は奈良県、近畿地方から見ますと僻遠の地です。現在、宮崎県は「神話の古里」をキャッチフレーズにして売り出していますが、戦前においては「天孫降臨」や「神武東征」などの神話から日向は皇祖発祥の地である、とまことしやかに語られていたわけです。

南九州の古墳の調査歴は古く、大正元年から六年（一九一二〜一九一七）にかけて、黒板勝美・濱田耕作・今西龍先生などのそうそうたる研究者によって宮崎県西都原《さいとばる》古墳群が発掘されました（三〇基、うち六基が前方後円墳）。その調査は、当時の宮崎県の有吉忠一知事の発案によって行われたもので、その目的は「国史の源泉の地にある古墳調査によって史実を探求し、併せて古墳保護の方法を講ずるため」という現在の文化財保護理念を先取りしたものでしたが、皇祖発祥の地であることを裏付けるような古い年代の古墳があるにちがいない、という想いがあったであろうことは容易に推察されるところです。

しかしながら、古墳研究は緒についたばかりで調査古墳の明確な築造時期が示されることはありませんでした。戦後になって、日本の古墳時代研究を主導された小林行雄先生は、三角縁神獣鏡や竪穴式石室の研究を基礎に、日向の西都原古墳群の古墳のなかに古い年代のものはなく、九州の古墳は近畿地方で成立した古墳文化が伝播したもので、九州では、まず北部の豊前や筑前に古墳が登場し、南部はそれに遅れると考えられました（小林一九六一）。

この小林先生の見解を受けて、小田富士雄先生は前方後円墳や埋葬施設に竪穴式石室や粘土槨などを備えた古墳や三角縁神獣鏡などを副葬した古墳を「畿内型古墳」と定義したうえで、古墳文化の九州での展開は四世紀前半に豊前や筑前などの北東部から波紋状に周辺地域に拡散すると考えられ、南九州での畿内型古墳の出現は四世紀後葉を遡らないとされました（小田一九七〇）。そのように考えられた背景には、古墳文化の拡散は近畿地方からの地理的傾斜にそって時間を要し、さらに南九州は火山灰が卓越した不毛の地、熊襲・隼人の盤踞する地であるといった、その当時の一般的な理解がつよく影響したのであろうと思われます。

それでは南九州の出現期古墳はいつごろまで遡るのでしょうか。私は宮崎に赴任した後の一九九三年頃から二〇〇〇年頃までの間、集中的にこの作業を進めてきましたが、当時は日向・大隅を含めて南九州の古墳調査例が少なく実態が良くわからないのが実情でした。前方後円墳は二〇〇基近くありますが正式に発掘調査されたものは一〇基にも満たないし、きっちり築造年代を特定できる資料となると数が少なく、年代の基準となる古墳は限られていました。持田古墳群のように複数の三角縁神獣鏡が採集された盗掘資料もありましたが（梅原末治一九六九）、内容が判然としない古墳が多いため活用できずに隔靴掻痒の思いをしたことを思い出します。

そこで、一九九〇年代の初め頃から岸本直文さん（現大阪市立大学）や澤田秀実さん（現くらしき作陽大学）らによってすすめられた前方後円墳の墳形研究（岸本直文一九九二、澤田秀実一九九二）を参考にして、これまで判明している調査資料を検証して築造推移を考えることにしました。はじめは宮崎市生目《いきめ》古墳群や西都市西都原古墳群を主たる対象とした研究成果を一九九五年に発表し（柳沢一九九五）、後に大隅地方を含めたものを一九九九年に提示しました（柳沢一九九九b）。その後二〇〇〇年から二〇〇五年まで、私の研究室で宮崎市檍《あおき》1号墳と西都原81号墳の発掘調査を行いました。一方、一九九六年以降、宮崎県内においては西都原古墳群や生目古墳群の史跡整備に伴う発掘調査が進行しています。その結果、先に進めてきました作業成果に対してかなりの訂正を要する部分が出てまいりました。それらにつきましては最後にお話ししたいと思います。まずは、前方後円墳出現前の墓制の様相からお話ししたいと思います。

二　前方後円墳出現前の墓制

日向で前方後円墳が出現する以前の墓制はどのようなものであったか、かいつまんでお話しいたします。一九八〇年代の後半になると、弥生時代の後期の中葉から終末にかけての南九州でも、方形周溝墓あるいは円形周溝墓群を中心とした集団墓が営まれたことが知られるようになりました（野間・伊東一九八六）。

（図1の1）は宮崎県川南町で発見された赤坂遺跡です。ここでは円形周溝墓（低墳丘墓）が二基見つかっておりまして、埋葬施設は土壙木棺墓です。供献土器からみて弥生時代後期後葉の築造と推測されます。供献土器のうち、装飾付の長頸壺が出ておりますが、これは瀬戸内系の土器（たぶん吉備系）だと思いますが、造墓集団の交流域を示す興味深い資料だと思います（宮崎県埋蔵文化財センター

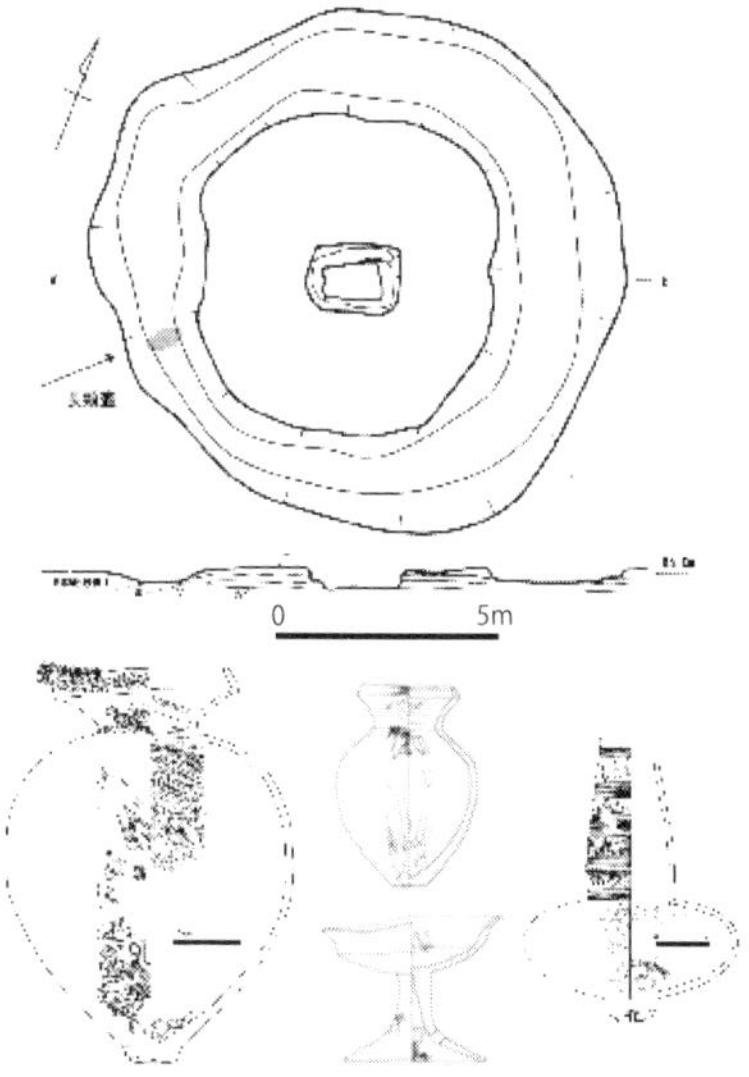

図1の1　赤坂遺跡の周溝墓と土器

二〇〇七）。また同じ川南町の東平下遺跡（図1の2）は円形・方形周溝墓と土壙墓群で構成された集団墓ですが、やはり吉備系の装飾器台、装飾高杯が出ております（川南町教育委員会一九八二）。

（図2）は新富町の川床遺跡です。先ほど村上さんのお話にもありましたように、多数の鉄器が副葬された墳墓群として著名です。川床遺跡は農地改良事業に伴いまして発掘調査されまして、円形・方形周溝墓群、土壙墓群など総数一九五基の埋葬施設が見つかったものです（新富町教育委員会一九八六）。詳細がよくわからないところもありますが、恐らく弥生時代後期後葉から布留I式、つまり古墳時代前期の早い段階まで継続する集団墓であろうと考えられております。そのうち円形周溝墓あるいは方形周溝墓が四四基、土坑墓が一四九基で、たくさんの鉄器副葬が確認されています。鉄器の大半は鉄鏃あるいは刀子やヤリガンナなどの工具類が一・二点副葬されるのが一般的で、一つの墓に複数の鉄器が副葬された例はきわめて限られ

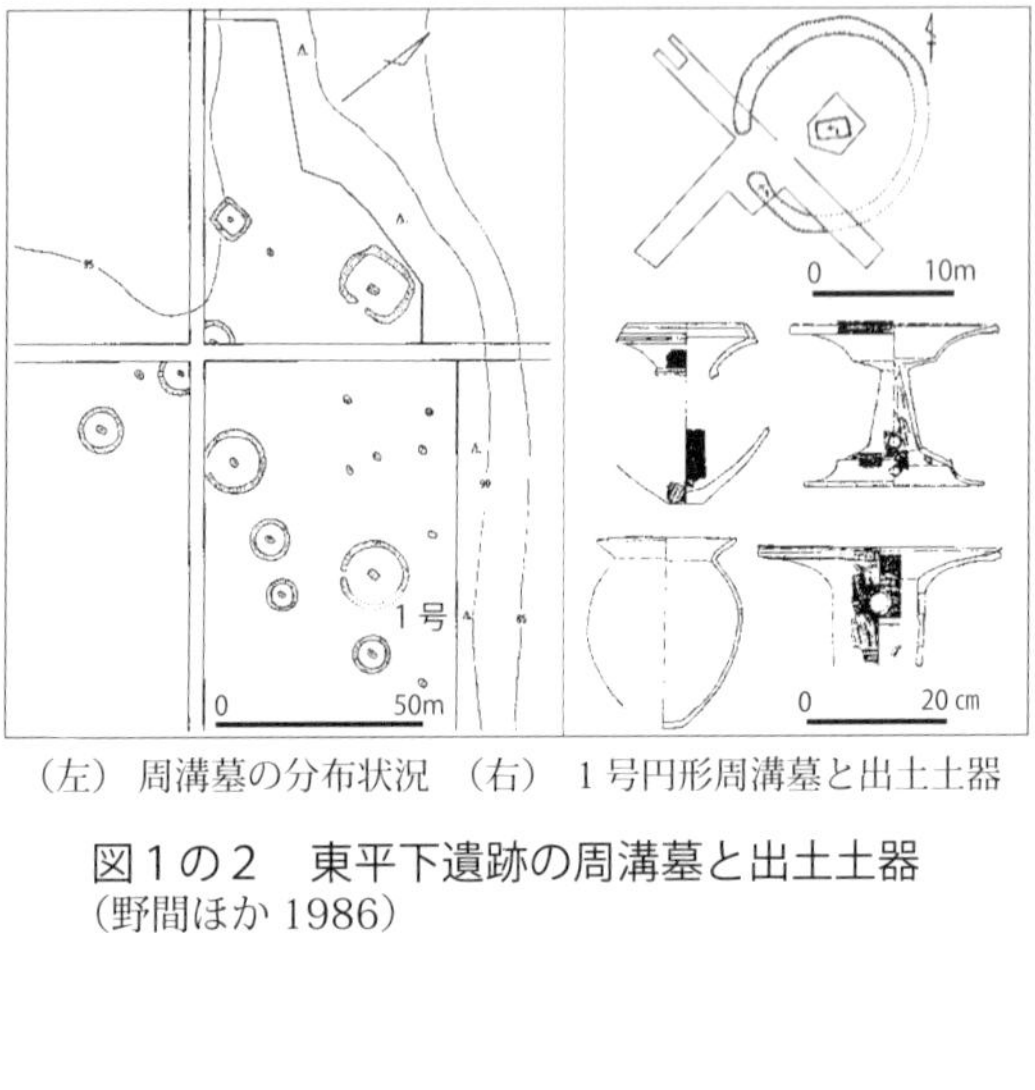

（左）周溝墓の分布状況　（右）1号円形周溝墓と出土土器

図1の2　東平下遺跡の周溝墓と出土土器
（野間ほか 1986）

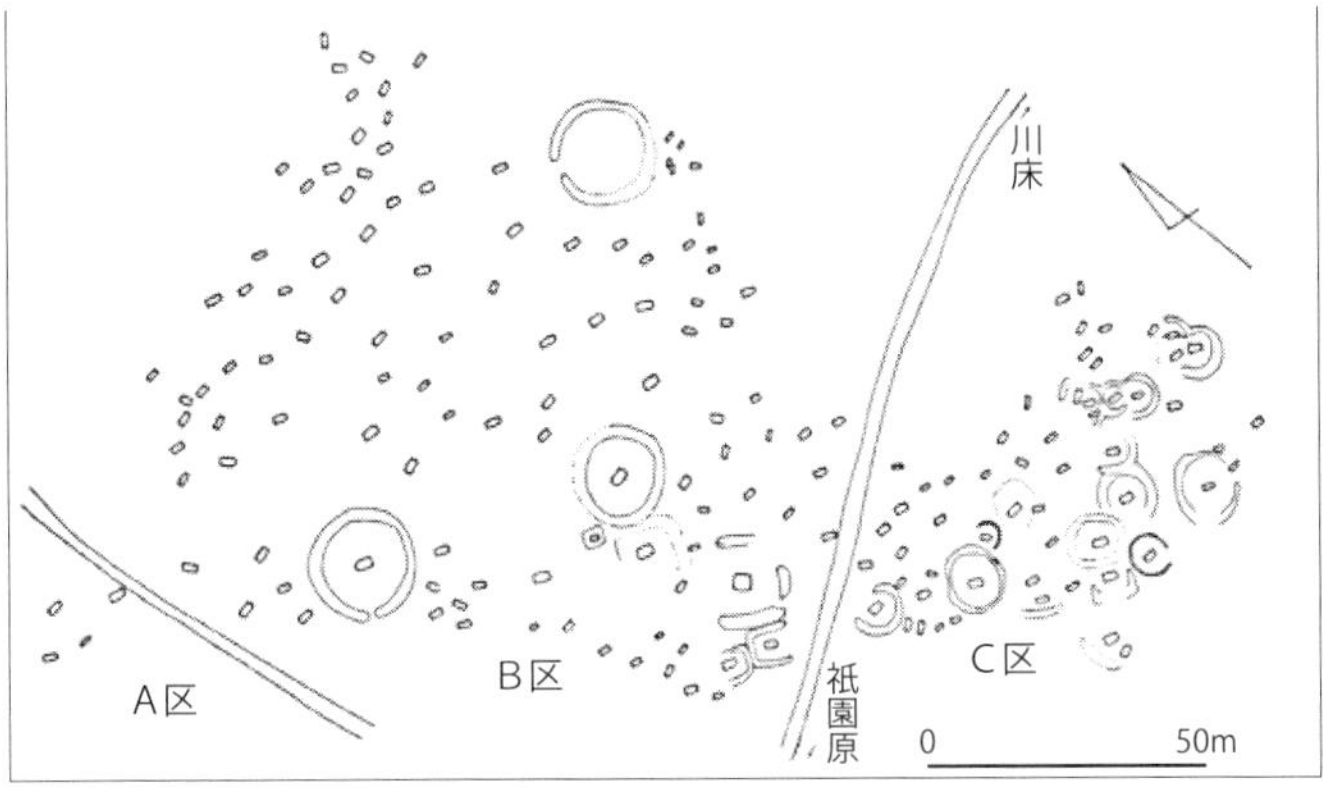

図２　新富町川床遺跡の周溝墓・土壙墓分布状況

ています。

川床遺跡の墳墓群の埋葬施設を見ますと、円形周溝墓や方形周溝墓には土壙木棺墓、つまり墓壙内に箱形木棺を収めるものが多いのですが、周辺の小さな土壙墓は二段掘り込みが中心で木棺を使った例は比較的少ない、つまり木棺の使用有無で階層が表現された集団墓と理解できると思います。

日向の宮崎平野部周辺ではこのような周溝墓を含めた集団墓が弥生時代後期に登場しますが、古墳時代に入りますと集団墓は衰退します。被葬者をより選択する高塚古墳の造営システムが一般化する段階で、このような弥生後期的な集団墓は姿を消してゆくのでしょう。

三　宮崎平野部における出現期前方後円墳の様相

次に古墳時代に入ります。まず、南九州の古墳の分布状況を見てみます。（図３）をご覧ください。南九州の主要な古墳群は、日向灘・志布志《しぶし》湾などの東海岸側に沿って南北に分布しています。これからお話しするのは宮崎市生目古墳群、次に西都原古墳群、そして鹿児島県の塚崎古墳群です。塚崎古墳群の名前は聞きなれないかと思いますが、日本最南端の前方後円墳が築造された古墳群として重要です。

　まず日向地方では、県央を貫流する二つの大河川によって形成された宮崎平野

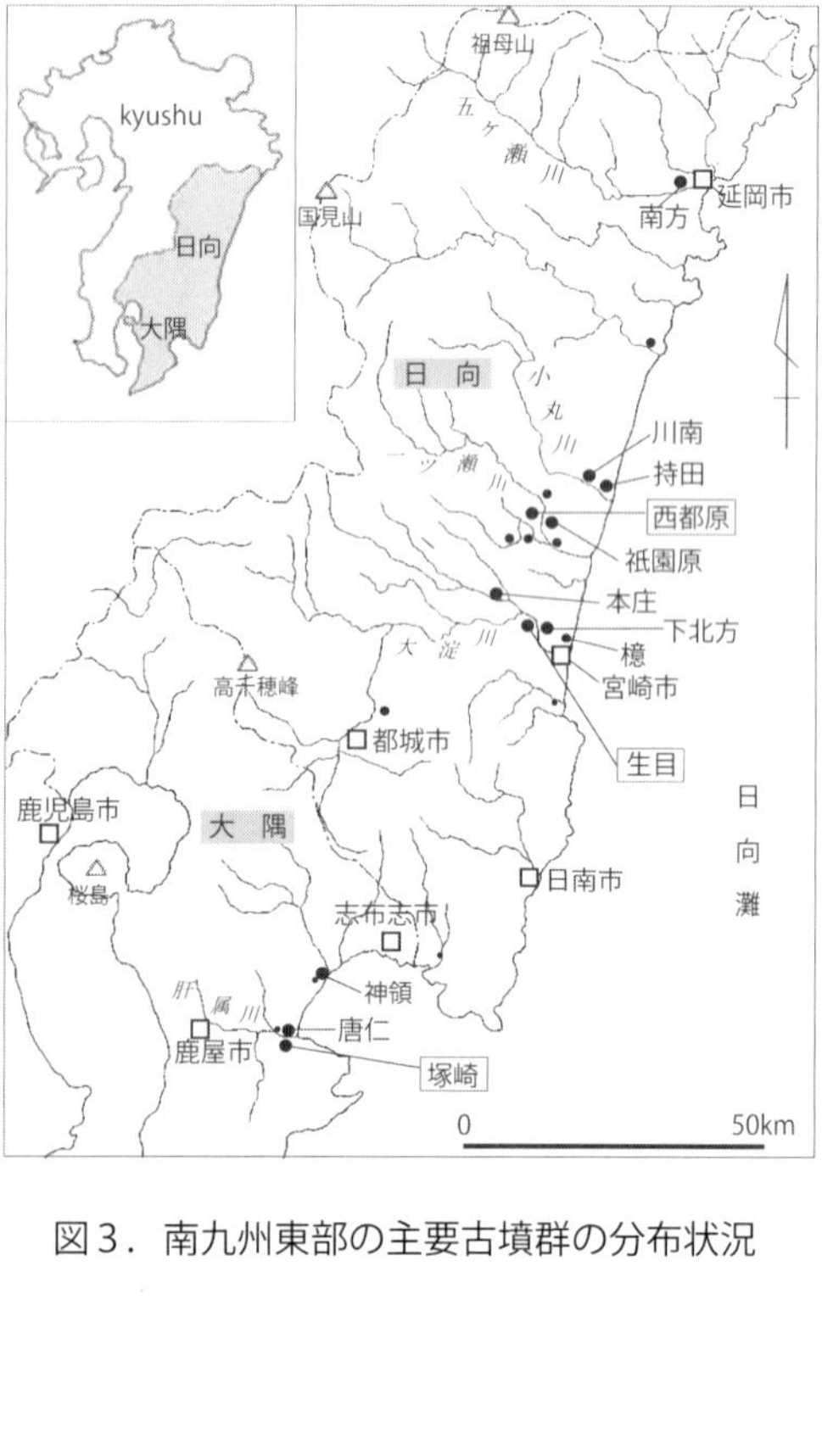

図３．南九州東部の主要古墳群の分布状況

が広がり、北側の一ツ瀬川流域に西都原古墳群、南側の大淀川流域に生目古墳群という前期に形成を開始した二つの大型古墳群があります。生目古墳群からお話しします。

a　生目古墳群

生目古墳群は、大淀川右岸の宮崎市跡江の標高二〇メートルほどの台地上にあって、前方後円墳八基、（現在九基）を核として円墳

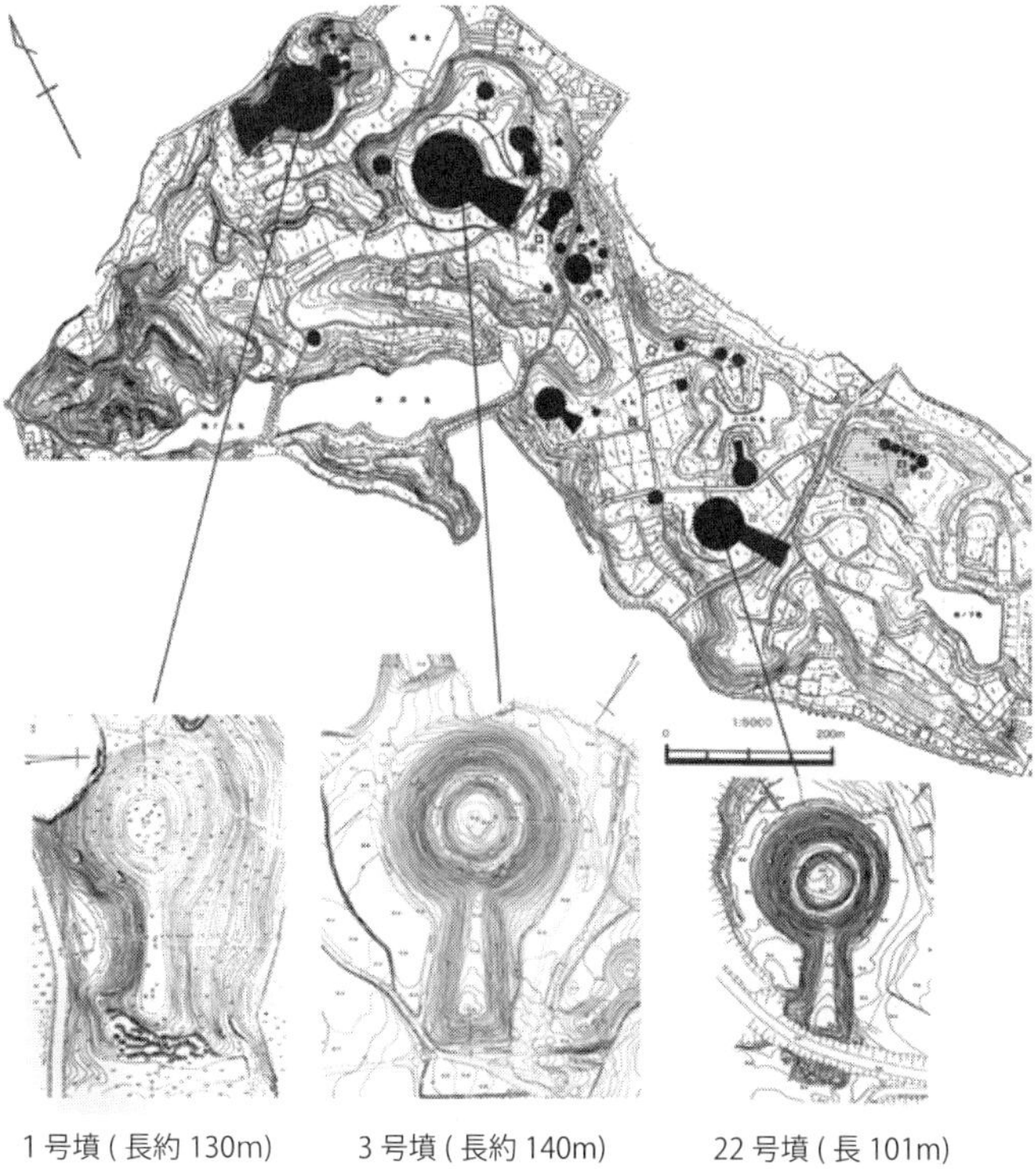

1号墳(長約130m)　3号墳(長約140m)　22号墳(長101m)

図4　生目古墳群と3基の大型前方後円墳

四〇数基と地下式横穴墓が密集して分布しています（図4）。前方後円墳のうち、1号墳、3号墳、22号墳の三基は墳長が一〇〇メートルを超える前期の大型前方後円墳です。前期に限れば九州最大規模の墳丘をもつ首長墓系譜と言ってよいでしょう。この古墳群につきましては一〇年ほど前から宮崎市の教育委員会が発掘調査を行っており、一昨年（二〇〇九年）の四月に史跡公園として一部が公開されています。

（図4）の前方後円墳の墳丘測量図をご覧ください。1号墳の墳長は約一三〇メートル、3号墳は墳長約一四〇メートル、そして22号墳が墳長一〇一メートルです。かつて22号墳は一一七メートルほどと考えられていたのですが、近年の確認調査によってこのように訂正されました。これらの前方後円墳について一五年ほど前まではまったくの未調査で、かつては中期を中心とする首長墓系譜と理解されてきました（長津一九九二）が、実際に古墳を観察すると、とても中期とは思えない墳形ばかりでした。

先ほどお話ししたように、一九九〇年代の初頃から積極的にすすめられた岸本さんや澤田さんらによる前方後円墳の墳形研究を参考にして、生目古墳群の大型前方後円墳の築造過程を検討しました（柳沢一九九五）。

（図5）はその際に使用したものです。①の生目1号墳の測量図は昭和一〇年代に作成されたものですが、精度は高く信頼できるものです。これを見ますと前方部が撥《ばち》型に大きく開いて

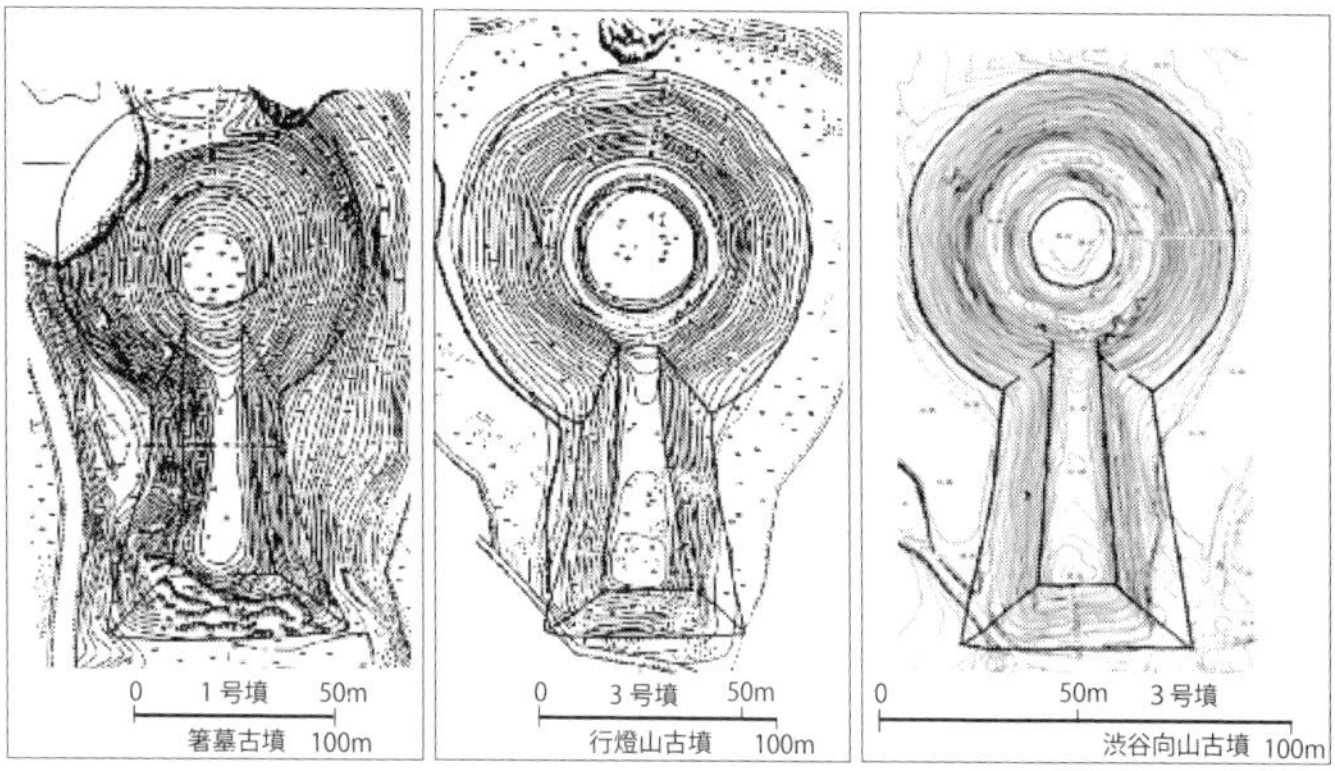

①1号墳と箸墓古墳　②3号墳（旧図）と行燈山古墳　③3号墳（新図）と渋谷向山古墳

図5　生目古墳群／大型前方後円墳の墳形比較

います。この測量図に、箸墓古墳測量図（生目1号墳測量図の比率の二分の一に縮小したもの）を重ねると、おおよそ一致することが分かります。生目3号墳も同様の作業を行ったのですが、②は昭和一〇年代の測量図、③は研究室で作成した測量図をもとにしたもので、結果が異なっています。現在は、③のように渋谷向山古墳の最下段を除く後円部三段、前方部二段の墳形と約二分の一の相似形の関係にあると考えました（柳沢一九九九b）。地方の有力首長墓は同時期の大王墓の墳形をモデルに築造することがあると考えられますから、生目1号墳は箸墓古墳と、生目3号墳は渋谷向山古墳と近い時期に築造された可能性が高いと考えましたが、近年の発掘調査の成果によって見直しが必要となったことは後述します。

b　西都原古墳群

西都原古墳群は宮崎平野の北部を流れる一ツ瀬川流域にあります。南北四・二キロ、東西一・六キロの広い範囲に三百数十基の古墳が分布し、三一基もの前方後円墳が含まれています。

それらの前方後円墳は、任意にバラバラと分布しているのではなく二〜六基程度が一定範囲に集中するように分布しています。つまり、造営主体を異にする複数の首長墓系

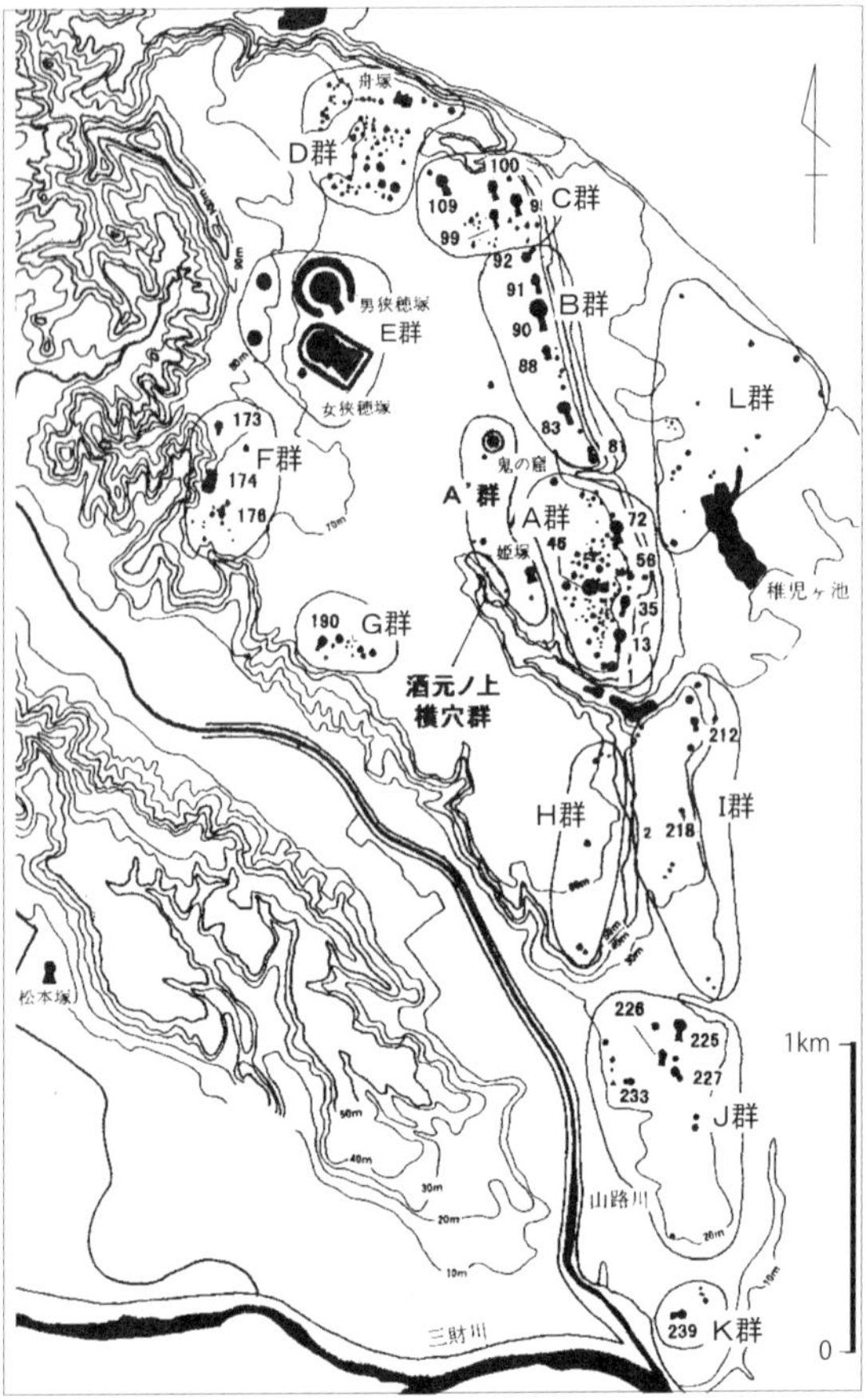

図6　西都原古墳群の古墳分布

譜が近接して営まれた古墳群と考えられますが、そのような首長墓系譜が台地上と台地化に併せて八カ所みとめられます（図6）。

そのうち、五基以上の前方後円墳が築造された首長墓系譜は三つあります。私はそれらをA、B、C群と呼んでいます（現地ではA群を第1古墳群、B群とC群を合わせて第2古墳群としています）。ここで取り上げるのは、それぞれ六基の前方後円墳群からなるA群とB群です。

A群は最上部台地の南端に位置し、大きな谷と台地の縁に挟

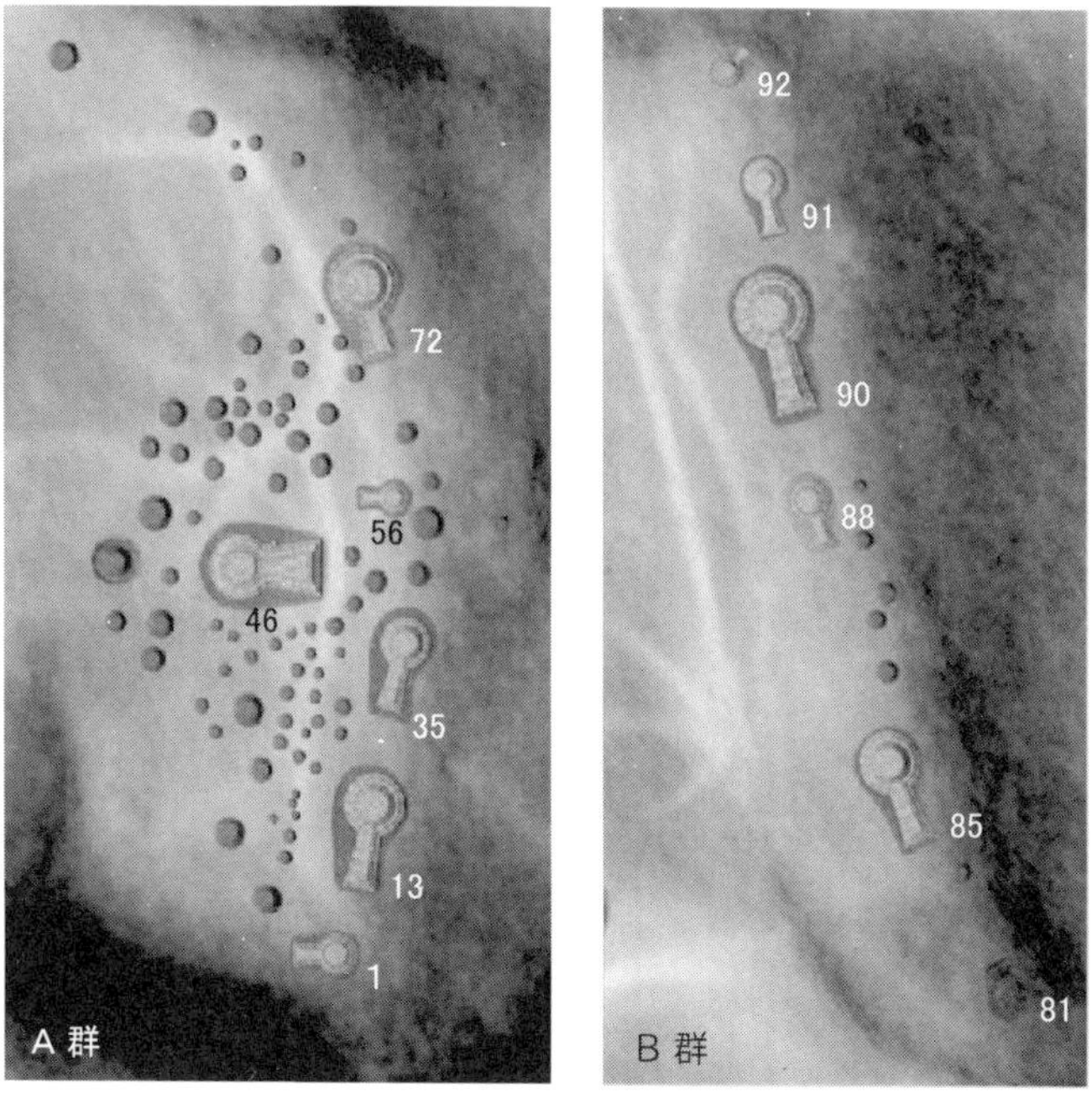

図7　A・B群の前方後円墳

まれた空間に六基の前方後円墳と八〇基あまりの円墳が分布します（図7）。六基の前方後円墳のうち、13号、35号、46号、56号、72号墳の五基が発掘調査され、西都原古墳群の中でもっとも内容が判明している首長墓系譜です。13号、35号、56号、72号墳の四基は大正年間（宮崎県一九一五a・一九一五b・一九一八）に、46号墳は平成の整備事業のために発掘調査が行われました（宮崎県教育委員会二〇〇八）。72号墳の埋葬施設は粘土槨、出土鏡は魏鏡の可能性がたかい方格規矩鏡です。13号墳は長さ七・二メートルもの長大な舟形木棺を納めた特異な粘土槨で倣製の三角縁神獣鏡を副葬しています。35号墳は粘土槨で倣製の方格規矩鏡が副葬されており、三基の前方後円墳はこの順番に造られたとみてよいと思います（56号墳は詳細不明のため、この中には含めていません）。46号墳はつい最近発掘調査されました。くびれ部にちかい周堀内に島状の高まりが検出され、また出土土器からも四世紀の終りないしは五世紀初め頃に造られたと考えられます。以上のような埋葬施設と副葬鏡、供献土器などからみると、先の三基に継続して46号墳が築造されたと考えられます。

これらの前方後円墳の墳形を見ると、72号墳は行燈山古墳に近似し、13号と35号墳は私が柄鏡形と呼ぶ墳形ですし、46号墳は墳形やくびれ部に近接して周堀内に島状高まりが付設されている点で兵庫県五色塚古墳に類似しています。このように埋葬施設と副葬品構成や供献土器から想定される築造時期と墳形の変遷がある程度対応すると思います。

付け加えれば、未調査の1号墳の墳形は箸墓古墳に似ています（補注1）。最近墳丘上から庄内甕に類似する土器片が採集されており、このグループではもっともさかのぼる可能性があると考えています。したがってA群の首長墓系譜は、1号→72号→13号→35号→46号墳の順に造られたと考えられます（柳沢二〇〇〇）が、初出の1号墳は三世紀に遡る可能性があると思います。この順で墳丘測量図を並べたものが（図8）で、前方後円墳の墳形変遷をよく示しています。

つぎにB群の首長墓系譜です。かつては発掘調査された古墳がないため、前方後円墳墳形変遷のみで築造過程を

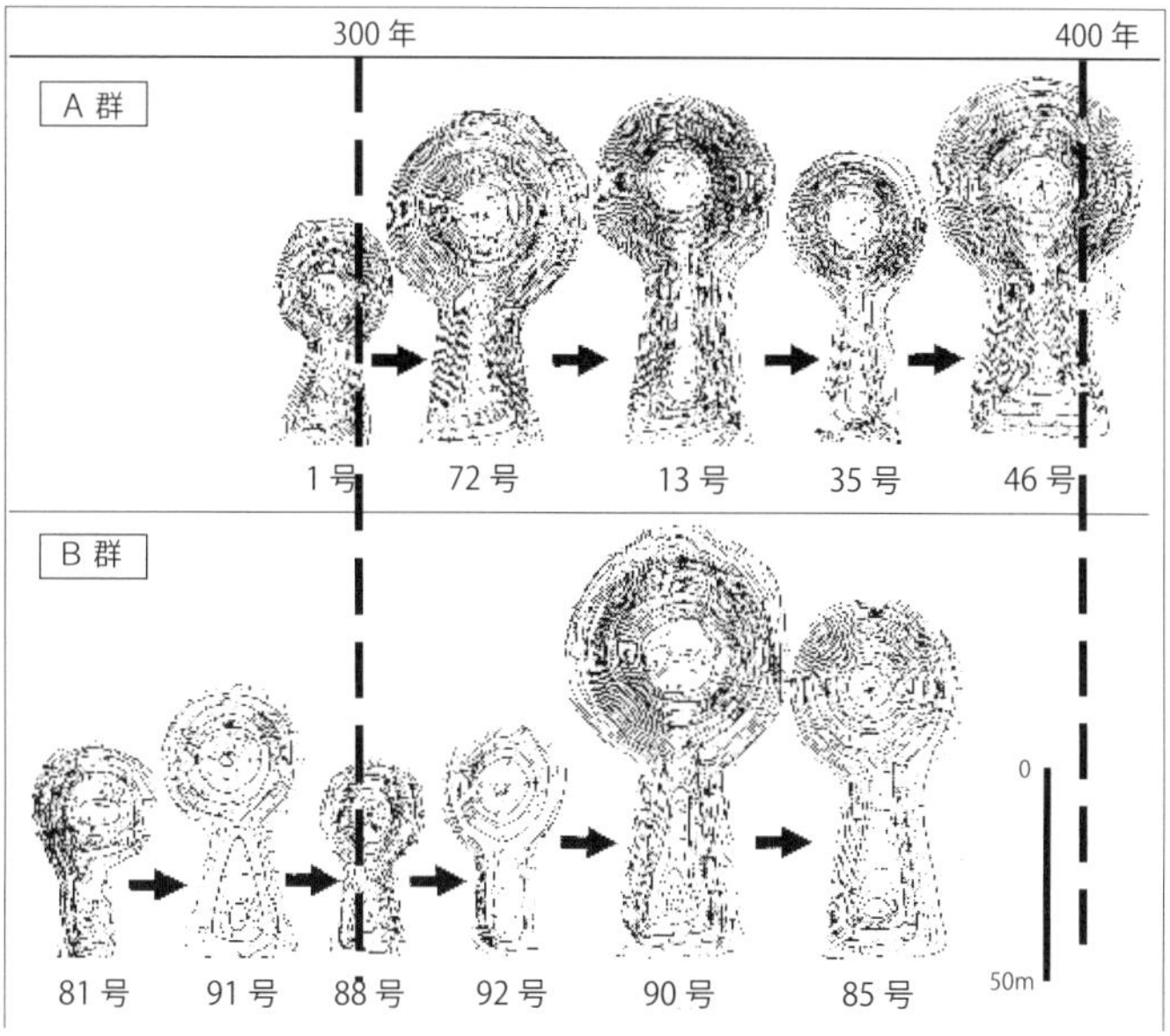

図8　A・B群前方後円墳の築造推移

検討し、纒向型（寺沢一九八八）の81号墳を三世紀中葉前後に遡る西都原古墳群最古の古墳と想定したことがあります。しかし、81号墳の発掘調査で出土した供献土器は布留1式併行と推測されるため、四世紀を前後する頃まで降るとせざるをえないのです。今後は、柄鏡形以前の築造過程をどのように整理するかが課題です。

　西都原古墳群は、前期の段階でA・B群を含めて六ないし七つの首長墓系譜が場所を違えて併存する、特異な複数系譜型の古墳群です。ところが、中期初頭頃を最後に多数の首長墓系譜での前方後円墳築造は終わり、女狭穂塚《めさほづか》・男狭穂塚《おさほづか》古墳という二つの巨大古墳が登場します。女狭穂塚は前方後円墳、男狭穂塚は帆立貝形古墳です。最近の地下レーダー調査によりますと、二つの古墳とも墳長が一七六メートルくらいでほぼ同規模らしいことがわかりました（東憲章二〇〇七）。女狭穂塚・男狭穂塚の築造順序は、陪冢と思われる周辺古墳の調査結果より、女狭穂塚が男狭穂塚に先行する可能性が高いと考えられるようになっています。また女狭穂塚の墳丘は大阪府の仲津山古墳とおおよその相似形で、仲津山古墳ときわめて近い築造時期と考えられます。ちなみに女狭穂塚は九州最大の前方後円墳、日本列島では四八番目の大きさ、男狭穂塚は日本列島最大規模の帆立貝形古墳です。

四　大隅地方の前期首長墓群（塚崎古墳群）

次は日本最南端の前方後円墳を含む鹿児島県塚崎《つかざき》古墳群（肝属《きもつき》郡肝付《きもつき》町）です。（図9）は、一九九〇年代の後半に公表された（中村一九九七）四基の前方後円墳の墳丘図実測図を記入した古墳分布図です。以前は中期の前方後円墳群と考えられていました（池畑一九九二）が、墳形からみればいずれも前期的なものです（柳沢一九九九a）。この図面には入っていないのですがもう一基の前方後円墳が調査され、土師器の小型器台が出土しています。また近年にいくつかの小円墳の確認調査が行われ、出土した布留2～3式併行の土師器や壺形埴輪などからみて築造開始が前期に遡るのは確実です（肝付町教育委員会二〇〇九）。

興味深い前方後円墳は、寺沢薫さんの提示した纒向型のⅡ型に近い11号墳の墳形です。この前方部の形状は周囲が削平されたものではないかと疑問視する向きもありますが、何度も現地を観察したところではさほどの変形はないと考えています。

九州にはこの墳形の類例が二つあります（図10）。一つは三角縁神獣鏡三面が出土したことでよく知られている福岡県筑紫野市の原口古墳、もう一つは長崎県島原半島にある守山大塚古墳です。守山大塚古墳は二〇〇九年に道路拡張に伴って発掘調査が行われ、周堀から口縁部に円形浮文を添付した二重口縁壺が出土しています（雲仙市教育委員会二〇一〇）。これだけを見ると

図９　塚崎古墳群の古墳分布（橋本 2010）

布留０式まで遡るといってよいかもしれませんが、共伴土器からみて布留Ⅰ式くらいまで下ると考えられています。塚崎11号墳は未調査ですが、守山大塚古墳や原口古墳などからみて、前期前葉の三世紀代に遡る可能性がある纒向類型の前方後円墳として重要です。

　これまでお話ししたような成果をもとに、一九九九年に（図11）のような日向・大隅地域の主要 首長墓系譜の消長図を提示したわけです（柳沢一九九九b）。しかし冒頭に申しあげたように、その後の調査の進展によって訂正の必要なところが少なくありません。

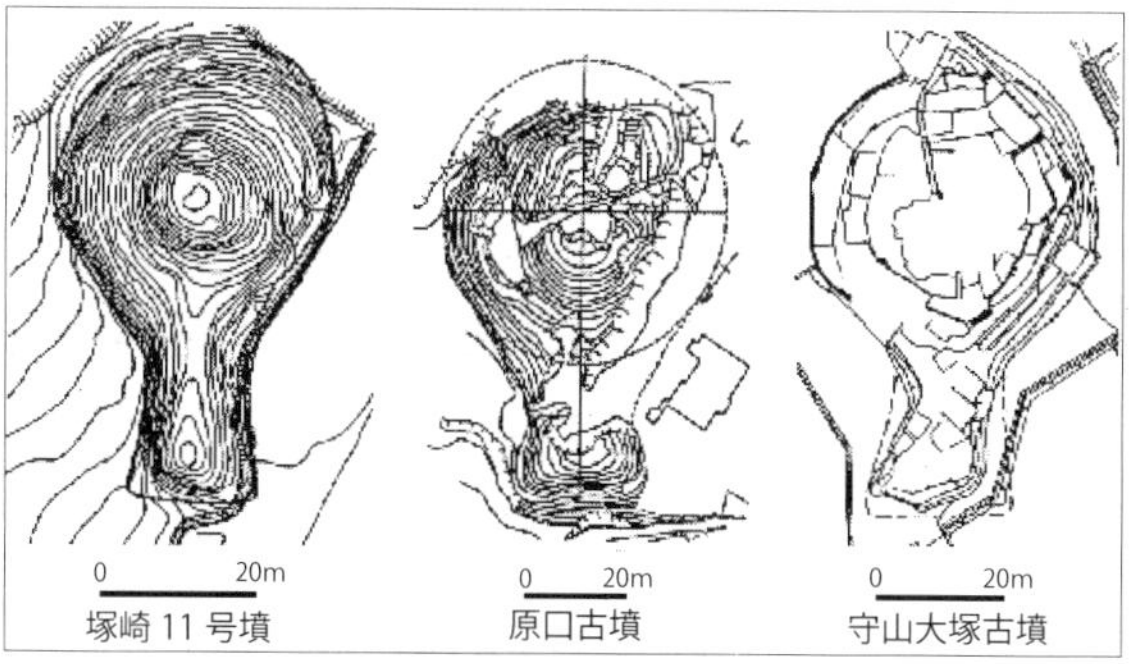

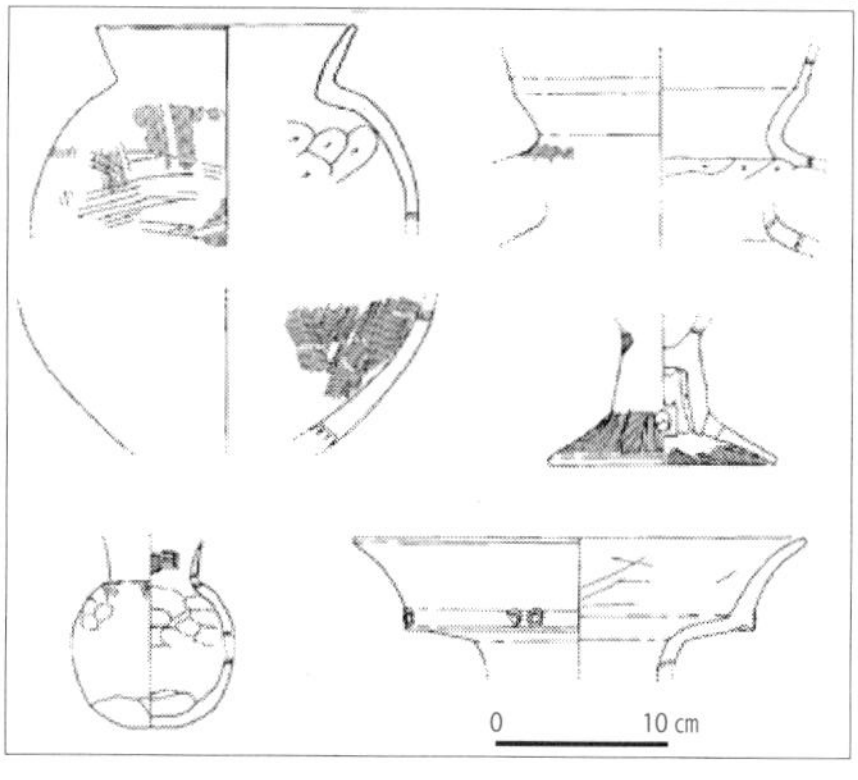

（右）守山大塚古墳出土土器
（雲仙市教育委員会二〇一〇）

図 10　塚崎 11 号墳と類似する前方後円墳

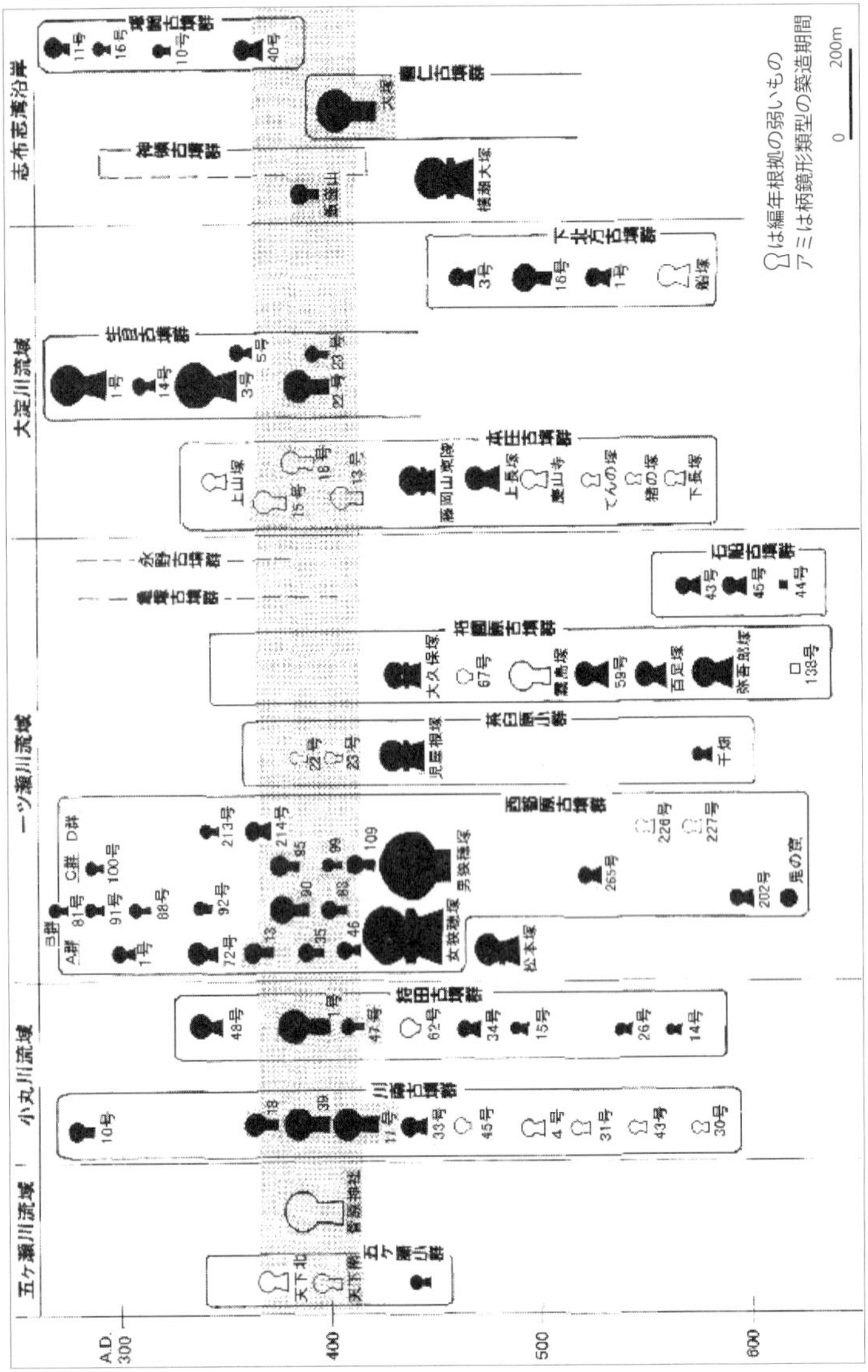

図 11　日向・大隅の主要首長墓系譜の消長（柳沢 1999b）

五　最新の研究成果から

これまで停滞気味であった南九州の出現期古墳および前期古墳の編年研究は、一九九〇年代の半ばから本格的にすすめられている西都原古墳群と生目古墳群の史跡整備に伴う確認調査の成果によって、新しい段階に突入しました。それに伴って、これまで私が提示してきた南九州の出現期古墳案についても訂正や変更が求められています。そのことをお話しする前に、私の研究室で行った二つの古墳の調査について報告しておきたいと思います。

まず宮崎市の檍《あおき》1号墳です。巨大

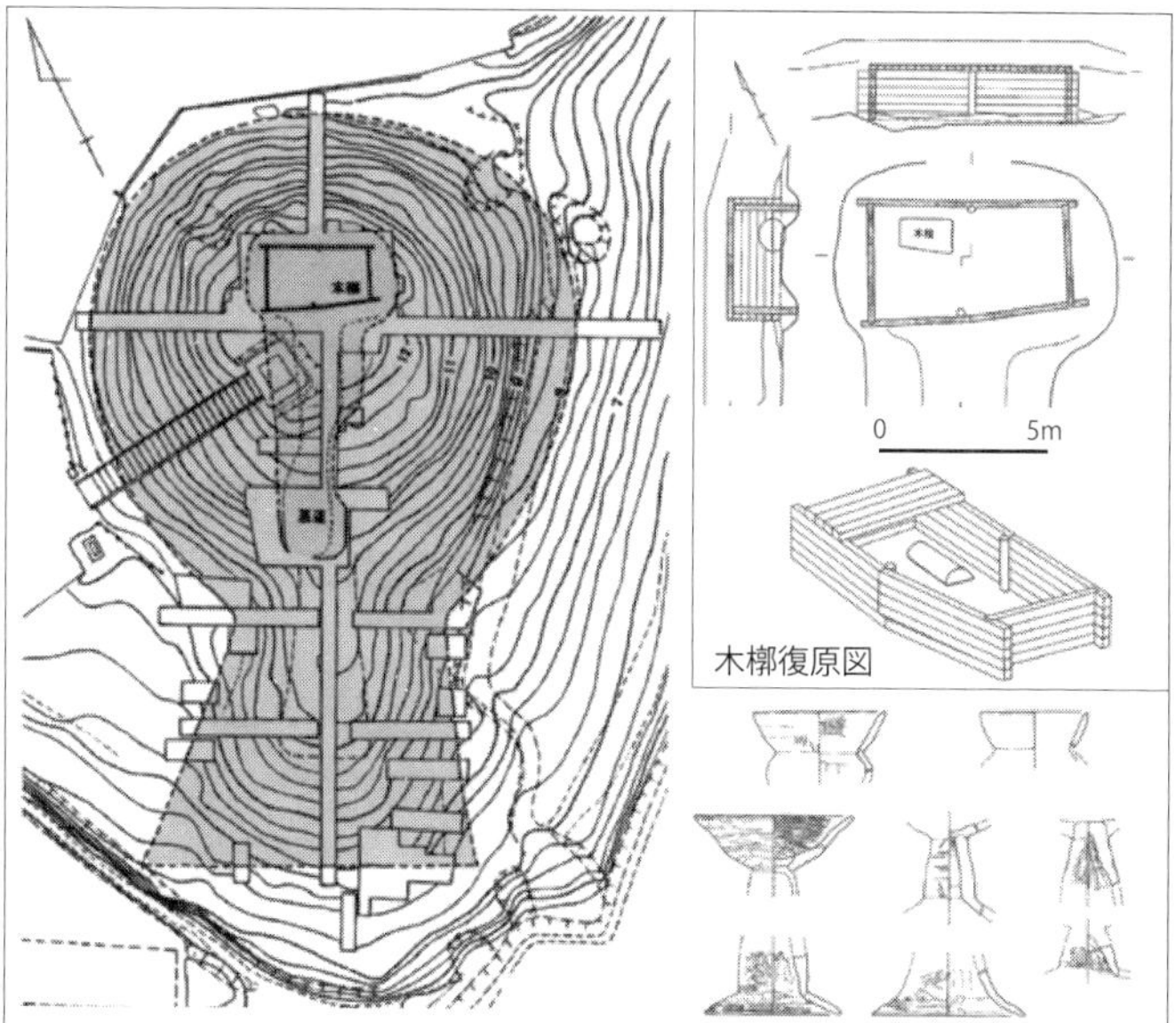

図12　宮崎市檍1号墳／墳形・木槨・出土土器

な木槨の検出でご存じだと思います（図12）。檍1号墳は墳長約五二mメートル前方後円墳で、寺沢さんの纒向型Ⅱ型に近い墳形であることと、後円部に構築された巨大な木槨と木槨の前面に墓道が接続する特異な構造が判明しました。木槨内には長さ約二メートルの短小型の刳抜式木棺が埋置されていましたが、副葬品は皆無でした。木槨上に供献されたと思われる布留2式併行の土師器が出土しています（柳沢編二〇〇六）。

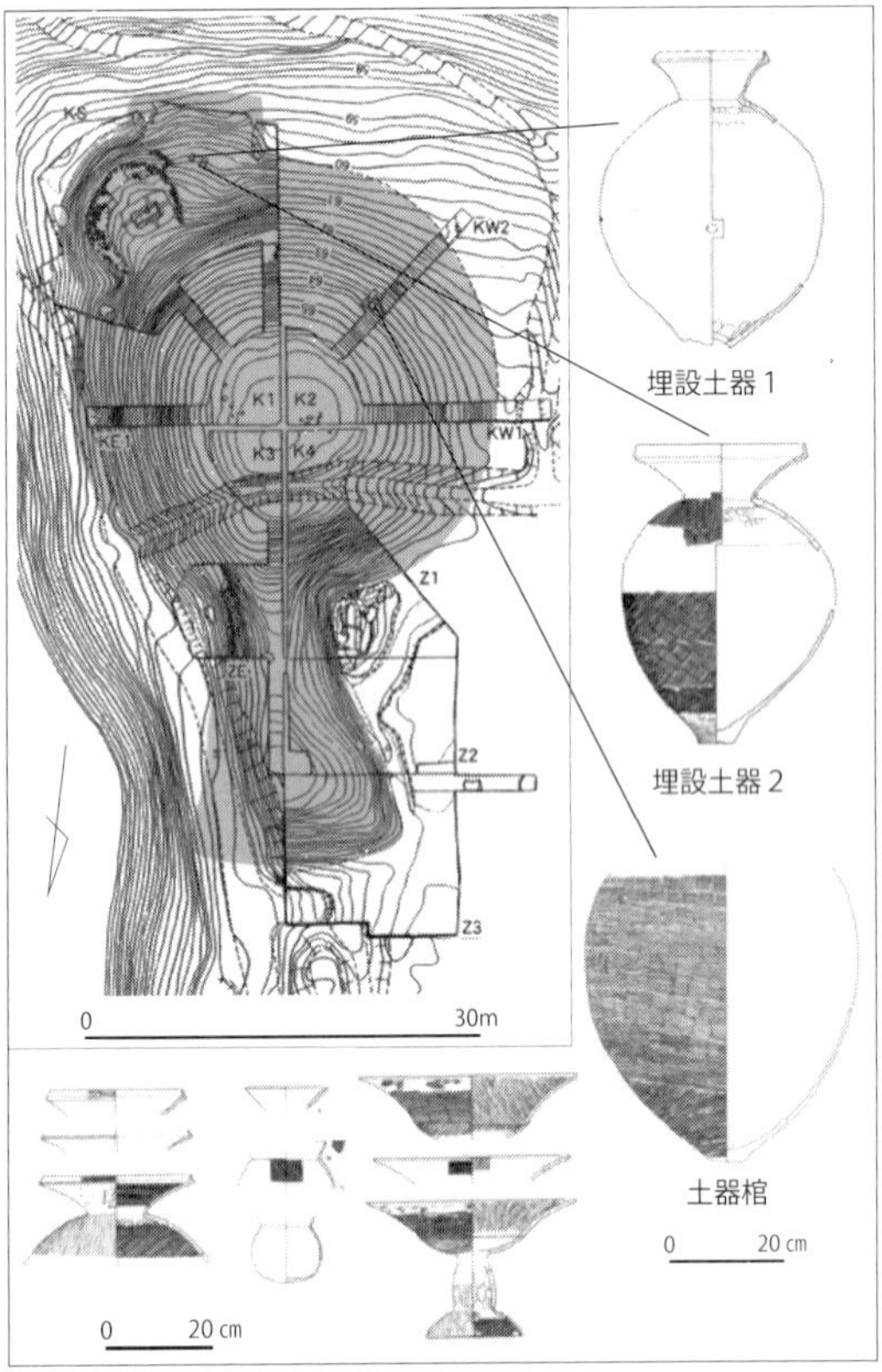

図13　西都原81号墳／墳形・出土土器

次に西都原81号墳です。（図13）に墳形復元図を載せていますが纒向石塚によく似ていることがお分かりいただけると思います。墳長約五〇メートルの前方後円墳で、後円部背面側に突出部が付きます。墳丘は後円部二段築成ですが、くびれ部付近でテラスが消滅するため前方部は一段です。葺石はありませんでした。この古墳では突出部の埋葬施設のほかに後円部斜面に土器棺が、またくびれ部に沿った周堀内に二つの木棺が埋置されていました。出土した土師器は当初布留０式併行として発表しましたが、福岡市教育委員会の久住《くすみ》猛雄さんの見解では布留１式新段階に併行するそうです（柳沢編二〇〇六）。したがいまして81号墳を三世紀中葉にさかのぼる西都原古墳群最古の古墳とした私見は撤回し、四世紀を前後する時期の古墳と訂正したい

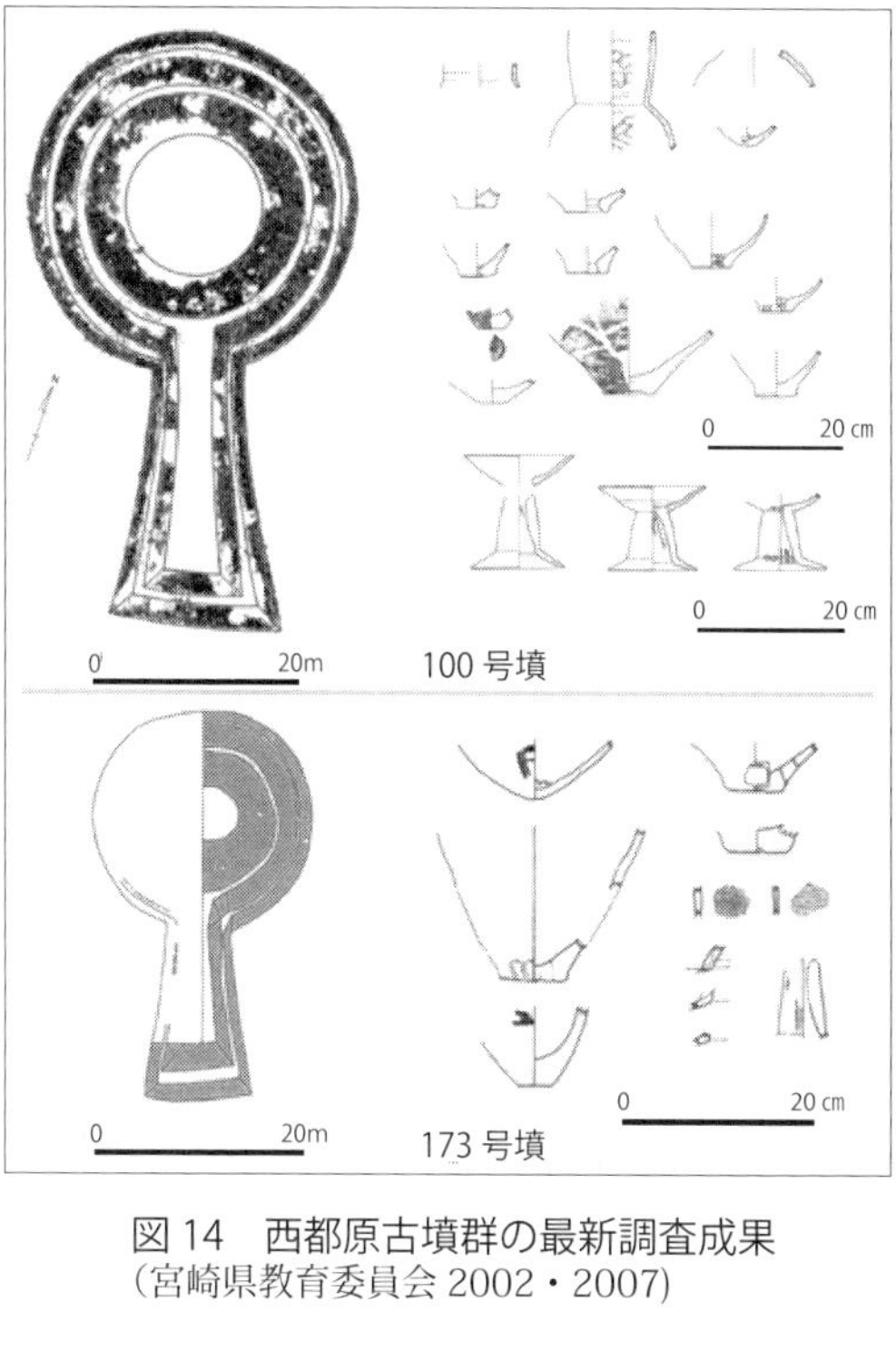

図14　西都原古墳群の最新調査成果
（宮崎県教育委員会 2002・2007）

と思います。

　まず西都原古墳群では、新たに調査された100号墳と173号墳が問題となります（図14）。かつて私は、この二基の墳形を箸墓類型としましたが（柳沢一九九五）、出土土器は二基とも布留2式

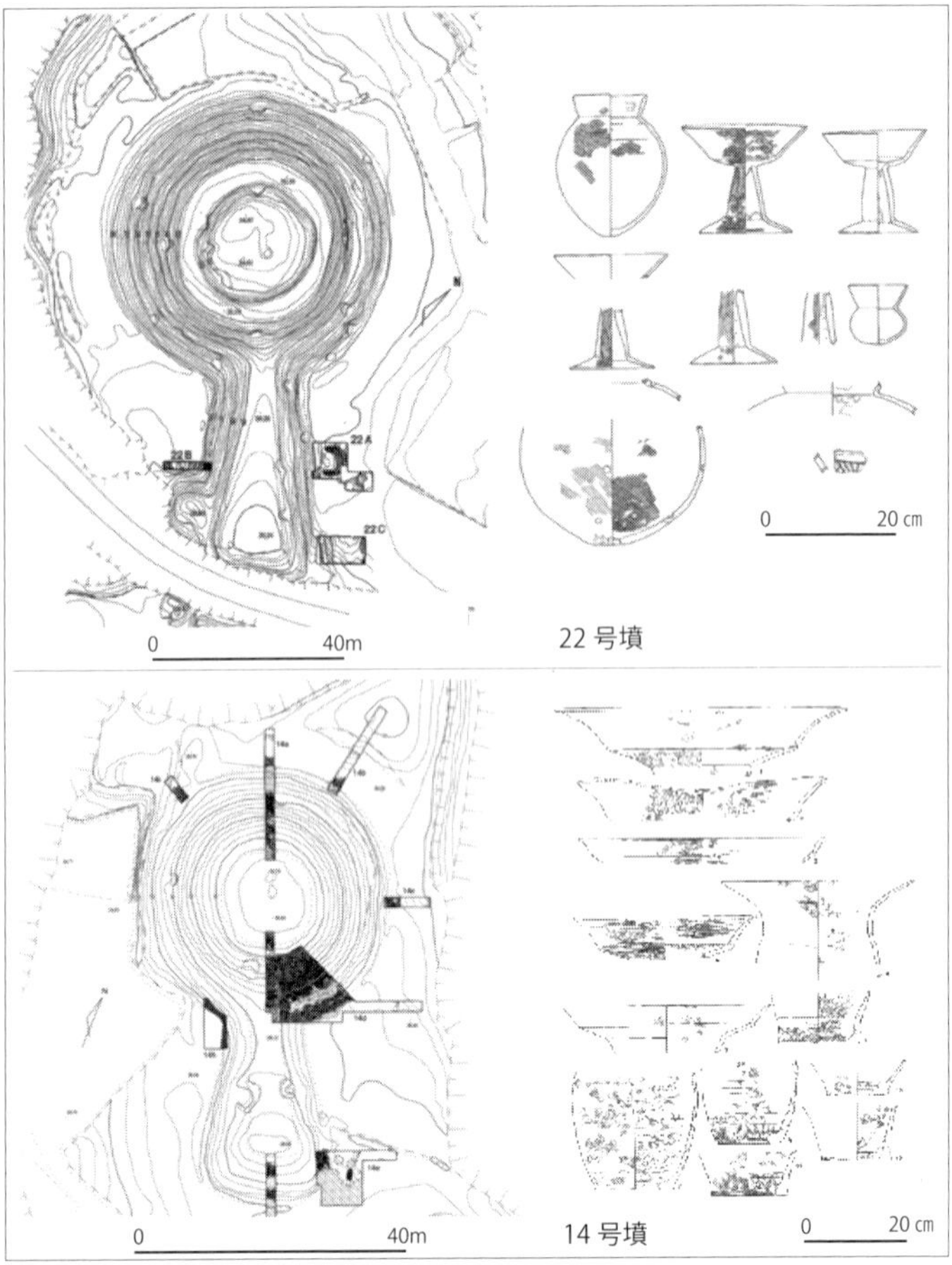

図15　生目古墳群の最新調査成果
（宮崎市教育委員会2006・2007）

併行で、とうてい箸墓古墳の時期までさかのぼりません（宮崎県埋蔵文化財センター二〇〇二・二〇〇七）。箸墓古墳の平面形と比較するとくびれ部が異様に細いので区別する必要があったと思いますし、墳丘立面形の違いにも留意すべきであったと反省しています。西都原古墳群A群の前方後円墳の築造順に訂正の必要はありませんが、先ほどお話ししたように1号墳については年代をやや遡らせていいだろうと思います。またB群の前方後円墳群については81号墳の年代を下げるとともに、築造順序を全体に見なおす必要があるでしょう。生目古墳群の最新調査資料は（図15）に示しています。22号墳は布留2式、14号墳は布

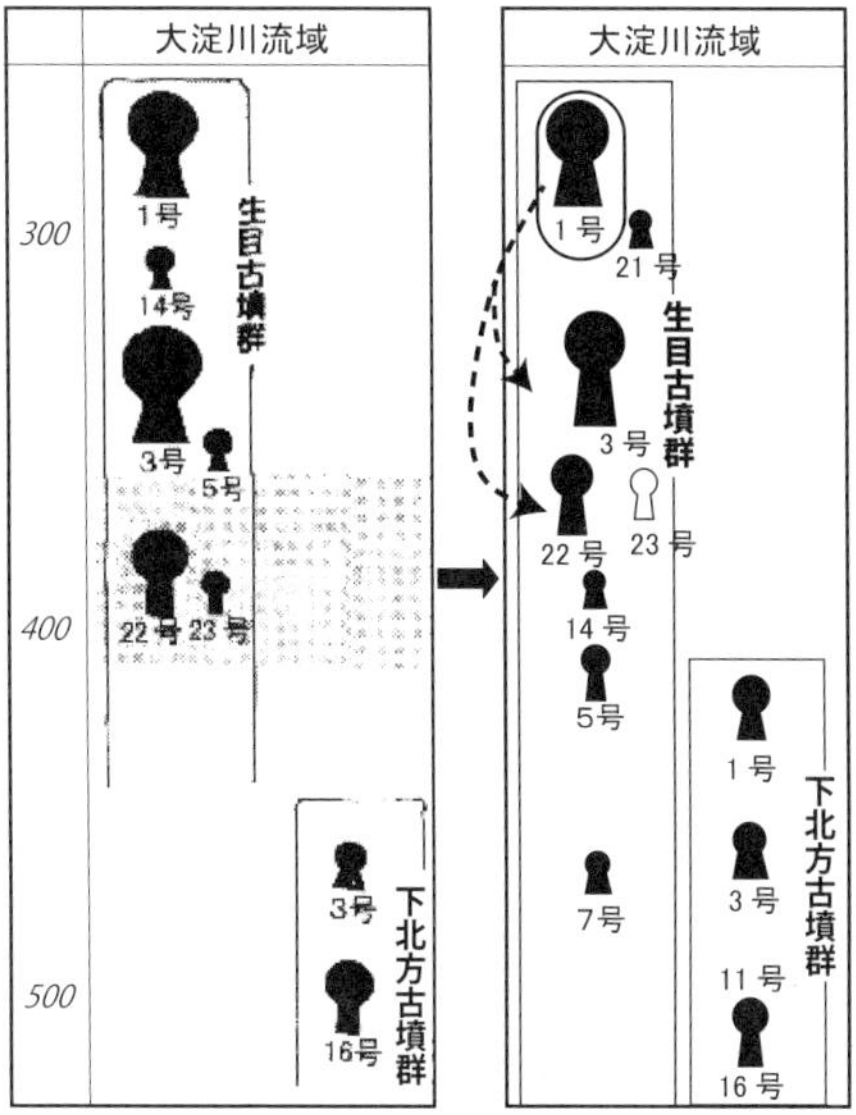

■近年の発掘調査の結果から
○14号墳は４世紀末頃、5号墳は5世紀初頭頃、7号墳は5世紀後葉頃と確定した。
○新たに前方後円墳と判明した21号墳は西都原81号墳に近い時期(４世紀を前後する頃）と推測される。
○３号墳は類似する22号墳からみて、やや新しくなる可能性がある。
■なお墳形の見直しから１号墳は箸墓類型でなく、４世紀中葉もしくは末葉に下る可能性もある。
■本図には、下北方古墳群の最新成果も加えた。

図16　生目古墳群前方後円墳築造過程の研究推移
(左：1999、右：2011)

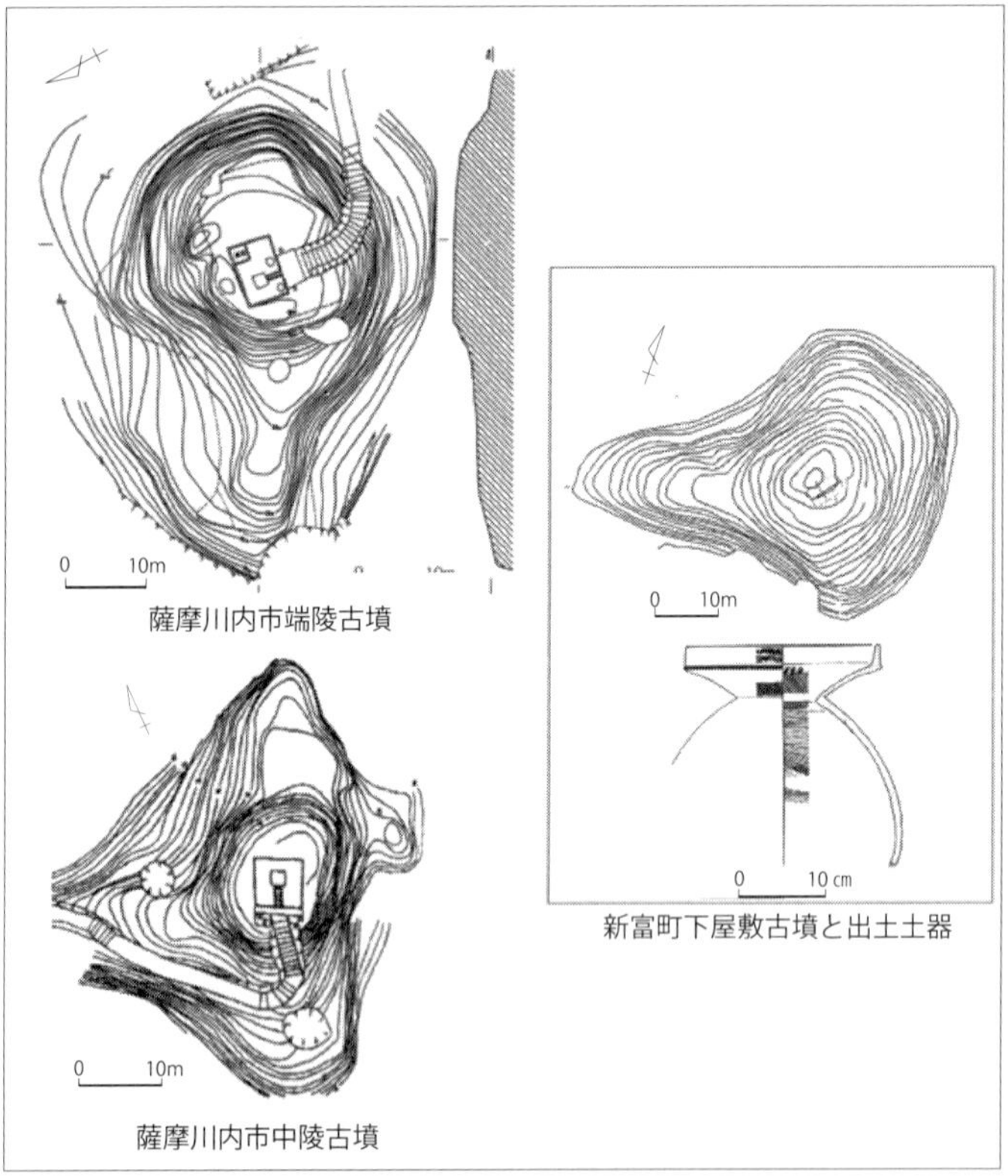

図17　纒向型前方後円墳と推測されたことがある古墳

留3式の古い段階に併行する（宮崎市教育委員会二〇〇六・二〇〇七・二〇一〇）ということで、生目古墳群の前方後円墳の築造推移につきましては（図16）のように考え直しています。

最後に、これまで南九州の出現期の古墳として取り上げられた纒向型の一群をみておきます（図17）。薩摩川内市の端陵古墳は私もいいだろうと思いますが、薩摩川内市中陵古墳や宮崎県新富町下屋敷1号墳は、円墳とみたほうが良さそです。以上を整理してみますと、かつて私が主張したように南九州の古墳出現期を三世紀中葉頃までさかのぼらせることは現状では困難です。また纒向型の墳形はやや時間が降っても継続する可能性が高く、そのあたりは今後、纒向型の墳形の意味や南九州と畿内の関係を考える上で検討課題になるだろうと考えております。

取りとめのない話になりましたが、南九州の出現期前後の様相について、これまでの研究推移と最近の調査成果、ならびに私見の訂正について申し上げました。ご静聴ありがとうございました。

〔補注〕

1　シンポジウム発表では西殿塚古墳と類似するとしたが、このように訂正する。

〔参考文献〕（著編者五十音順）

有田辰美　一九八三「下屋敷古墳」『宮崎県史』資料編　考古2、宮崎県
池畑耕一　一九八八「川内川流域の古墳文化」（第13回九州古墳時代研究会鹿児島大会資料）『鹿大考古学会報』第7号
池畑耕一　一九九二「地域の概要―大隅」『前方後円墳集成』九州編、山川出版社
梅原末治　一九六九『持田古墳群』、宮崎県
小田富士雄　一九七〇「畿内型古墳の伝播」『古代の日本』3、角川書店
鹿児島県肝付町教育委員会　二〇〇九『塚崎古墳群』（肝付町埋蔵文化財発掘調査報告書11）
岸本直文　一九九二「前方後円墳築造規格の系列」『考古学研究』第39巻第2号
小林行雄　一九六一「中期古墳時代文化とその伝播」『古墳時代の研究』、青木書店
澤田秀実　一九九一「墳丘形態からみた権現山50・51号墳」『権現山51号墳』、権現山51号墳刊行会
寺沢薫　一九八八「纒向型前方後円墳の築造」『考古学と技術』（同志社大学考古学シリーズⅣ）
中村耕治　一九九七「先史・原始時代」『高山町誌』、鹿児島県高山町
長崎県雲仙市教育委員会　二〇一〇『守山大塚古墳―市道吾妻平木馬場線改良工事に伴う発掘調査報告書』
長津宗重　一九九二「地域の概要―日向」『前方後円墳集成』九州編、山川出版社
野間重孝・伊東但　一九八六「宮崎の古墳文化出現前夜」『えとのす』第31号
橋本達也　二〇一〇「九州南部の首長墓系譜と首長墓以外の墓制」『九州における首長墓系譜の再検討』（第13回九州前方後円墳研究会）
東憲章　二〇〇七「非破壊的手法による遺跡情報の収集〜宮崎県立西都原考古博物館における地中レーダー探査

の実践～」『宮崎県立西都原考古博物館研究紀要』第3号
宮崎県　一九一五a『宮崎県児湯郡西都原古墳調査報告』
宮崎県　一九一五b『宮崎県西都原古墳調査報告書』
宮崎県　一九一八『宮崎県史蹟調査報告第三』
宮崎県教育委員会　二〇〇二『西都原100号墳』（特別史跡西都原古墳群発掘調査報告書第3集）
宮崎県教育委員会　二〇〇七『西都原173号墳・西都原4号地下式横穴墓・西都原111号墳』（特別史跡西都原古墳群発掘調査報告書　第6集）
宮崎県教育委員会　二〇〇八『西都原46号墳』（特別史跡西都原古墳群発掘調査報告書第8集）
宮崎県川南町教育委員会　一九八二『東平下周溝墓群―2号方形周溝墓』
宮崎県新富町教育委員会　一九八六『川床遺跡』
宮崎県埋蔵文化財センター　二〇〇七『赤坂遺跡』（宮崎県埋蔵文化財センター調査報告書151集）
宮崎市教育委員会　二〇〇六『史跡生目古墳群―保存整備事業発掘調査報告書Ⅵ』（宮崎市文化財調査報告書第61集）
宮崎市教育委員会　二〇〇七『史跡生目古墳群―保存整備事業発掘調査報告書Ⅶ』（宮崎市文化財調査報告書第65集）
宮崎市教育委員会　二〇一〇『生目古墳群Ⅰ―生目古墳群発掘調査報告書―』（宮崎市文化財調査報告書第100集）
柳沢一男　一九九五「日向の古墳時代前期首長墓系譜とその消長」『宮崎県史研究』第9号
柳沢一男　一九九九a「南九州における古墳の出現」『第11回人類史研究会発表要旨』、人類史研究会
柳沢一男　一九九九b「古墳時代日向の王と生目古墳群」『生目古墳群シンポジウム99～浮かび上がる宮崎平野の

巨大古墳～』、宮崎市教育委員会
柳沢一男　二〇〇〇「西都原古墳群」『季刊考古学』第71号
柳沢一男編　二〇〇六『南九州における出現期古墳の実証的研究』（平成15年度～平成17年度科学研究費補助金（基盤研究（B）（2））研究成果報告書、宮崎大学教育文化学部

5　ヤマトからみた2・3世紀の南九州

森岡　秀人

一　南九州への憧憬

兵庫県の芦屋から参りました森岡と申します。東北で大きな震災がありましたので、今年のテーマは、東日本、とくに関東地方と大和との邪馬台国の時代における諸関係の探求であったようですが、急遽、南九州の鹿児島、宮崎辺りの地域と近畿地方との関係ということで、テーマの大幅な変更が加わり、私に大きな課題を与えられました。この話を頂きまして、あまり時間がありませんでしたので、少しあわてました。実は私は宮崎、鹿児島方面へはわずか五回ほどしか行ったことがないのでありまして、それも散発的に物を見たり博物館へ行ったりしていますから、五回程度参っている人間が南九州の考古学的な評価をどれくらいできるのか、実は心もとない限りでございます。

近年では、私は二〇〇八年六月に九州の初期農耕関係のシンポジウムにおいて発表する機会がありました。都城市という宮崎県の内陸部に行きまして、坂元A遺跡の貴重な資料を拝見することが出来ました。この遺跡は邪馬台国の時代よりずっと古いのですが、やはり歴史的な脈絡、つながりがあると直感しまして、宮崎や鹿児島の文化の底力、深さが農耕開始期の物証にも表れているというふうに感じております。とても整理された小区画水田ではありませんでしたけれども、伴出土器の古さは保障されていますし、治水関係、排水・導水の関係も原初的な様相ですけれども、非常に意味のある遺跡が出てきたというふうに思っているところです。九州島全体でも再評価しなければならない遺跡だと思います。

ただ、私たちはそういう所から五〇〇キロほど離れている場所で生活しています。日常、邪馬台国の問題を熱心に検討しておられる方々、本を読んでおられる方、現地を歩かれている方がおられると思いますけれど、関西在住の方はやはり、邪馬台国と南九州はかなり無縁な関係に思われている方が多く、むしろ文献の時代に入って隼人の問題をはじめ、多くの資料に目を通すと随分つながりがあると、その違いに驚かれていると思います。

さて、私は潜伏邪馬台国畿内説を取っております。殆ど文字にしないですが、考古学資料からは、結論は近畿地方内部に邪馬台国は存在するという立場を取っております。ここで、一応立場を表明しておきたいと思います。過去には、「年代論と邪馬台国論争」といった題名のものも小学館から出しておりまして、その他、ちらちらと邪馬台国をタイトルに出している著作がありますが、けっして十分に論証しながら場所を考えているという所に至っておりません。もうそろそろ自分なりに真剣に考えなければいけないと思っております。ただ、漠然と女王国と呼んでいる範囲と邪馬台国を識別している方であります。倭国との関係も、倭国と邪馬台国は枠組みとしてはほぼ無関係ですけれども、女王国と倭国は関係づけて考えるという立場であります。その点は改めて申し述べておきたいと思います。

あまり細かいことは申し上げませんが、一九七二年に石母田正さんが出された本の中で、当時の「小帝国」という概念により、日本古代史の中で非常に能動的、作為的な動きで南九州がどういう位置づけになるかということが論評されていたのですが、若い時に読みましたので印象に残っております。昨日から何度も出ておりますように、隼人、熊襲といったものが、考古学資料ではなく、文献史料の部分で、倭国の内部、中国帝国のようなものではなく、その小帝国版という考え方が出されております。果たして正しいのかな、そのようなことが簡単に言えるのだろうか、そういうものではないのではないかという疑問を若い時に思った次第であります。『古事記』や『日本書紀』の問題点など、本来ここでも踏み込んで言いたいことはありますが、ここではひとまず考古学資料に準じて見てみたいと思います。

二　南九州の地域概念と地域像

昨日から聞いておりますと、既に邪馬台国についてはほぼ定説になるような北郷泰道さんの考えが出ました。邪馬台国の場所というか、畿内説はあり得ないというか、もともと畿内説は考えないという説が出ましたので、私は少し違った意見を言うかもしれません。

昨日の報告の中では、村上恭通さんが地形や地質を重視しながら、熊本県の南部とか大分県の南部を含めての中九州を射程に入れながらの南部九州の評価を鋭く行われました。行政区画であっさりと宮崎県、鹿児島県をおおよその南九州ととらえる方がおられますが、最近の若い方の土器様式圏の研究などを瞥見いたしますと、（図1）のように日向も北部、中部、南西部といった区分で見ることが可能であり、ことによると、色々な物の流入するルートに関わる

図1 日向の地域区分摸式図（河野２０１１）

もので、特に後ほど述べます瀬戸内方面の文化要素の流入が、北部に入るのか中部なのか、南西部なのかといったことは大変重要なことのように思えます。

また、日向と関係付けられやすい大隅、薩摩東部の辺りは、全然ルートの違う九州の西海岸ルート伝いでも重要なものが早くから伝来しています。すなわち薩摩西部は特に南西諸島との関係がありまして、非常に濃厚な関係を保つ場所であります。こういう所では、土器の地域性を考えるときに、盆地単位とか、各小平野単位で土器の顔つき、遺跡単位でどう違うのかという研究も進んでいますが、九州でこういった小地域圏をどのように評価されるかが大事なこと、留意すべきことであります。一つの試案を出された方が幾人かおられます。

それから、その下にあります図面なんかでは、文献史料と結び付く古代の南九州に関わる重要な要所に箇所、場所が書かれている地図でございます。これは田中聡さんが書かれた物から引用しておりますが、考古学資料というより、むしろ文献史料を重視して描かれた図面でありますます。左下は時代が下降する『延喜式』の駅家の位置関係、当時の陸路を考えるときの交通事情でありますから、参考までに載せておきました。おそらくこういうものは、本日の議論の中に入ってこないものと思いますが、日本古代史で重要な南九州における陸の道を考えるのに避けられないことでありますから、一応載せております。

三　畿内から見た南九州の土器様相と年代観

南九州の押さえかたの手がかり、地域圏というのは吟味の必要がありますが、こと邪馬台国の前段階ということになりますと、南九州の場合、オーソドックスに宮崎、鹿児島の主要な土器様相を把握し、進化している編年を押さえ、弥生後期から庄内式併行期、布留式併行期の様子を探るのが一番であります。

昨日報告された中園聡さんは大変九州の土器に詳しく、研究を続けておられますが、私もその年代観のポイントがあります。中園さんの研究の中で第Ⅳ様式という段階は、実年代から言いますと紀元前のおそらく二世紀、一世紀の辺りかと思いますが、参考までに対比の上で私の近畿の年代観を（図2）に載せておきました。

すこし字が小さくて見辛いのですが、昨日言われた南部九州の第Ⅳ様式、あるいは後期の細分、その併行期の土器が近畿と即対応するのは難しいのでありますけれども、例えば（図3）にありますようないわゆる布留式甕、そういうものを基準にしますと、こういう定型化した畿内の布留式土器には小型丸底壺・小型器台・小型鉢といったものが登場して、さらに著名な布留式甕というものがありますが、この図に引用している、これは宮崎県史から引用したものですが、四番目の宮崎出土の布留式土器というのは、近畿の目で見ますと少し違和感がある土器

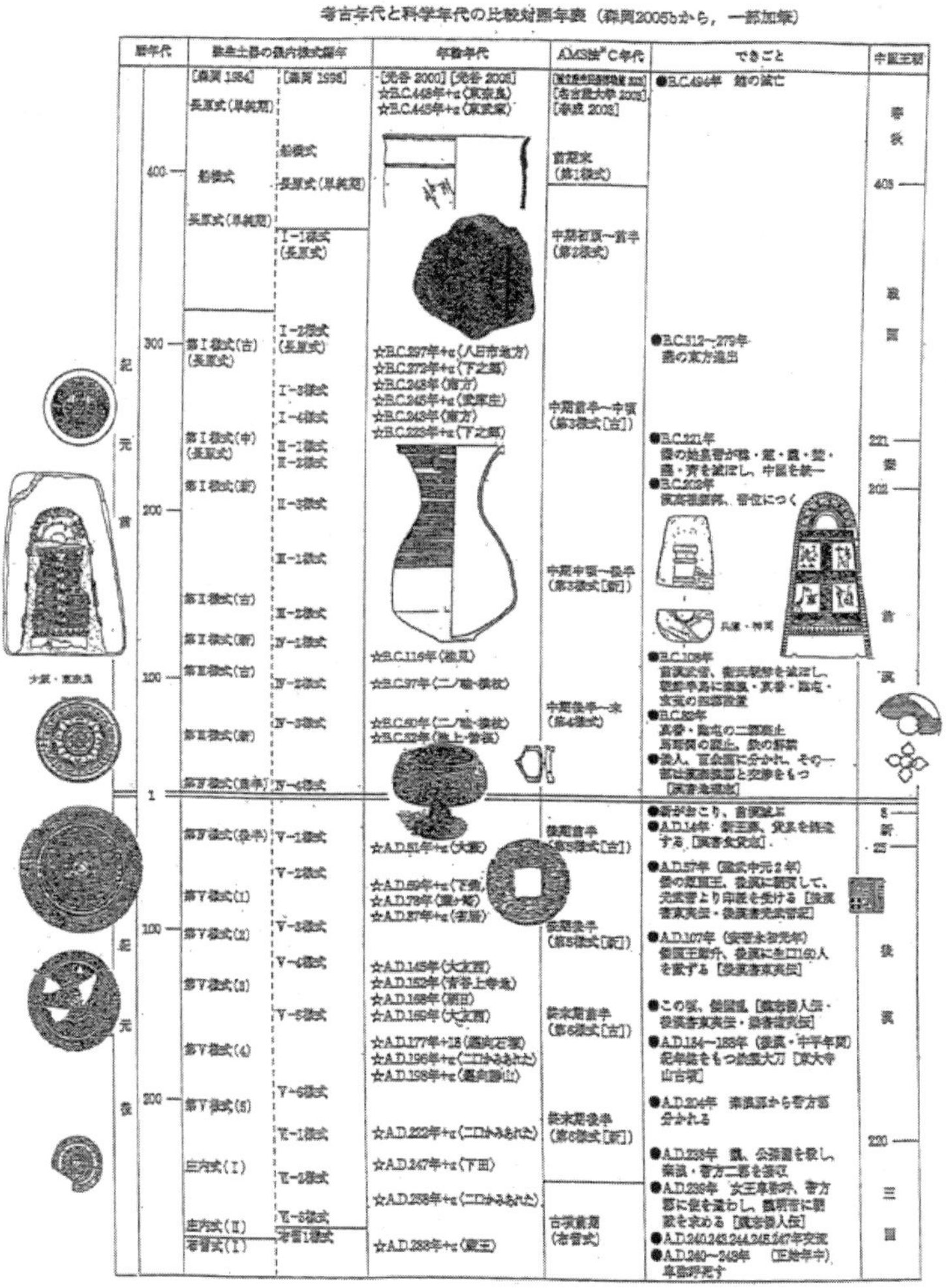

図２（参考）紀元前後の歴史年表、考古年代・科学年代比較（森岡作成、追補）

です。おそらく型式差も隣同志でもありますから、当たり前のような話ですが、私の年表からいいますと、こういう土器は（図２）の一番最後の布留Ⅰの中でももう少し下がって布留の次の段階、この年表には載ってこないような時期の土器を対比しているように思います。年代的には紀元二〇〇年代の中頃で考えることができる資料が布留式の始まりであろうと思います。

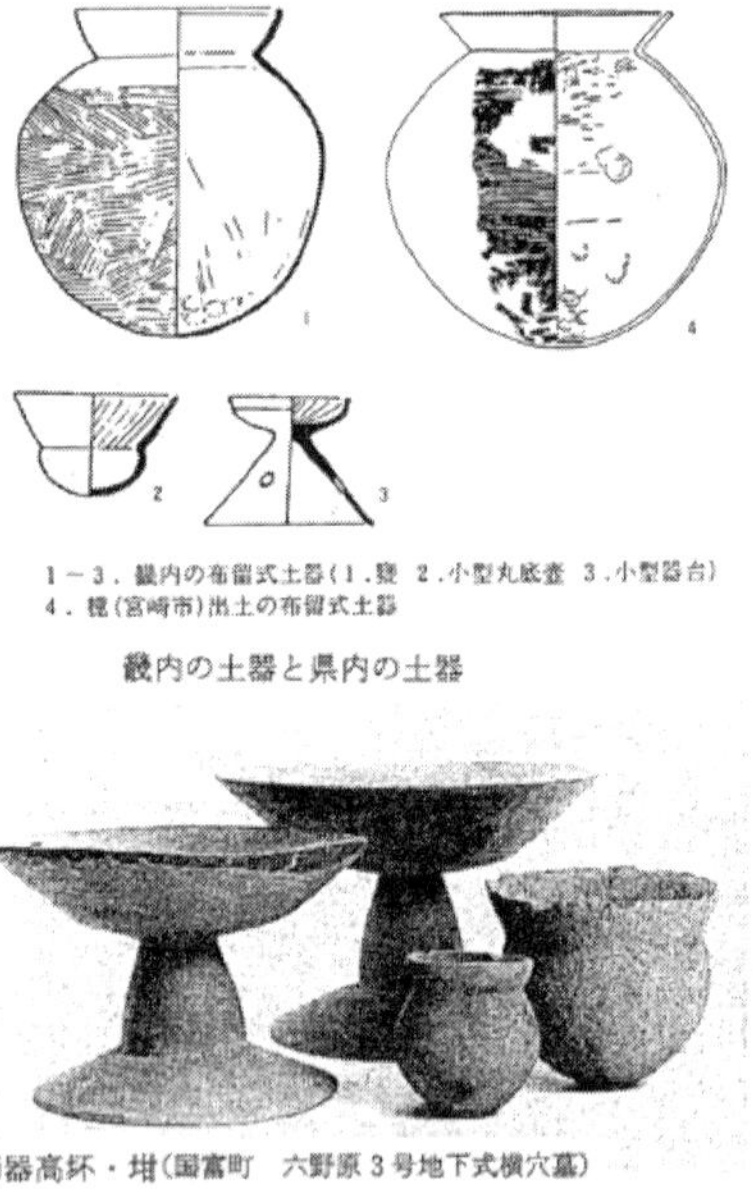

1－3．畿内の布留式土器(1.甕 2.小型丸底壺 3.小型器台)
4．檍(宮崎市)出土の布留式土器
畿内の土器と県内の土器
土師器高坏・坩(国富町 六野原3号地下式横穴墓)

図３ 布留式土器の対比
畿内と南部九州の土師器（宮崎県１９９７）

この年表の中では紀元前一〇〇年とか二〇〇年の辺りに昨日言われております、弥生中期の動きがありますが、その中で重要な東北部の九州、大分県を中心とする地域ですが、「く」の字状口縁の土器が出現するというのが意味あることと思います。何故かと申しますと、中溝式というのがありますが、そこには瀬戸内の要素が、あるいは近畿地方の要素とも重なりますいくつかの属性がポツポツと入って来る関係性の、特に邪馬台国の時代を考える上での上限年代を押えるときの土器の変化では、この「く」の字状の甕の出現が非常に重要ではないかと考えます。おそらく年代的には二〇〇年以上も離れている土器でありますが、大和から見ての関係性はそういう所に出発点があるのかなと考えます。

もう一つは成川《なりかわ》式の始原問題であります。昨日の編年表にもありましたが、成川式は細分が最近進んでいますが、それ以前の弥生後期は遅れています。近畿ではこれに併行する畿内第V様式が弥生後期と呼んでいる時期でして、おおよそ六段階、七段階の変遷がたどれるようになっていますが、それに対応する変化は、昨日の中園さんが提示されました中では、まだ粗いものですね。ご本人も弥生後期は粗いものと言っておられます。弥生後期は約二〇〇年ぐらい続きますから、もう少し細分が進めば、そこの対応関係はできてくると思いますね。

四　弥生文化の東辺と西辺

こういう土器の流れ、変化の中で重要なことは、高杯という土器が欠落する地域があるということであります。そういう問題も含めて、もう少し日本列島全体で見た時に、南九州は別に近畿だけとの比較ではなく、東日本、特に天竜川とか千曲川以東の地域を考えるときの大きなヒントを与えていただいているというふうに理解しております。

弥生の後期の住居形態、これは石野館長が若い時から五〇年ぐらいに亘って住居様式の後を追っかけておられるわけですけれども、今から三〇年ほど前の著作でどのように考えられているかということを思い出しながら、昨日、北郷さんの話を聞いていたわけですが、随分様子が変わりました。一つは、北部九州あるいは西北部九州を介在するような松菊里型、松菊里系と呼んでいる外来的要素の住居、これは昨日の問題点の近畿地方でもありました。私も（体験していますが）、住居跡を掘り出しますと、細長い少し深みのある作業土坑あるいは中央穴というような穴が出てきます。そして、四本柱を基準にしますが、その外郭部にもう一つ柱列を付けた大型円形住居があります。これが松菊里の名残、成れの果てのようなものです。近畿の第Ⅳ様式あたりに出てきます。そういうふうなあり方から見ますと、南部九州の花びら状に、花弁状に開くという変わった住居形態は全然違う地域的特性を持っています。淵源をたどると、第Ⅰ様式とか第Ⅱ様式に併行するような時期に遡るということはありうることで、昨日の伝播問題では、起源は決して宮崎、あるいは鹿児島にない、元々は大陸にある、半島にあるということでしたが、それについては十分ありうる話だと思います。

住居跡の問題では、焼失痕跡をとどめる住居がきわめて県内に多くありまして、一棟が全部焼けているような湯牟田遺跡があります。一斉に焼けているというのが重要で、祭祀的な処分をしているような感じもします。よく戦争で焼けたと言われますが、こういうものはそういう動きはなさそうであります。倭国大乱期に直接結びつける可能性は無いですが、別の意味から重要視されます。住居の中でかたまって長頸壺が出てくるような場合があります。出方が少し異なりますが、近畿地方の土坑とか溝とかあるいは沼沢地などに大量の完形品を捨てる祭りなどと共通する要素が認められます。

室内の利用法とかその様相を書いております。鹿児島県の城山山頂遺跡などは私の目から見ますと、高地性集落と呼んで頂いてもいいのではないかと思います。ああいう遺跡は豪族居館の可能性があるという話も聞きますが、眺望の豊かさと交通ルートの要所掌握、そこに物資の中継所があって、人々の交流の場にもなりますので、そういうセンター的な機能が城山山頂遺跡に備わっていたという可能性は十分考えておいたほうが良いと思います。環濠の問題にも触れております。

五　絵画土器ドラゴンと南九州における定着、さらに黥面人物について

次に絵画土器、記号土器と呼んでいるものについては、昨日も沢山の方が話題に出されていましたが、大観的な整理をしておきますと、近畿地方の場合と大きく落差を感じるのは出現の時期であります。弥生の中期の段階でした。北部九州ですと、もっと古い段階から出現します

が…。

昨日の画題で気になったのは鰭状《うろこ》のもので、龍の一部、龍の象徴化ではないかというご意見の方もおられますし、これから講演される石野館長は、また別の意見をお持ちのようでありますが、私は水字貝を含めてああいう鉤《かぎ》形に曲げるという部分、先端部を曲げることがこの時期の人たちの一番象徴すべきもので、最後にはそういうものになっていったのではないかと思います。龍の鰭という認識も大事ですが、最終的にはそういう鉤という意味のあるもののようです。それは有鉤銅釧などにもありますし、貝輪の製品の中にもありますので、その象徴的な意味合いが残っているのではないかという気がします。

入墨に関する図面を出しておきましたけれども、（図4）で宮崎にもその範疇と理解すべきという評価を受けているものが下郷遺跡で出ています。これは入墨の中でも鯨面と言われるもので、人面文壺とも呼ばれています。弥生時代の後期の土器でありますが、この土器のことについてはもう一度、討議の時に深めたいと思うのですが、ことによれば最古級の時期を示すかもしれません。

この分布図を見れば判りますが、きれいに近畿地方を飛ばして出ています。近畿地方では私たちが注意深く発掘していても全く出てこない。しかし、東海の伊勢湾沿岸部、南関東、北関東、そして岡山の吉備地方、瀬戸内東部・中部、そして宮崎にポツンとあります。この状況は南部

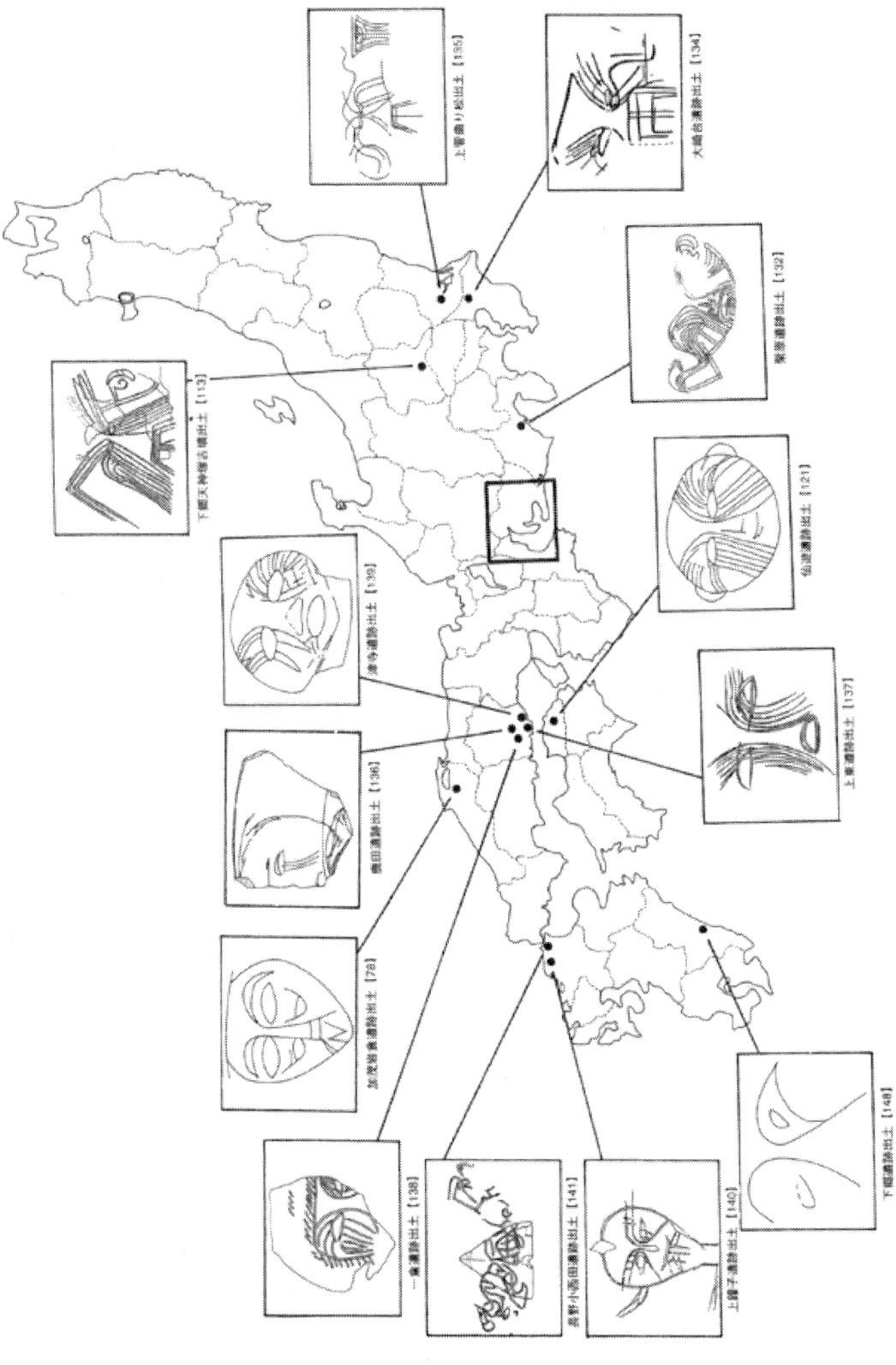

図４ 人面文の全国分布と形態の違い
（安城市歴史博物館２００１）

九州を含めるかどうかは別にしましても、因果関係から言いますと、近畿地方ではいち早くに社会集団としての黥面行為は習俗としての撤収を図っているということになる。こういう壺を持たない地域ですので、外縁部で持っている意味がどういうところにあるのか。時期などを考えると、九州では土器が案外古いのではないかと、九州が起源ということは、特に南部九州が起源ということはどうも言えそうにないのですが、全体の中では庄内式併行期とか後期の末とかありますから、この土器などはもう少し古く位置づけられるのではないのかと思います。これは北郷さんにぜひ課題として教えていただきたいという意味で書いたものであります。

さらにドラゴンなどの画題がどの方面、何処の地域で成立したかということも大きなテーマとなります。春成秀爾さんの示されている図を（図6・図7）に出していますが、最近氏の大著が出ました。充実した資料の収集と考え方を集大成された論文集です。さらに関連資料を追補されているものですから、近畿地方を中心とする西日本の絵画関係で特にドラゴンばかりを集めたものを引用させて頂きました。春成さんの研究は、型式学的な観点からしますと、土器のタイプの変化以上に龍そのものの表現の退潮、退化というような方向性を思索していますから、（図6）の真ん中にあるように池上曽根《いけがみそね》遺跡のドラゴンを源流、原型とするモチーフを考えるわけであります。

しかし、この流れの中には大阪府古曽部《こそべ》・芝谷遺跡の実例などがありまして、土器の編年観、

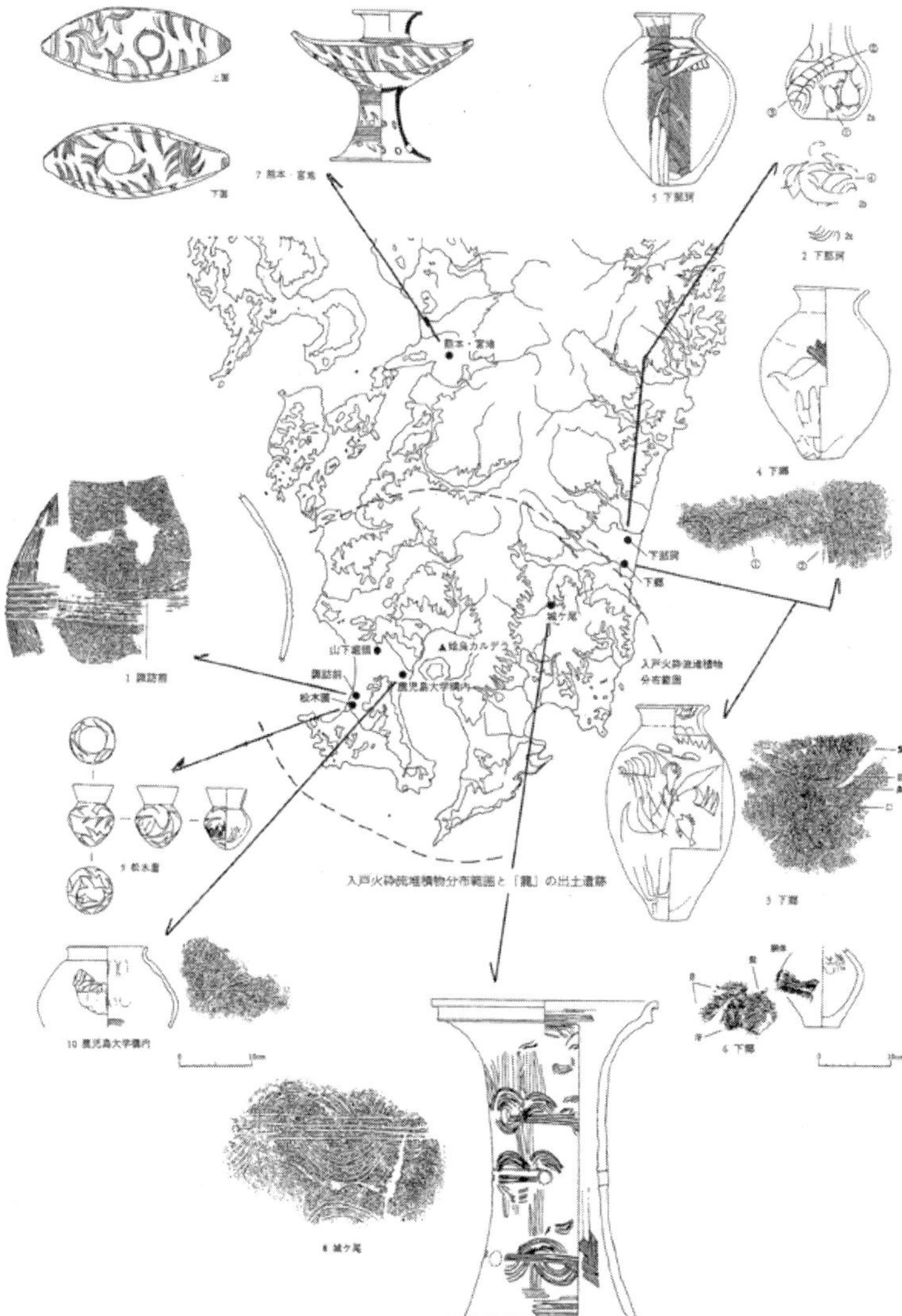

図５　南九州における火砕流堆積物の分布範囲と絵画土器「龍」の出土遺跡（東 2006）改変

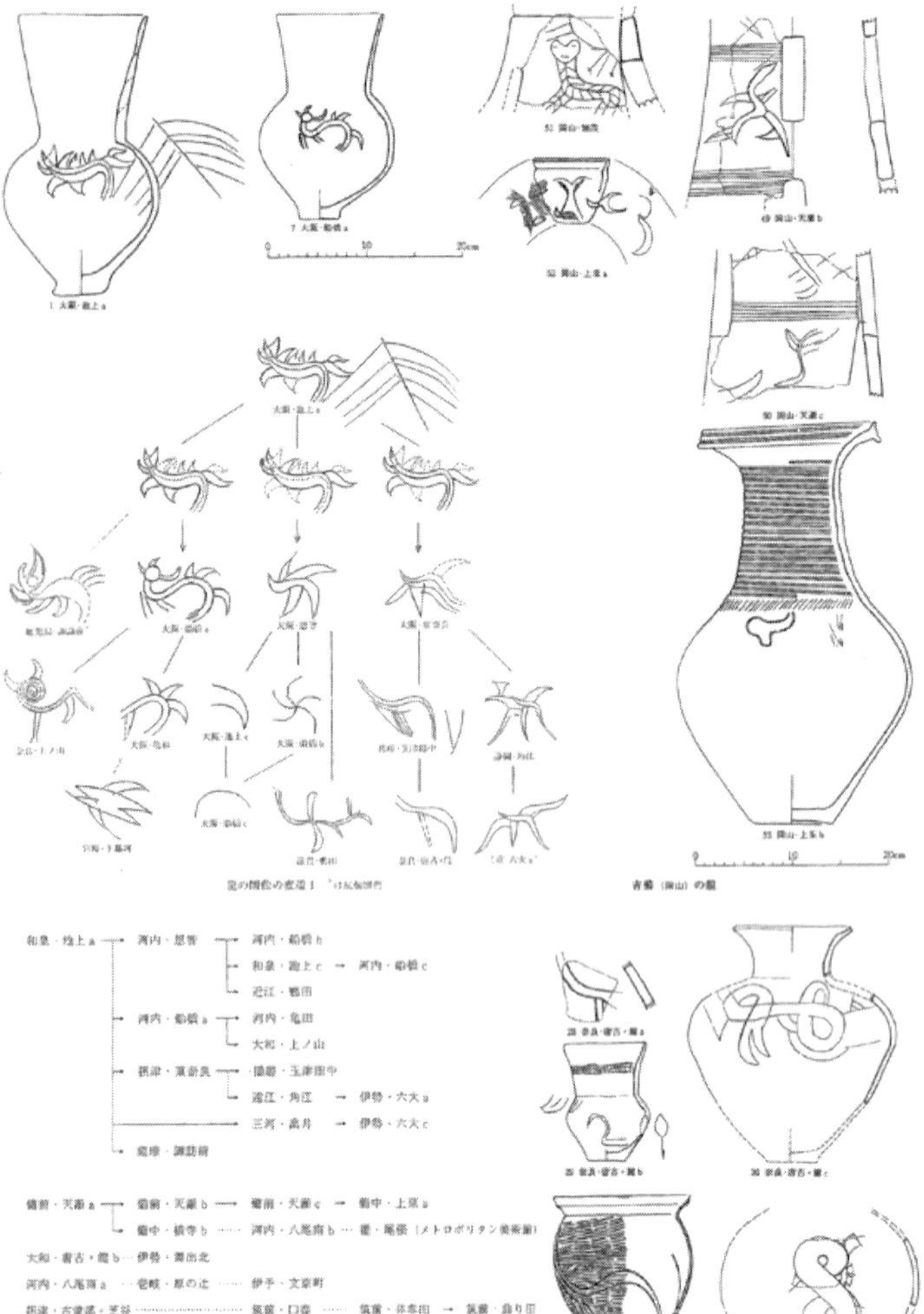

図６ 春成秀爾による絵画・記号土器「龍」の集成と系譜研究（春成２０１０、２０１１）一部抽出

図７ 続・春成秀爾の集成・発表資料（春成２０００，２０１１）と伊予の絵画土器（梅木２００５）

変遷と龍の変化過程で少し食い違いがあります。土器の方が確実に古くて、絵画の方が新しく見えるというものが入っております。それはそれとして、気にしないで並べる方が型式学としては判りやすい流れなのですけれども、一例を挙げますと、古曽部・芝谷遺跡の例は池上曽根の例よりも土器の小様式で言いますと、二小様式程度古くなる。しかしドラゴンの表現は逆転するというようなことがありまして、緻密に言いますと、春成体系というのは、少しずつ土器の年代を与えるという基礎作業を行いますと、少し食い違いもあるように思います。

こういうストーリーがあって、昨日出ました下中遺跡の鳥の表現とか、航海的な海との関係を関連付ける表現であるとか、龍であるとか、そこの末端には、まさに龍から一番遠く離れている位置にそれが表現されているということになります。

こういう問題を考えるときに重要なことは、「絳地交龍錦」、いわゆる魏志倭人伝の中に私たちが見たこともない想像の世界の龍の描かれた錦という織物を魏の皇帝からもらっていることが思い出されます。その中に既に皇帝の象徴である龍が表現されているのが注意を引くのでありまして、おそらく龍の意識、龍というものへの接近力が高い。弥生後期の終りから庄内式期にかけまして、非常に高まっていた時期であるのは明らかであります。中国中原の漢、それを引き継ぐ魏からこうした品々を下賜されているというのが当時の倭の現実であります。

六　相互交流の徴証を求めて

いきなり話が変わりますが、紀元前に遡る凹線文土器の波及の話をします。

大和系の土器、厳密に言いますと、大和盆地の土器と南九州の土器との関係は詳しく調べてみても思い当たるものがありません。

大阪平野では、五世紀ぐらいの頃に下って隼人系の土器ではないかと言われているのが紹介されたことがあります。近年では、弥生文化博物館で、（図８）に上げましたが、大阪出土の古墳時代の成川式土器が隼人文化との関係、あるいは南部九州の移住者を示すものとして紹介されて、興味深く拝見されたご記憶があると思います。私もこの土器については、南九州と

図８ 隼人の移住を示す土器なのか、大阪出土の成川式土器（大阪府立弥生文化博物館２００７）、隼人の盾 出土品と復元品（中村２００１）

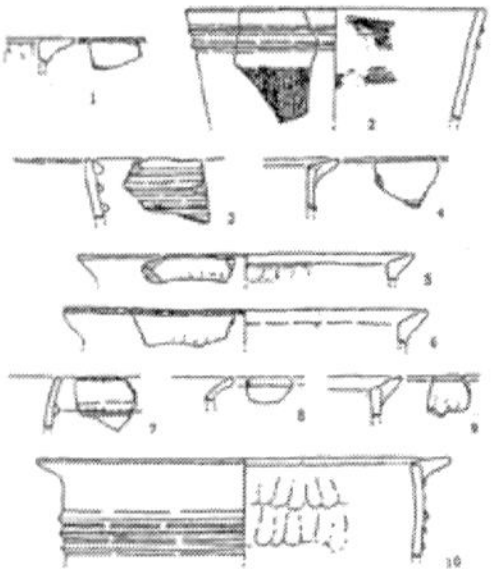
南部九州系土器（第16次調査）
（山ノ口Ⅱ式1・4・5・8〜10・下城式2・3・7）

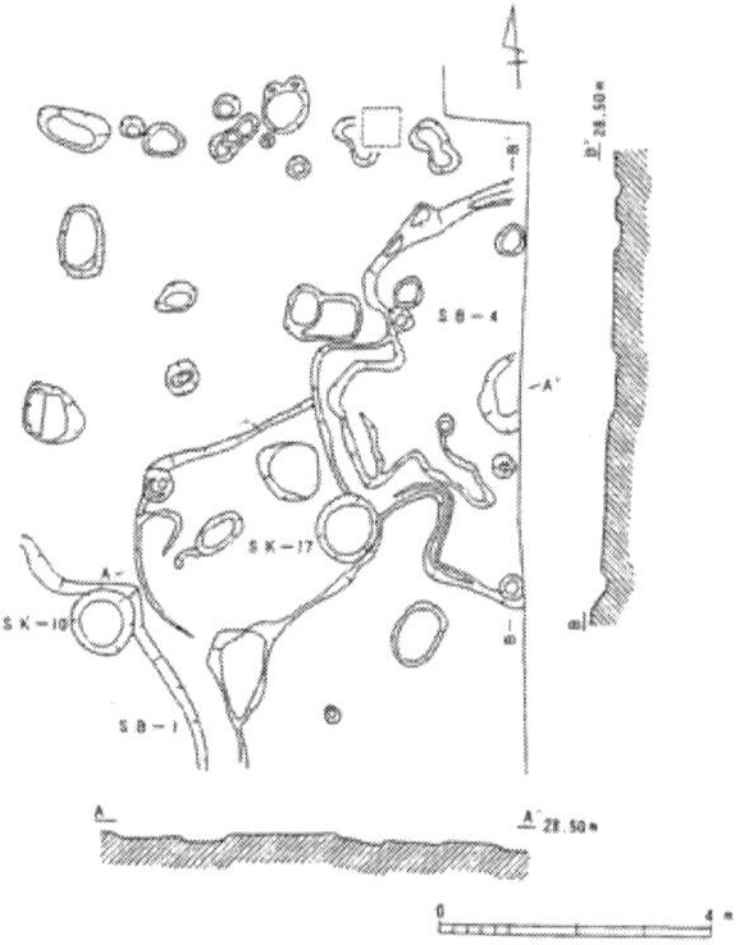

花弁状間仕切住居（第3次調査）

松山市文京遺跡の南部九州系文化要素
（愛媛大学・松山市生涯学習振興財団埋蔵文化財センター１９９２・愛媛大学埋蔵文化財調査室２００１）

図９ 伊予の遺跡にうかがわれる南部九州からの文化要素（河野２０１１）

の交流を考える上で大変意味深いものがあると思います。

遺跡や年代的なことに言い及びますと、場所は大阪府八尾市の久宝寺辺りで出た土器ですが、大事なことは壺と高杯と小型の壺といった物が一緒に出ています。セットで土器が動くというのは人が動いている可能性が非常に高いということです。纒向遺跡あたりで出てきます土器は東九州とか北部九州系の土器になるかもしれませんが、この手の土器はことによれば五世紀には遠隔地交流で直接入って来るものがあるのではないかということは考えておかなければならないと思います。

それ以前では先ほど紹介しました長頸壺がゴロゴロと出ていますが、こういう出方は近畿地方では井戸からとか、土坑から一括で出てくることはありますが、都城市では住居の一部から祭祀に使った後のように大量に出てくる場所が見つかっております。

（図９）の松山市の文京遺跡からは、花弁状の間仕切り住居に伴ってですが、第三次調査では九州系の土器が出てきています。北部九州ではなく、おそらく南部九州のものでいいと思います。山ノ口式と呼んでいる土器でありますから、直接、邪馬台国の時代と比較はできないのですが、移住者がどうも瀬戸内方面にいる。そのルートは一体どうなのかということが気がかりであります。

ただ、この土器は近畿に到達していない、私は四〇年以上に亘って近畿の土器を見てきましたが、南部九州の土器が出ているところを見たことがありません。弥生中期でも後期でもなかなか南九州からの搬入品などないわけです。だからそういう点では、西部瀬戸内の伊予とか山口・周防とかには単発的にあって、恐らく吉備の備前あたりまでは大丈夫と思いますが、淡路を越えて大阪湾内に入って来る土器の中では、今のところ皆無の状態であります。

凹線文に関するものは（図10、図11）をご覧になるとお分かりになると思いますが、随分、搬入品の研究が進んでおり、さらに瀬戸内系の模倣品はどうかというレベルの研究が進んでいます。さらに半々折衷されているという土器の動きなども（図10）に掲げています。これは克明に調べても出てくる材料は少ないのでありますが、重要なことは、物が来たという証明がで

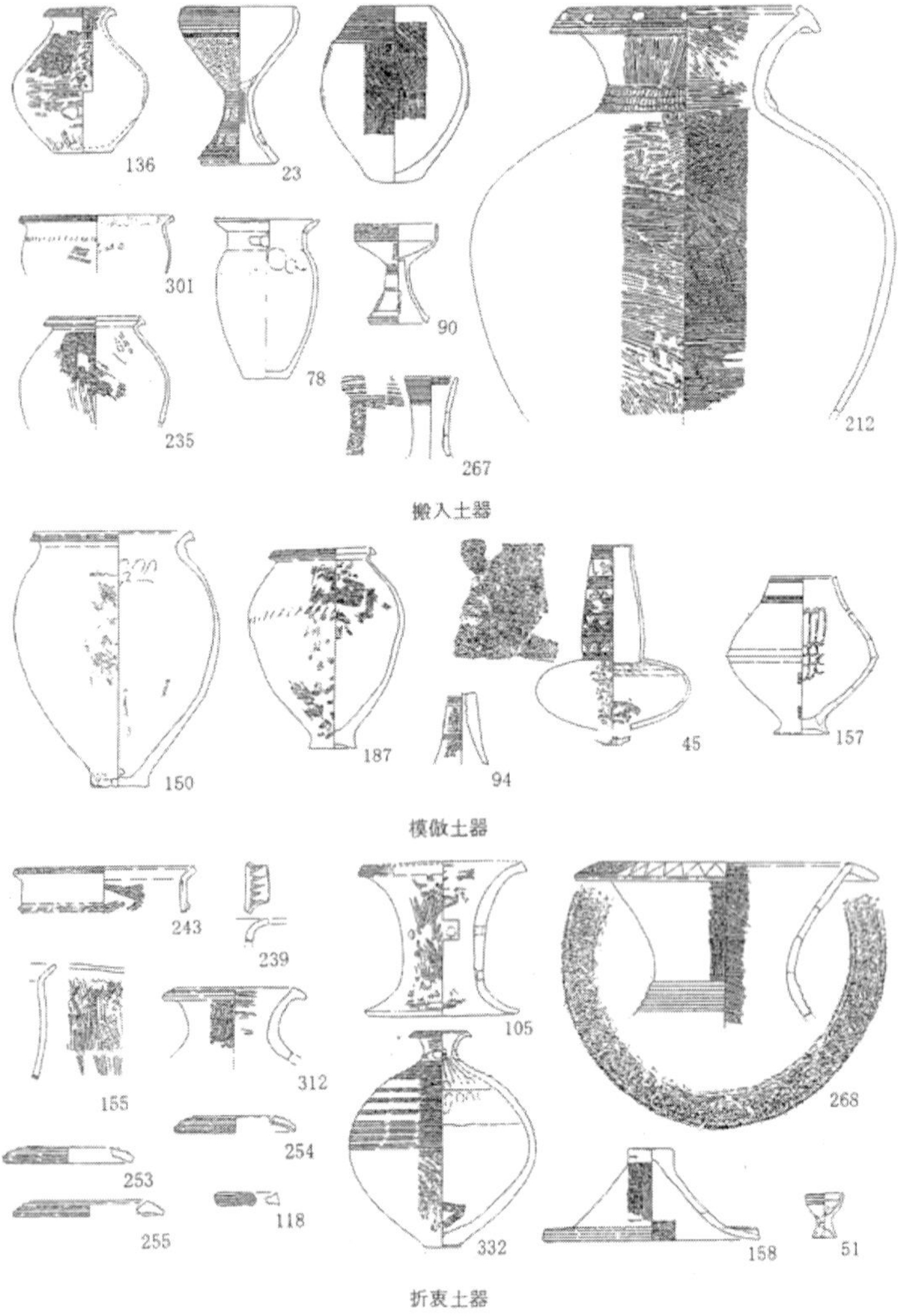

南部九州の瀬戸内系土器（引用は各報告書より・S=1/8・番号は第２表と対応）

図１０　南部九州の瀬戸内系土器（河野２０１１）

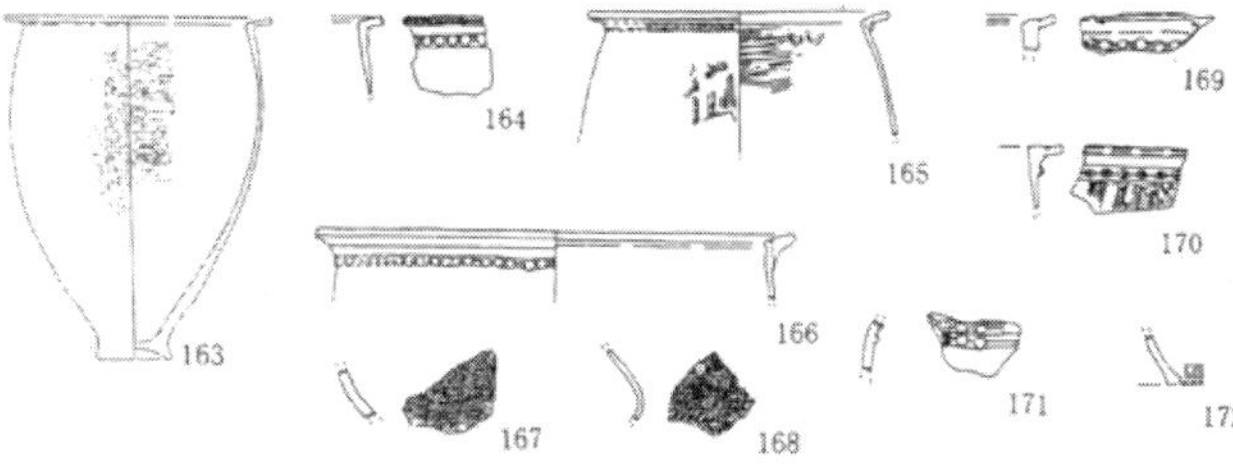

宮崎市宮崎小学校遺跡出土の伊予系土器
（宮崎市教育委員会2002・S=1/8・番号は第２表と対応）

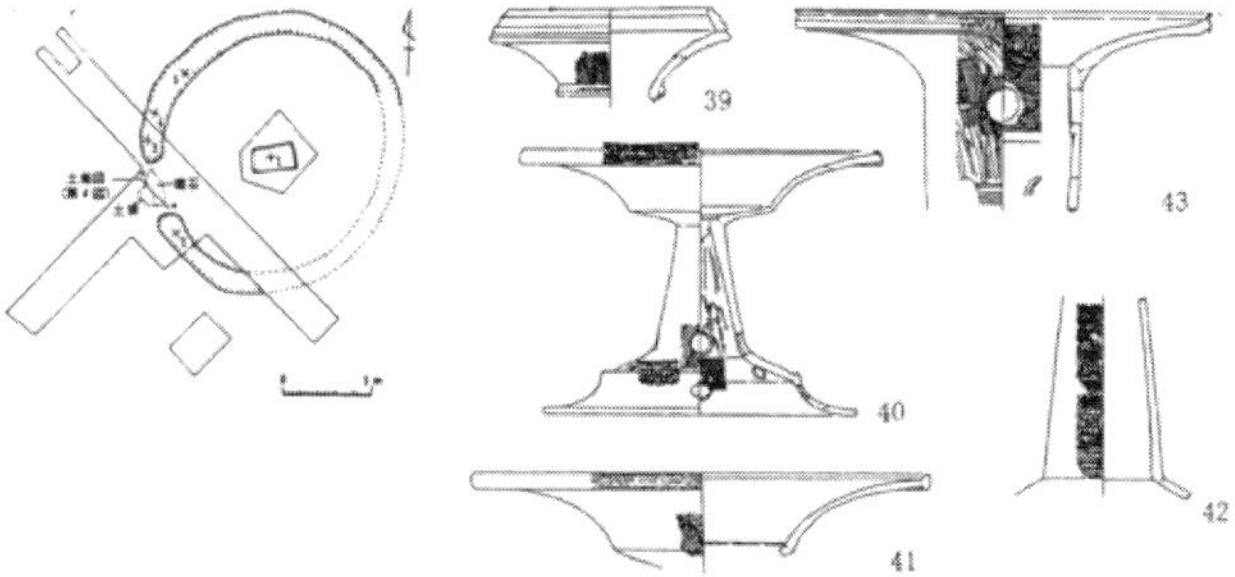

川南町東平下Ａ遺跡１号円形周溝墓（番号は第２表と対応）

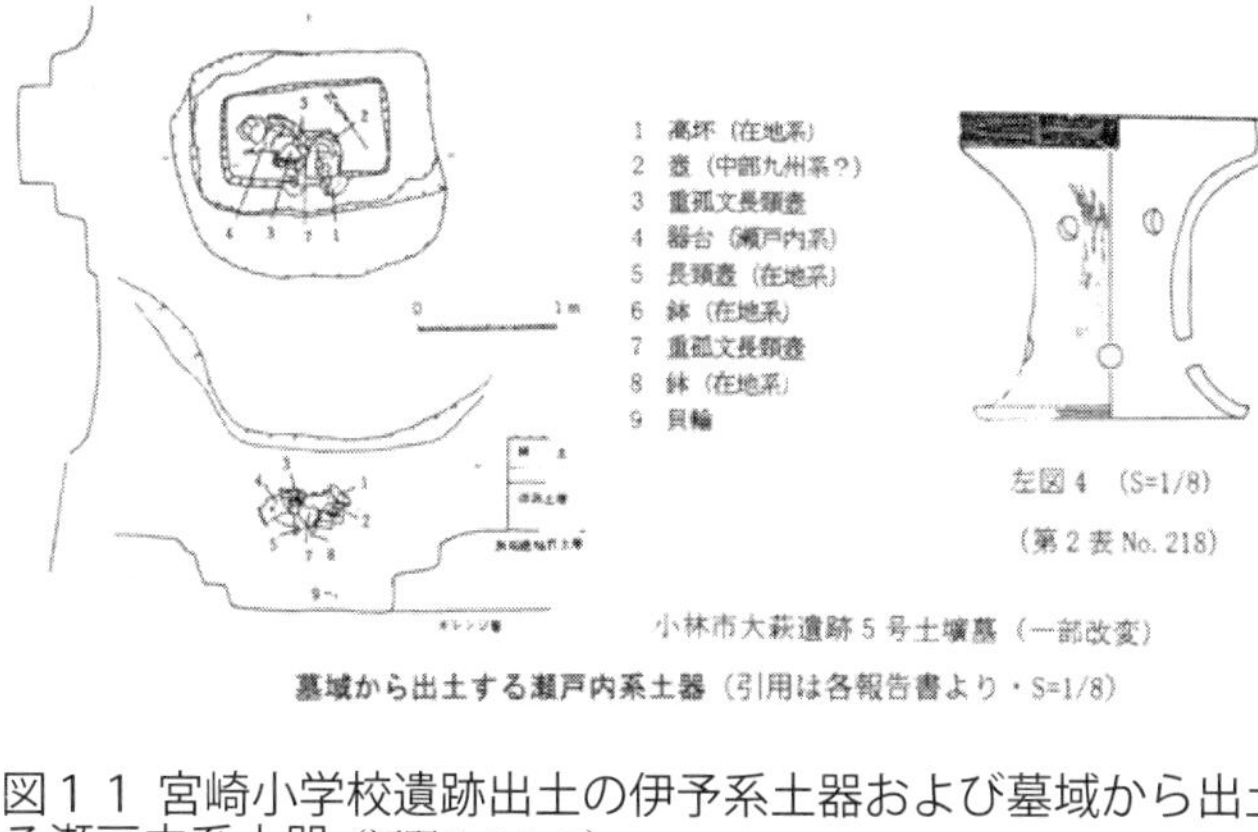

小林市大萩遺跡５号土壙墓（一部改変）

墓域から出土する瀬戸内系土器（引用は各報告書より・S=1/8）

図１１ 宮崎小学校遺跡出土の伊予系土器および墓域から出土する瀬戸内系土器（河野２０１１）

きる土器と、どうもこれは在地の人たちが搬入品をモデルにして作ったという模倣土器、さらに両者が考えながら作った折衷土器という三者の評価・識別が出来るようになってきました。

南部九州に入って来る瀬戸内系土器の実態。例えば、（図11）にも気になるものがありまして、宮崎小学校の伊予系の土器、43番の土器は南部九州系の器台にならないかなと思うのですが、胴に膨らみがあり、この特徴的な膨らみも伊予との関係が十分考えられます。40番の高杯は庄内式に併行する段階に特有の器台が南九州でも成立している可能性があります、量は少ないですが、鹿児島や宮崎ではこういう土器が一定量、今後出てくるのではないか。しかもそれが円形周溝墓に伴うものであると思います。

それから、高杯の欠落現象は以前から気になっておりましたが、（図12）をご覧いただくと、高杯の動向は東日本でも注目すべき現象です。近畿地方から高杯や器台の影響は雲出《くもず》川水系を経て伊勢湾西岸部に出るのですが、伊勢湾西岸部の土器には高杯・器台・水差があるのですが、古いものは雲出川水系の下流域に割と集中している。ところが伊勢湾を越えて遠江から三河に入っても、低下はしますが、一定量出るのです。天竜川を越えまして、弥生後期土器に縄目が付きますと、高杯が急激に三％、二％に減ってまいります。そして器台の方は無くなってしまうということで、よく似たありようを示しています。

南部九州のあり方というのは、私の目で見ますと、日本列島では天竜川とか千曲川を境にす

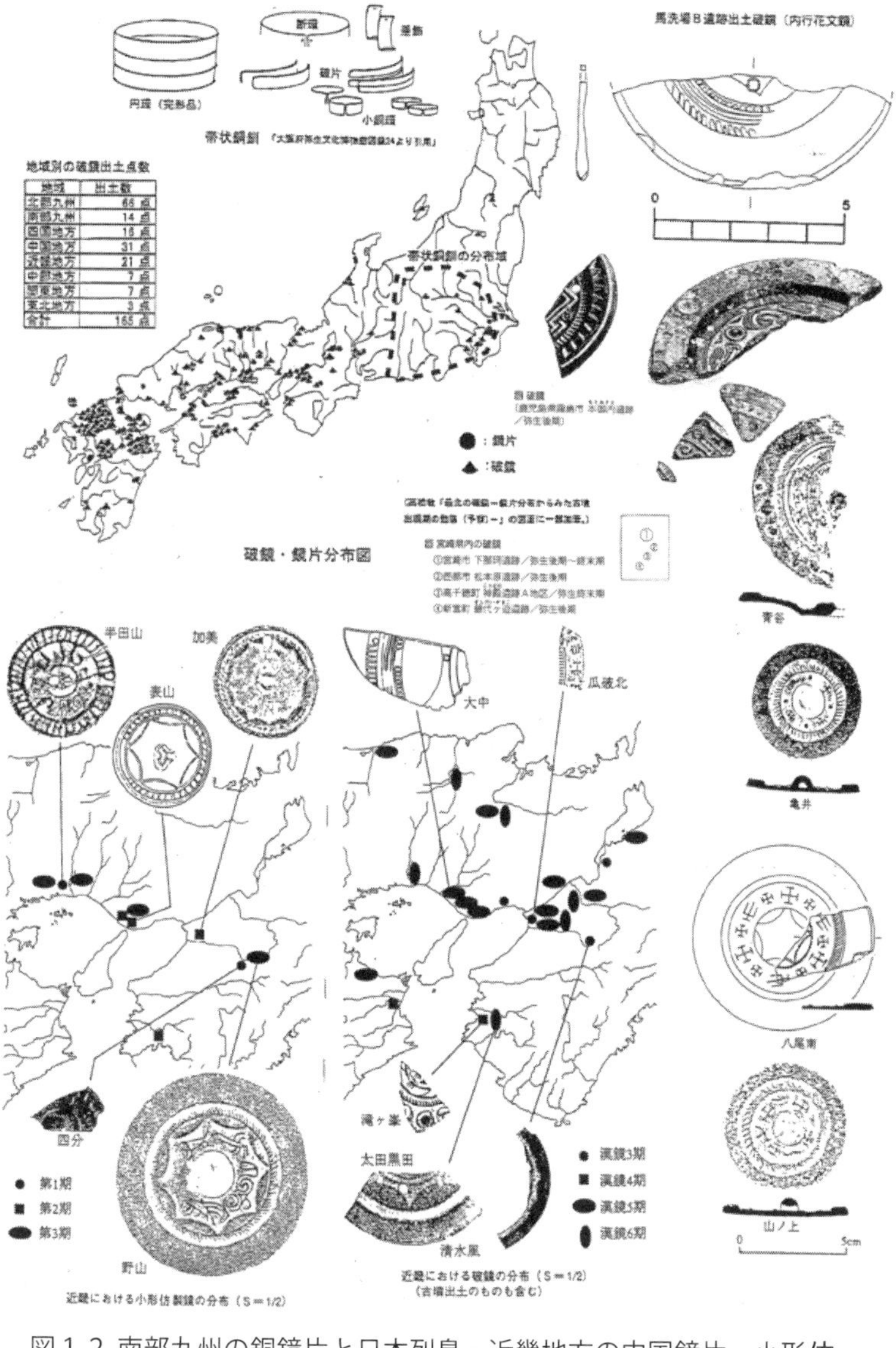

図１２ 南部九州の銅鏡片と日本列島・近畿地方の中国鏡片・小形仿製鏡の拡散（大阪府立弥生文化博物館２００７、滋賀県文化財保護協会資料、森岡２０１０、南健太郎２００９「近畿地方における漢鏡・小形？製鏡の拡散と銅鏡生産」『月刊考古学ジャーナル』５８２などから転載・改変）

る東日本の状況と良く似ています。土器の土着性が温存されるというのは、成川式系はそのままではないのですが、やはり南部九州の土器の個性が堅持されていくところがよく似ております。（図12）の一番上の図を見ますと、天竜川、千曲川以東の地域は帯状銅釧とか釧の中でも鉄釧などが分布しています。指輪のような大きさの銅環も分布しています。青銅器文化圏といっても、小青銅器がかなり分布している地域ですから、これを見ていますと、やはり別の世界が展開しているわけです。

七　青銅器文化の地域的位相

そこで思い出されるのは、前回、去年の邪馬台国シンポジウムで、この地域に狗奴国を想定するという見解が出され、関心を引きました。赤塚次郎さんは渋い顔をしておられましたが、石野博信館長が確か示唆されたと思います。私も実を言いますと、最近いろんなものを見て考えていることなのですが、邪馬台国位置論を畿内説で取りますと、狗奴国の位置関係は天竜川以東で考える、古く言えば山尾幸久説、もっと前にも文献学者が言っておられますけれども、そういうものに通じますので、南部九州が狗奴国と九州説の方が言われるとしたら、そこらあたりも実は共通点があると思います。

日本列島の歴史の中で邪馬台国論を考えるときに、東日本と対比しながら狗奴国論、邪馬台国位置論を考えるという二段構えをしなければいけないというふうに思うわけです。例えば、破鏡の入り方とか漢鏡の受け入れ方などは弥生時代の終りですと、やはりここに境界線がみられます。銅鐸埋納の分岐点も天竜川から東に越える銅鐸は一、二例ありますが、ほとんどはこのラインで止まるわけでありまして、注目すべき状況であります。高杯の欠落現象はすごく意味があると考えます。それから詳しく言いませんが、棟持柱を持つ掘立柱建物は今後注目してゆくべきで、昨日あまり出てこなかったのでありますが、大型建物は今のところ欠如しているようです。面積が六〇平方メートルから一〇〇平方メートルを超すような床面積を持つものは、東海地方ですと中里遺跡などにいわゆる第Ⅲ様式併行期に既に大きな建物、方形周溝墓群、そういったものが農耕文化の伝来とともに波及しておりますけれども、そういうあり方は北部九州からの農耕伝達との関係から言いますと、色々と要素が欠如している部分があるかもしれませんが、ただし、掘立柱建物は出ておりますから、今後注目すべき伝播問題があるようです。二〇平方メートル以下が多いと書いてありますが、最近三〇〜四〇平方メートルの建物が出ているかもしれません。そういう傾向があります。

こういう多様化にもう一つピークがありまして、薩摩域における他地域との交流の多様化が重要で、それが後期の終り頃にあるということであります。例えば広口壺に簾状文が入っているるものがあったり、列点文があったり、南部九州系の土器とはかなり違う異質なものが見られます。それから邪馬台国時代の先取りをするような広域化の動きが少し早まってみられる。近畿地方より少し古い時期に広域的な動きがあるという点も私は注目しております。

それから重孤文の長頸壺の系譜、起源と移動ルートが注目されます、昨日は鉄器との関係が重要視されていましたが、これは普通の土器ではありませんので、やはり免田式という注目すべき土器の動きがあろうかと思います。併行関係をたどるにふさわしい土器ではありませんが、叩きのある土器がありますね。（図13）に見るからに西部瀬戸内かなと思える土器がみられますが、ことによれば土佐東部、あるいは和歌山の南部などと関係づけられる土器が日向の古式土師器の中に含まれています。叩きの土器はなかなか相手にされないのですけ

図 日向の古式土師器
（左：宮崎県延岡《のべおか》市 山口遺跡／古墳初頭
右：宮崎県川南町 西ノ別府《にしのびゅう》遺跡
／古墳前期）

図１３ 日向の古式土師器（大阪府立弥生文化博物館２００７）

れども、注目度の高い土器で、大きな意味での大和系、畿内系の土器文化を考えるためには不可欠と考えます。

青銅器に関する感性は比較的行き届いているようにも見えます、私などは破鏡と鏡片とは厳密に分けるタイプの人間なのですが、破鏡のレベルのもの、鏡片を超えるレベルのものがあって、これが流入しているという状況が、宮崎、鹿児島の資料を見ていきますと、恐らく近畿の入り方に良く似ていると思われます。もっと言えば、大分県の保有の仕方、それが基礎となって入るのか、住居址から出ているか否かというのが一つメルクマールになりますけれども、今後増えていくのではないかと思います。小型の青銅器で大型の青銅器は出ませんけれども…。それからもうひとつ忘れてならない銅矛が一点あります。伝世的なものが出ておりますが、これは伊予との交流関係、伊予南部から入るルートを考える問題に関連掲示できる遺物であります。

時間の関係で鉄器のことは討議の時に私の考えを申し上げるとして、鉄器の状況の対比は、昨日村上さんが非常に細かく話しておられましたので、ここでは省きたいと思います。

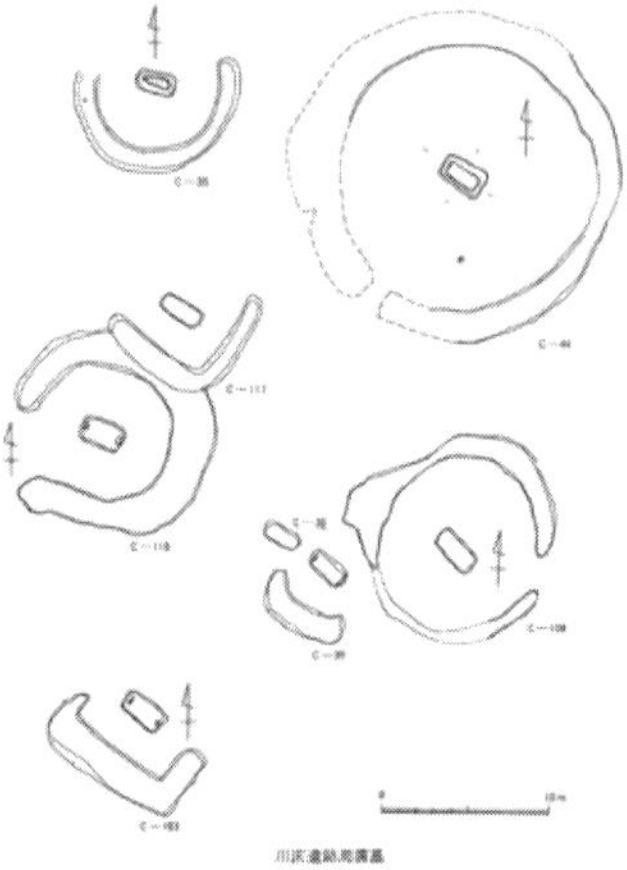

川床遺跡は、出土した土器から、弥生時代後期後半～古墳時代初頭（布留式併行期）に、また、鉄製品と出土土器から後期前半に一部逆上る可能性を秘めた大墓地空間（墓地）と考えられる。

時期区分	主な周溝墓	
弥生時代後期後半		C—三五号円形周溝墓
弥生時代後期末	B—一三六号円形周溝墓 B—一六一号円形周溝墓	C—一一六号円形周溝墓 C—一一七号方形周溝墓 C—一二二号円形周溝墓
弥生時代終末期（庄内式併行期）	B—一四九号円形周溝墓 B—一四一号方形周溝墓	C—一五号円形周溝墓 C—一〇八号円形周溝墓 C—一〇三号方形周溝墓

図１４ 宮崎県 川床遺跡周溝墓（宮崎県１９８９）

八　海が結ぶ円形周溝墓の波及

お墓の方で注目すべきは、円形周溝墓の存在であります。これは調べていきますと、古いものは中期にあるようなのですが、極端に増えるのは後期の中頃から後半、終末期あるいは庄内併行期でありまして、これは邪馬台国の時代とも触れ合う要素であります。

（図14）をご覧いただきますと、宮崎県の川床遺跡で時期的には弥生時代の後期後半から後期終末、弥生時代の終わり、庄内併行期、あるいは古墳時代初頭と言われる方もおられますが、比較的長期間に周溝墓があって、しかもなかには方形周溝墓と一緒に存在しているものもあります。こういうありようは、近畿では摂津、丹波、近江辺りに出てくる状況とよく似ております。何故かと言いますと、墓制、葬制としての起源は弥生の前期に遡りますけれども、こういうお墓はその後ずっと盛行する地域、分布エリアを変えてゆきます。その時に北部の長野県の北陸から入って来るルートがあって、鉄器が直接日本海ルートで入ってきて北信に入ったり、あるいは群馬に抜けていくというルートがありますが、そういう所に円形周溝墓が強力な伝播力を示す。この図を見て頂くと判りますが、必ず一棺埋葬でこれが鉄則のようであります。私も円形周溝墓の発掘現場によく確認に行きますが、墓棺が出る場合は必ず土坑墓であろうと木棺が据わろうと、必ず一棺であります。多数埋葬をほとんどみない。これは方形周溝墓の形勢と全然違う点であります。だからこれが後期の後半から宮崎で主流になる墓制だとすると、むしろ東日本を含めて考えないといけないと思います。前方後円墳の出現状況を考える上でも見逃せない点であります。例えば、ここの復元では途切れている部分があります。こういうものがどういうふうに発達するかという肥大過程は南部九州でも押えていく必要があろうかと思いますので、そういう目でこれを考えないといけないのです。

邪馬台国時代の動向の中で昨日問題になっています檍1号墳とか、生目古墳群、西都原古墳群など、これらは随分、編年的な位置づけが柳沢一男さんによりなされました。克明に最近の考えを出されていましたが、変更も加わり、編年も流動的になっていますが、これらについて、私がここで提示しておきたいことは、纒向型の形式は宮崎においても容認しておるということです。

私の立場は、寺澤薫さんが言っておられる纒向型の墓を前提に考えないと、宮崎の前方後円墳は成立そのものが考えにくいということであります、ただ言葉として纒向形という時の「カタ」は人形の「形」を使っております。何故かと言いますと、纒向形の前方後円墳はおそらく一定の時間幅がありまして、各地域、特に遠隔地には時間が遅くなるものが含まれると考えるべきで、宮崎もその中に入る地域と考えられます。けっして同時期、同時存在で並んで来るものではないと考えられますので、各地域で遅くまでどうなるのか、起源は各地域でどうなるのか、併行関係よりも何処まで残って行くか、何処に出現期があるか、という辺りが論点になるかと思います。纒向形の用語法についてはかなり拘りがありますので、そのことを書いておきました。

九　おわりに

エピローグとして、多岐に及んだ話の集約を述べて終わりにしたいと思います。九州というのは、邪馬台国論の論者から言いますと、各地域に比定される方がおられて、私がざっと読んだ本の上でも約三〇カ所くらいの邪馬台国比定地が出て参ります。九州島内部にもさまざまな考えの方がおられるのだと判ります。中には高千穂とか霧島とかそういう山全体が邪馬台国と言う方もおられるようでありますが、一番肝要なことは、南九州にみられる近畿の直接的影響力が少ない状況下で早くから導入されている中期の段階、あるいは弥生後期の段階から導入されている海のルートを考えますと、複眼的に複数のルートを考えないといけないと思います。

例えば、伊予でも文京遺跡のあたりからいきなり来るようなルートではなしに、宇和島とか少し北の辺りの地域、そこから豊後あるいは直接宮崎平野に入るというようなルートが今回の議論の中に必要不可欠なルートであります。もう一つは、和歌山から土佐、土佐東部から九州南部に入るルート。私も逆ルートで宮崎から大阪に帰る時に太平洋ルートを船で帰ったことがありますが、このルートは土器の様相からも捨てておけないと思います。

それから成川式の動き。これは社会構成体から言いますと、首長制移行の段階から表現いたしますと、少し北部九州とか近畿に比べて、社会構造がトライヴ、部族関係の様相が南部九州ではより縛りがきついのではないかと思います。つまり、部族的構成体というのは広い範囲で部族的象徴というモニュメントや象徴的器物を持ちますから、細切れな首長制のありようではなくて、大きな部族連合的なものが存在しているというイメージがあります。それが南部九州を大きく覆っていると。

これは邪馬台国のイメージから言いますと、旁国の広がりに繋がる。旁国というのは、畿内の中心にあります邪馬台国から周縁に向けて二十一あるという旁国のことであります。遠絶にして詳細が判らないというような記載がありますが、それにこだわりますと、こういう文物の動きは最終的には邪馬台国と無関係ではなくて、最も南縁部に遠隔地として存在する旁国の一国の形勢が既に三世紀の段階、あるいは二世紀の後半にはあったであろうと考えられます。だから、邪馬台国ネット圏に遠隔地で入る意義が南部九州の地域にはアプリオリにあったと考えられます。リニアーな交渉をみせる北部九州奴国から東にある邪馬台国畿内説を採ったとしても、五〇〇キロメートルは離れているこの地域が旁国圏の端ということで私は理解しております。その繋がりが縄文晩期から以降にかけて連綿とある歴史の深さ、重みを強く感じます。それは、私が六回目に南部九州を又訪れたいという動機、期待につながるぐらい意識的に見ている地域であります。もし鹿児島、宮崎の考古資料とか遺跡を訪れていない方がここにおられましたら、是非そういう課題を持ってみるべき地域でございますので、二上山博物館のふたかみ史遊会のみなさんは、大勢でこの夏、見聞旅行をされたらいかがかというふうに思います。

〔参考文献〕

網干善教　一九八五「古墳築造よりみた畿内と日向」『関西大学考古学等資料室紀要』第2号
安城市歴史博物館　二〇〇一『開館10周年記念特別展　弥生の絵画 倭人の顔―描かれた二〇〇〇年前の世界―』
池畑耕一　一九七六「石包丁にみられる瀬戸内地方と宮崎県との関係」『宮崎考古』第2号　宮崎考古学会
池畑耕一　一九九二「南九州での掘立柱建物出現の意味するもの」『究班』　埋蔵文化財研究会15周年記念論文集　埋蔵文化財研究会
石川悦雄　一九八三「日向における外来系土器の伝播とその地域性(1)―瀬戸内・畿内系土器の流入とその展開―」『研究紀要』9　宮崎県総合博物館
石川悦雄　一九九一「宮崎における弥生時代竪穴式住居の展開」『宮崎県史研究』第5号　宮崎県
石野博信　一九九〇「第4章 人の移動と住居型の地域性3三世紀の住居型と地域性2 南部九州地方の住居型」『日本原始・古代住居の研究』　吉川弘文館
石野博信・高島忠平・西谷　正・吉村武彦・禰宜田佳男　二〇一一『研究最前線 邪馬台国　いま、何が、どこまで言えるのか』朝日選書878　朝日新聞出版
石野博信 編　一九九五『全国古墳編年集成』　雄山閣出版
石母田正　一九七一「古代における『帝国主義』について―レーニンのノートから―」『石母田正著作集』　4　岩波書店　一九八九所収
井上辰雄　一九七四『隼人と大和政権』　学生社
梅木謙一　一九九五「西瀬戸内地方における弥生中期の土器様相」『古文化談叢』第34集　古文化研究会
梅木謙一　一九九九「伊予における土器交流拠点―松山平野の畿内系土器と宮前川遺跡―」『庄内式土器研究』X

X　庄内式土器研究会

梅木謙一　二〇〇四「四国・南九州間における凹線文土器の交流」『西南四国―九州間の交流に関する考古学的研究』平成14～15年度科学研究費補助金（基礎研究（C）1代表 下條信行）

梅木謙一　二〇〇五「伊予の絵画土器」『考古論集―川越哲志先生退官記念論文集―』記念事業会

上村俊雄　一九八四『隼人の考古学』考古学ライブラリー30　ニューサイエンス社

上村俊雄　一九九一「墓制からみた隼人世界」『新版古代の日本』角川書店

上村俊雄　二〇〇七「岡山市南方（済生会）遺跡出土の入来Ⅱ式土器」『考古学ミュージアム調査研究報告』第4集　鹿児島国際大学国際文化学部博物館実習施設考古学ミュージアム

大阪府立弥生文化博物館　二〇〇七『平成19年秋季特別展 日向・薩摩・大隅の原像―南九州の弥生文化』

小田富士雄　一九七〇「畿内型古墳の伝播」『古代の日本』3　九州　角川書店

乙益重隆　一九七〇「襲・隼人のクニ」『古代の日本』3九州　角川書店

面高哲郎　一九八〇「宮崎県下出土の線刻ある弥生土器」『考古学雑誌』第66巻第1号　日本考古学会

河野裕次　二〇一一「南部九州における弥生時代瀬戸内系土器の基礎的研究」鹿児島大学リポジトリ地域政策科学研究

加覧淳一　二〇〇九「宮崎県における弥生時代後期の社会変化」『弥生時代後期における社会変化　発表要旨・資料集』　第58回埋蔵文化財研究集会

岸本直文「前方後円墳築造規格の系列」『考古学研究』第32巻第4号　考古学研究会

木下尚子　一九九六「古墳時代南島交易考―南島産貝釧と貝の道を中心に―」『考古学雑誌』第81巻第1号日本考古学会

久家隆芳　二〇〇四「幡多地域における古式土師器の成立について」『西南四国―九州間の交流に関する考古学的研究』前掲
葉畑光博　二〇〇〇「中溝式土器の検討―宮崎県における弥生時代中期後半から後期前半にかけての土器編年にむけて―」『古文化談叢』第45集　九州古文化研究会
合田幸美　二〇〇七「南九州の弥生絵画と記号」『平成19年秋季特別展 日向・薩摩・大隅の原像―南九州の弥生文化』大阪府立弥生文化博物館
近藤　玲　二〇一一「中・四国東部地域」『講座 日本の考古学』5 弥生時代（上）甲元眞之・寺沢　薫編　青木書店
設楽博己　一九九〇「線刻人面土器とその周辺」『国立歴史民俗博物館研究報告』第25集　国立歴史民俗博物館
柴田昌児　二〇一一「中・四国西部地域」『講座 日本の考古学』5 弥生時代（上）前掲
下條信行　二〇〇二「瀬戸内における石包丁の型式展開と文化交流」『四国とその周辺の考古学』犬飼徹夫先生古稀記念論集刊行会
下山　覚　一九九五「考古学からみた隼人の生活―『隼人』問題と展望―」『西海と南東の生活・文化』古代王権と交流8 名著出版
鈴木重治　『日本の古代遺跡25 宮崎』保育社
平　美典　二〇〇九「鹿児島県における弥生時代後期の社会変化」『弥生時代後期における社会変化』前掲
田崎博之　一九九五「瀬戸内における弥生時代社会と交流―土器と鏡を中心として―」『瀬戸内海地域における交流の展開』古代王権と交流6　名著出版
田中　聡　二〇〇四「蝦夷と隼人・南島の社会」『日本史講座』第1巻 東アジアにおける国家の形成　東京大学出

版会
田中　聡　二〇〇七「隼人・熊襲と古代国家」『日向・薩摩・大隅の原像』前掲
田中　茂　一九七〇「瀬戸内地方直系高坏の新例」『宮博館報』17 宮崎県立博物館
次山　淳　一九九七「初期布留式土器群の西方展開―中四国地方の事例から―」『古代』第１０３号
辻田淳一郎　二〇〇七『鏡と初期ヤマト政権』すいれん舎
都出比呂志　一九九一「日本古代国家形成論序説―前方後円墳体制論の提唱―」『日本史研究』３４３　日本史研究会
寺澤　薫　二〇〇〇『日本の歴史02 王権誕生』講談社
寺澤　薫・森岡秀人編　一九八九『弥生土器の様式と編年』近畿編Ⅰ　木耳社
寺澤　薫・森岡秀人編　一九九〇『弥生土器の様式と編年』近畿編Ⅱ　木耳社
出田和久　二〇〇九「九州地方における前方後円墳の分布―墳丘の規模と内部構造・副葬品の時期別分布を中心に―」
堂込秀人　二〇〇五「鹿児島県の石器からみた弥生時代の様相」『考古論集』前掲
中園　聡　一九九七「九州南部地域弥生土器編年」『人類史研究』第９号　人類史研究会
中園　聡　二〇〇四『九州弥生文化の特質』九州大学出版会
中村明蔵　二〇〇一『隼人の古代史』平凡社新書１１９　平凡社
中村明蔵　一九九三『隼人と律令国家』名著出版
中村直子　一九八七「成川式土器再考」『鹿大考古』第６号　鹿児島大学法文学部考古学研究室
長津宗重　一九八五「日向型間仕切り住居研究序説」『宮崎学園都市遺跡発掘調査報告書』第２集　宮崎県教育委

員会
永山修一ほか　一九九九『鹿児島県の歴史』　山川出版社
西谷　彰　二〇〇五「弥生時代における土器の長距離移動」『待兼山考古学論集　都出比呂志先生退任記念』　大阪大学考古学研究室
橋本達也　二〇一〇「古墳築造南限域の前方後円墳―鹿児島県神領10号墳の発掘調査とその意義―」『考古学雑誌』第94巻第3号　日本考古学会
橋本達也　二〇〇三「副葬鉄器からみる南九州の古墳時代」『前方後円墳築造』
橋本達也　二〇〇六「唐仁大塚古墳考」『鹿児島考古』40　鹿児島県考古学会
橋本達也　二〇〇九「古墳研究と熊襲・隼人」『シンポジウム「熊襲・隼人の時代を語る」』黎明館企画特別展「古代ロマン北南～三内丸山VS上野原～」関連行事資料集　鹿児島県歴史資料センター黎明館
橋本達也　二〇一〇「古墳時代交流の豊後水道・日向灘ルート」『弥生・古墳時代における太平洋ルートの文物交流と地域間関係の研究』　高知大学人文学部
橋本裕行　一九八七「弥生土器の絵」『季刊考古学』第19号　雄山閣
橋本裕行　一九八九「弥生時代の絵物語」『古代史複元』5弥生人の造形　講談社
原島礼二　一九七九『古代の王者と国造』歴史新書 日本史16　教育社
春成秀爾　一九九一「絵画から記号へ―弥生時代における農耕儀礼の盛衰―」『国立歴史民俗博物館研究報告』第35集　国立歴史民俗博物館
春成秀爾　二〇〇〇「変幻する龍―弥生土器・銅鏡・古墳の絵―」『ものがたり日本列島に生きた人たち』5絵画　岩波書店

春成秀爾　二〇一一『祭りと呪術の考古学』塙書房
東　和幸　二〇〇六「南九州地域の龍」『原始絵画の研究』論考編　六一書房
東　和幸　二〇一一「九州南部地域」『講座 日本の考古学』5 弥生時代（上）青木書店
東　憲章　二〇〇五「前方後円墳と地下式横穴墓」『季刊考古学』第90号　雄山閣
樋口隆康　一九五五「九州古墳墓の性格」『史林』第38巻第3号　京都大学文学部
広瀬和雄　二〇〇三『前方後円墳国家』角川選書　角川書店
藤田三郎　一九九八「弥生時代の絵画・記号」『考古学による日本歴史』12 芸術・学芸とあそび　雄山閣
北郷泰道　一九八九「南九州における間仕切土壁住居の成立と終焉」『宮崎県史研究』第3号　宮崎県
北郷泰道　一九九四『熊襲・隼人の原像』吉川弘文館
北郷泰道　一九九五「クマソ・ハヤトの墓制」『西海と南島の生活・文化』古代王権と交流8　名著出版
北郷泰道　二〇〇五『日本の遺跡1　西都原古墳群』同成社
北郷泰道　二〇〇七「南九州の果実と結実～第3の弥生文化とそれから～」『日向・薩摩・大隅の原像』前掲
北郷泰道　一九八五「宮崎県」『日本史・空から読む』第1巻　日本航空写真文化社
本田道輝　一九八六「松木薗遺跡の線刻土器」『鹿児島大学考古学会会報』第1号
松永幸寿　二〇〇四「日向における古式土師器の成立と展開」『西南四国―九州間の交流に関する考古学的研究』前掲
松元一浩　二〇〇七「まとめ」『湯牟田遺跡（二次調査）』宮崎県埋蔵文化財センター発掘調査報告書第152集　宮崎県埋蔵文化財センター
都城市　一九九七『都城市史 通史編』自然・原始・古代

宮崎県　一九八九『宮崎県史 資料編』考古1
宮崎県　一九九七『宮崎県史 通史編』原始・古代1
村尾次郎　一九七四「『魏志』倭人伝考証」『史学論集 対外関係と政治文化』第二　吉川弘文館
森岡秀人　一九九二「古墳祭祀のはじまり」『新版古代の日本』５近畿Ⅰ　角川書店
森岡秀人　一九九四「鏡片の東伝と弥生時代の終焉」『倭人と鏡─日本出土中国鏡の諸問題─』第35回埋蔵文化財研究会発表要旨集・当日配付追加資料プリント
森岡秀人　一九九八「年代論と邪馬台国論争」『古代史の論点』４権力と国家と戦争　小学館
森岡秀人　二〇〇六「三世紀の鏡─ツクシとヤマト─」『邪馬台国時代のツクシとヤマト』　学生社
森岡秀人　二〇一〇「弥生系青銅器からみた古墳出現過程」『日本考古学協会二〇一〇年度兵庫大会研究発表資料集』兵庫大会実行委員会 編
森岡秀人・西村　歩編　二〇〇六『古式土師器の年代学』（財）大阪府文化財センター
森貞次郎　一九五八「弥生文化の発展と地域性 九州」『日本の考古学』Ⅲ弥生時代　河出書房
柳沢一男　一九九五「日向における古墳時代前期首長墓系譜とその消長」『宮崎県史研究』9
柳沢一男　一九九八「宮崎県生目古墳群」『季刊考古学』65　雄山閣
柳沢一男　二〇〇〇「西都原古墳群」『季刊考古学』第71号　雄山閣
柳沢一男　二〇〇三「南九州における古墳の出現と展開」『前方後円墳築造周縁域における古墳時代社会の多様性』九州前方後円墳研究会
山尾幸久　一九八六『新版魏志倭人伝』講談社現代新書

6　二・三世紀の西日本太平洋航路
―纒向式土器・土器絵画・纒向型古墳―

石野　博信

いまからちょうど四〇年前になりますけれども、一九七一年に纒向遺跡の調査をたまたま担当することになりました。五年間ほど私が調査を担当し、その後は寺澤薫さんが、五・六年続け、今現在まで一七〇回余り、桜井市埋蔵文化財センターが中心になって発掘調査を続けています。そしてようやく一昨年、二〇〇九年に大型の建物群が現れました。

一　桜井図書館所蔵の「南九州系」土器

一九七一年当時、今埋蔵文化財センターのあるところに桜井市の図書館がありまして、そこに桜井市内から出た土器が何点か置いてありました。その中に勝山池採集という、あまり見たことのない妙な土器のカケラがありました。大きさ一〇センチくらいのカケラですけれども印象として鹿児島辺りの成川式土器ではないのかなという印象を持ちました。

その後、調査が続いて一九七六年に報告書が出来るのですけれども、報告書を作る二年くらい前だと思いますが、その土器のカケラを持って九州を一回りしました。あちこちで「これ福岡で出ませんか」とか、「熊本で出ませんか」とかというようなことで一回りしたのですが、全部断られました。「俺のところの土器ではない」と言われました。私はその時思ったのは、昔コーヒーのＣＭで「違いのわかる男は…」というのがありましたが、土器が判り過ぎた人間は駄目だな、と妙なことを思いました。というのは、違いが判るのですね。その地域の土器を常に観察していますから共通点よりも違いの方が気になるのです。ですから〝似ているけれども〟という説明がなくて、違うという言葉が最初に出てきます。ですからずっと断られっぱなしで、大いに期待した鹿児島でも断られました。それでも、大分辺りで「そう言われれば似ている土器も…」ということでしたが、それでも引き取ってもらえませんでした。私はその時に大分や鹿児島で土器を見てもらった人に言いました。〝近畿地方ではこういう土器がつくられているはずがないのです、近畿から一番近い所でこういう形の土器が出てくるのは九州しかないのです、何とかしてくれ〟と言いましたが、とにかく違うと言われてしまいました。

そこから三・四世紀の近畿と南九州との関係を気にし始めました。今回、南九州と近畿の邪馬台国時代を取り上げることになった遠因です。

その後、三、四年くらい前に纒向勝山古墳の周濠でもある勝山池の堤を改修する工事を行うことになりまして、橿原考古学研究所が調査をすることになりました。この調査で周濠内の土器群の中に九州系と思われる土器のカケラが、発掘現場で見ただけで三、四点くらい出てきております。そこから一緒に出てくる地元の土器は纒向4類と呼んでいる時期です。一九七六年に作りました報告書では纒向3式の新しい段階と呼んだ土器です。遺構の名前で呼びますと辻土坑四と呼んだ土器と同じ時期のものです。寺澤分類でいきますと布留0式という時期になります。そういう時期と一緒に九州系と思われる土器のカケラが数点出てきました。私の年代観では三世紀後半の時期になります、後半でも第4四半期を含む時期だと考えます。そういう時期の南九州系の土器がいくつか来ていると当時、思いました。今現在は、色々な人に見ていただきまして、西部瀬戸内の大分県の辺りの土器の可能性があるように思います。

纒向は他にも九州から東海東部、あるいは関東南部辺りまでの土器や日本海沿岸の越中とか加賀とか、あるいは出雲世界の土器とかが出てきます。纒向出土の外来系土器の西端の地域になるのが南九州、薩摩辺りの土器ではないかと思ったのが外来系土器調査のきっかけでした。

二　二・三世紀の西日本の海路

今日は二世紀から三世紀の西日本の太平洋航路を検討します。太平洋ルートは邪馬台国時代の西日本のルートとしてあまり注目されていないのではないかと思います。私は邪馬台国大和説ですが、邪馬台国が九州にあろうが、関東にあろうが、日本列島のどこにあっても、三世紀段階の近畿地方、とくに奈良県に大型古墳を連続して造るような地域勢力があったのは事実です。その政権を、仮にヤマト王権としておきます。

そう考えますと、ヤマト王権にとって現在の中国あるいは韓国の地域とさまざまな交流を行おうとしますと、ルートは限られてくると思います。日本海ルートと瀬戸内ルートと太平洋ルートしかありません。

通常は瀬戸内ルートが中心でありますが、ここにはキビ王権がありますからそう簡単に通してくれるわけではないと思います。仲が良い時は通してくれますが、いったんもめたら簡単に通してはくれません。また瀬戸ですから潮の流れの速いところが沢山ありますし、岡山と香川の間にあります塩飽《しわく》諸島、あるいは広島から愛媛の間にあります芸予諸島など、島々があって、その地域の潮の動きをよく判っている人間でなければ、あちこちで衝突や座礁にあって沈没してしまうことが考えられます。瀬戸を通るときには地元の海人の協力が無いと簡単には通れないということであります。後に村上水軍などという海賊と言われるような水軍が各地に生まれるわけですが、そういう動きは弥生時代以来にも当然あったと思います。

そうなると別のルートを確保しておきたい、その一つが日本海ルートだと思います。日本海ルートの場合でも、大和からですと木津川・淀川を遡って、琵琶湖から若狭湾に出て、丹波・丹後のタニハの地域から但馬、出雲世界の沖合を通って西に向かう航路です。タニハにも出雲にも大きな地域勢力があります。ですから、吉備沖が通れないから日本海航路に向かうとしても、出雲世界とも常に連携しておかなくては無事には通れないということであります。そしてそこも危ない。

関係がうまくいっていない時には太平洋ルートも確保しようとしたのではないか、大和としてはやはり確保せざるを得ないのではなかったかと思います。

私が太平洋ルートを気にし始めた最初は、和歌山県南部の堅田遺跡で弥生前期の鉇《やりがんな》の鋳型が出た時です。あそこは大阪湾ではなくて、太平洋に面している地域になります。淡路島と和歌山の間の紀淡海峡よりはるかに南です。そういう所に弥生前期の青銅器を作る技術が九州からやってきたのではないか。九州から来る場合、瀬戸内海ルートが普通に考えられるけれども、太平洋に面した位置から考えると、太平洋ルートがもしかしたらと思ったのです。しかし、そう簡単に土佐の沖を通れるか、丸木舟に毛の生えたような船で簡単に通れるのだろうかという疑問点もあり、そのままになってました。

その後に、高知県の出原恵三さんが、私の七〇歳の時の記念論文集に高知県の庄内式併行の土器をまとめて論文を書いてくれました。それをお願いしたきっかけは一九九四年九月に高知県埋蔵文化財センターへ行って色々な土器を見せてもらったときです。その時、弥生の終り頃から古墳時代の初めころの土器を見せてほしいということで、収蔵庫の中の整理箱の土器のカケラを見せてもらいました。箱の中にはいわゆる庄内甕、本来の纒向式土器が沢山ありました。

三　庄内式と纒向式

私は近畿の三世紀の土器様式名として「庄内式」は使用せず、「纒向式」と呼びかえています。その理由を簡単に説明します。庄内遺跡は大阪府豊中市にあるのですが、そこはいわゆる庄内式土器の生産地ではありません。庄内式土器は、奈良国立文化財研究所におられた田中琢さんが東京国立博物館にある資料が弥生時代後期の近畿Ｖ様式と古墳前期の布留式との中間の特色を持っているということに気が付いて一九六四年に提唱した土器様式名ですが、それより前に原口正三さんが大阪府船橋遺跡と上田町遺跡の調査資料をもとに弥生後期と古墳前期の中間の土器群を識別していました。それが、一九七一年以降の纒向遺跡の調査によっていわゆる庄内式土器が沢山出てきました。

纒向式土器は近畿地方のどういう所に沢山あるのでしょうか。それは奈良盆地の東南部、桜井市とか天理市の地域、大阪平野の八尾市とか東大阪市の地域などでは土器の中の約五〇％くらいが纒向式土器で、残りは弥生後期のＶ様式系統の土器が一緒に使われているという段階だということが判ってまいりました。豊中市庄内遺跡の地域は主に庄内式土器を使っている地域ではなく、せいぜい一割くらいあるだけで客体的にしか使っていない、そういう所の遺跡の名前をとるのは良くないだろうと考えました。纒向の報告書を作った時に、一番最初に土器様式名について指摘されたのは原口正三さんです。纒向式土器を設定しておりながら庄内式という名前を使うのかと怒られました。主に使われている地域の名前に戻すべきであろうと思いました。活字で提唱したのは今回が初めてであります。

今後は纒向式土器と呼ぶべきで、近畿地方の三世紀の土器、今まで庄内式と呼ばれていた土器は纒向式土器と呼んでいきます。

四　土佐と阿波の纒向式土器

ということで、纒向式土器が高知県の中央部にかなり沢山あるということが判ってまいりま

1 稗地遺跡	9 西分増井遺跡	17 永田遺跡
2 拝原遺跡	10 馬場末遺跡	18 松ノ木遺跡
3 江見遺跡	11 東江曲遺跡	19 田畠遺跡
4 林田遺跡	12 仁ノ遺跡	20 大鶴津遺跡
5 泉ヶ内遺跡	13 八田神母谷遺跡	21 船戸遺跡
6 五軒屋敷遺跡	14 居徳遺跡	22 具同中山遺跡群
7 小籠遺跡	15 天神遺跡	23 西ノ谷遺跡
8 介良遺跡	16 襟野遺跡	

図１　南四国の畿内系土器出土遺跡分布図

した。なんでこんなところに出るのだろうと考えましたが、出原さんが作ってくれた図面（図１）があります。高知県で出土した纒向式土器の分布図を見ますと、高知市を中心に西は仁淀川、東は物部川流域の各遺跡にかなりあるということが判ってまいりました。そうしますと、この土器が山越えで来たとすれば香川県あるいは愛媛県から来ることになるのですが、香川、愛媛では土佐ほど纒向式土器を持っている遺跡はありません。そうすると太平洋ルートで来たのだろうかということになります。

一九六二年に、大阪市天保山近くの源兵衛渡しから小さな汽船で室戸岬を経由して土佐に行ったことがありますが、かなりきついと思いました。ものすごい船の揺れ方で、そう簡単に航海できるものではないなと思ったことがありました。三世紀に本当にそんな航路があるのだろうか、もしそれがあるとすれば和歌山の西海岸とかあるいは徳島の東海岸の太平洋に面したところで纒向式土器を沢山出すような遺跡が無いとおかしいと思いました。一気には行けませんので、それぞれの土地に寄って水などの供給を受けながら航海する必要がありますから、そういう遺跡がほしいなと思っておりました。

そのようなときに二〇〇四年一二月、徳島県の南部にあります海部町芝遺跡から纒向式土器とよく似た土器が沢山出てくるということを調査を担当した林田真典君が教えてくれましたので、現地に行きました。（図２）にあります纒向甕と土佐甕が沢山出てきました。

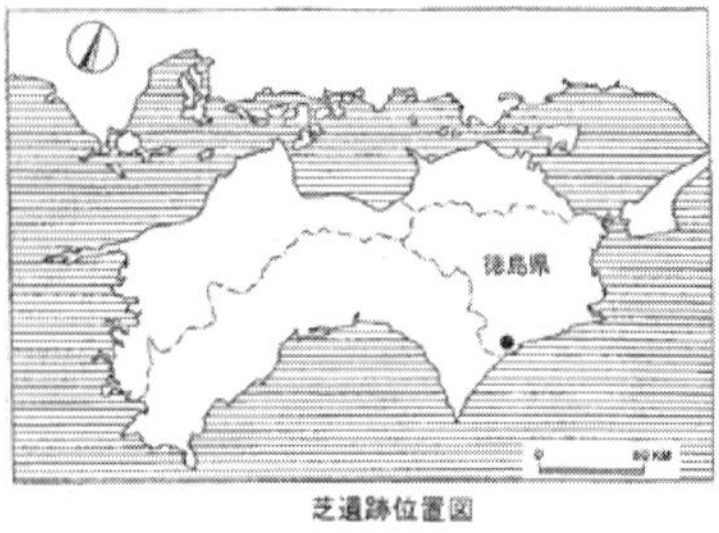

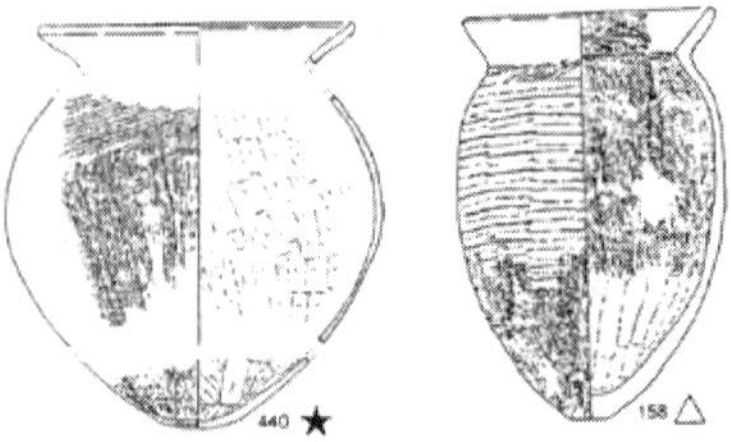

図２　阿波・芝遺跡の纒向甕（左）
土佐甕（右）

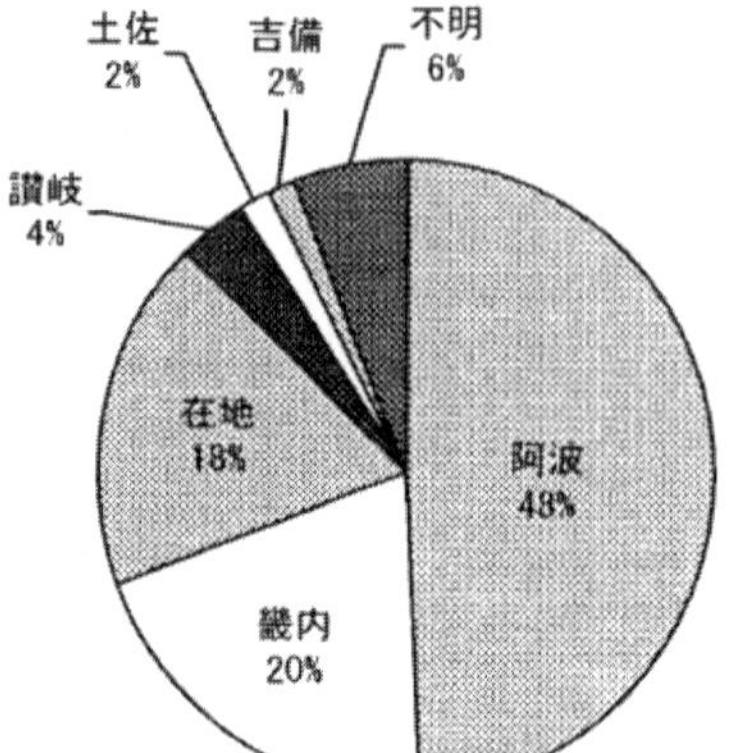

図３　阿波・芝遺跡の３世紀の外来系土器比率

場所は、（図2）の四国の地図に付いている黒丸印のところで、徳島県南部の海辺です。同時に土佐独特の長胴甕が出てきています。数は纒向式土器の方が多いのです。ということは、阿波の南の地域で地元の土器、（図3）の円グラフにありますように、阿波の国なのに「阿波」と「在地」を区別しておりますが、徳島の平野部の鮎喰《あくい》川の流域が弥生時代の阿波の文化の中心地でありますが、そこの系統の土器が約五〇％、地元の土器が一八％、そして纒向式土器が二〇％であるということで結構高い比率であるということが判ってまいりました。

ただしその土器は大和の土器ではありませんでした。同じ纒向式土器でも、大和でつくられたものと河内で作られたものとは違いがあります。よく見ていきますと河内で作られた纒向式土器であることが判りました。纒向の報告書では庄内大和型、庄内河内型という名前にしましたが、現在では纒向大和型、纒向河内型ということになります。土佐からは纒向河内型が圧倒的に出てきておりまして、纒向大和型は殆どありません。ということは、太平洋ルートを開発し、実際に船に乗って行った近畿の人たちは、大和の人ではなく河内の人たちでありました。

これは、九州の福岡県で出てくる纒向式土器の中でも大半は纒向河内型であることが判ってきていますから、三世紀の近畿系土器の西に動いている主体は大和ではなく河内、大阪湾岸の人たちであるということであります。ただ、私が纒向の報告書を作る時に福岡に何回か行って、福岡の三世紀の近畿系の土器を見て歩いた時は、遺跡の数はさほど多くなかったのですが、博多湾岸の今津遺跡とか、あるいは西の方の伊都国、三雲遺跡辺りから出ている土器は私が見た限りでは大和型が圧倒的に多かったのです。その後、纒向型土器の出土遺跡が増えてきますと圧倒的に河内型が多いということが判ってきて、今現在では、三世紀の近畿系の土器が西に動いている場合は河内型が中心であるということが判っております。ですから、仮に邪馬台国が大和にあったとしても、航海を担当し、動いたのは大和の人達ではなく河内の人たちであるということになります。そういう動きの一つとして、太平洋ルート上の遺跡が阿波南部で出てきたことによって可能性が増えたのではないかと思います。

太平洋ルートで土佐南部まで行って、それから先はということになると、伊予の南側、宇和島辺りからはまだ見つかっておりません。ただ古い古墳は愛媛大学におられた下条信行さんの調査で随分判ってきましたが、纒向式土器は基本的には無いということであります。

それでは今回対象になっております南九州の地域に纒向式土器があるのかと調べましたが、それが無いのであります。今回のレジュメでも、土器で示されるような人間の交流は殆ど無いのになぜ纒向型古墳があるのだろうか、という課題がこの後の討議の時のテーマになってくると思います。昨日の柳沢一男さんの発表でもありましたように、西都原古墳群の中で纒向式土器によく似た土器があるということですから、ゼロではないのでしょうね。全く無いということではありませんが、近畿系の土器が注目されてから何十年もなるのに、発掘する人も十分注

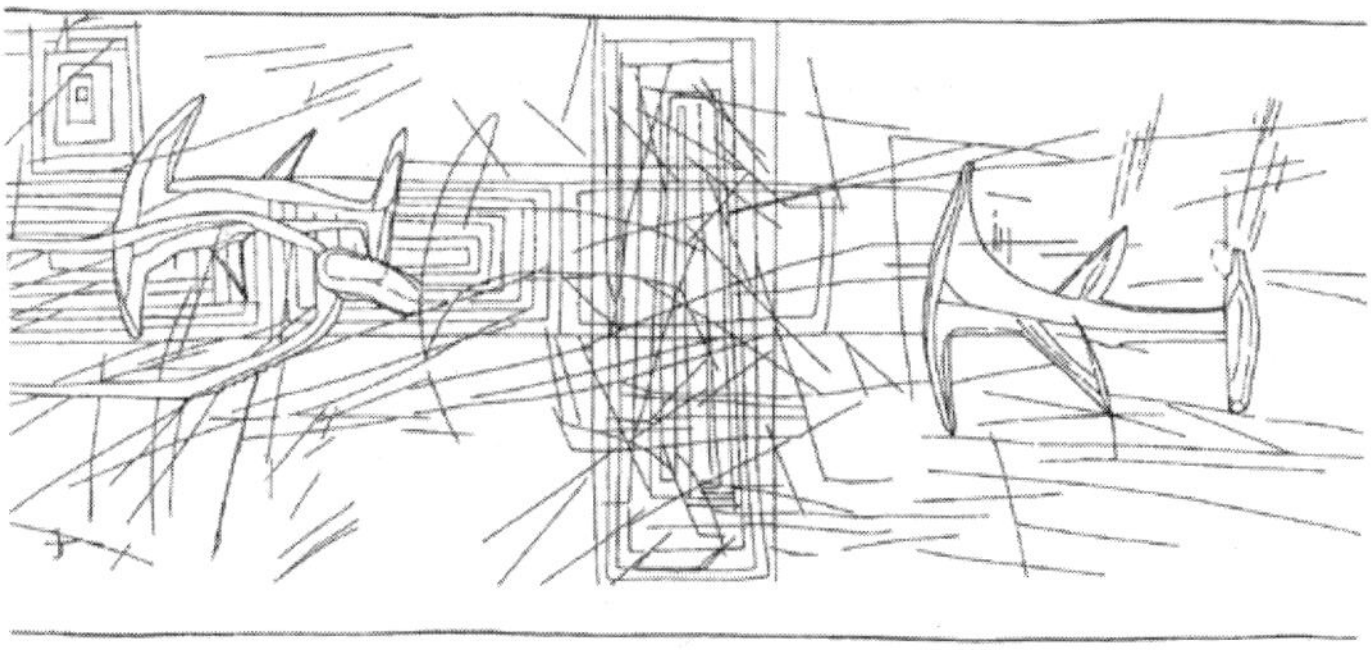

図４　但馬・袴狭遺跡（弥生中期末〜後期）

意して掘っているのに、宮崎や鹿児島の地域で増えてきていないということは、基本的に土器に示されるような交流は極めて少なかったということになるのだろうと思います。ただ、それなのになぜ同じタイプの古墳を作っているのだろうかという疑問が残ります。

五　南九州の土器絵画　―龍か鮫か―

次に土器に描かれている絵についてお話をします。（図４〜図６）をご覧ください。昨日北郷泰道さんの発表で、二・三世紀の日向の地域に土器に描かれた絵が非常に多いということが紹介されました。弥生時代の土器に線を引いて絵を描いているのは、弥生中期の後半を中心にして奈良県の唐古・鍵遺跡に圧倒的に多くあるということはよく知られていることでありま す。しかし、後期になりますと随分記号的になって、何が描いてあるかよく判るようなものはなくて記号的な文様が多くなります。そういう中で龍だと言われている図形が増加します。先ほどの森岡秀人さんの資料の中で沢山紹介されていましたが、（森岡講演図5～図7、北郷講演図30～図34）の中にもあります。明らかに龍だと判るような弥生後期の壺に描かれている図形が次第に簡略化されて背鰭《せびれ》だけを表現したような形に変わっていきます。龍を表現しているのだと言われております。

図5　出雲・白枝荒神遺跡（弥生中期）

ただ私は、龍の図形が変化したのだと言われると、なるほどと思うほど資料の数が多いし、そうかもしれないなと思うのですが、疑問もあります。実際に鮫などの大きな魚が背鰭を立てて水面を泳いでいる姿を見た弥生人とか古墳を作り始めた時期の人たち、邪馬台国時代の人がその姿を描こうと思ったら鉤《かぎ》のような形を連続的に素直に描いたのではないでしょうか。龍は思想的な産物です。見た目で描くと鮫の背鰭、海で鮫が泳いでいる背鰭でしょう。

例えば、私の資料の中に兵庫県北部の但馬の板に描かれた絵（図4）を挙げております。兵庫県の袴狭《はがさ》遺跡、但馬の出石《いずし》神社の近くですが、伝説上では新羅からやって来た天日槍《あめのひぼこ》という渡来人が播磨から淀川を遡って若狭へ出てそこからぐるりと回って但馬に住みついて出石神社の神として祭られたという伝説のある地域であります。その出石神社の近くの河川改修の工事で四世紀の土器と共伴した板に絵が描かれていました。そこに撞木鮫《しゅもくざめ》の絵がいっぱい描かれています。鮫は怖いものですから信仰の対象には大いになりうるだろうと思ってこの絵を見ていました。

こういう絵とよく似た背鰭の表現は、島根県の出雲の弥生中期の土器のカケラ（図5）にも描かれておりまして、海を泳いでいるサメは背鰭しか見えませんからその恐ろしさを表現している、あるいはその恐ろしさの信仰を表しているように想えます。神様には恐ろしい神様と優しい神様、荒魂《あらみたま》と和魂《にぎみたま》があります。

私は宮城県の石巻の出身でありまして、二、三日前に五日ほど故郷の小学校、中学校、高校時代にお世話になった地域の変りはてた凄まじい姿や凄まじい匂いを感じておくべきだろうと思って、役にも立たないのに行ってきました。近・現代の海に対する信仰は神社に奉納され板絵など、地元の人たちの間でかなり沢山ありました。神に捧げる絵の描き方があるのではないかと思いました。

宮崎では北郷さんが紹介されておりました絵があります。以前北郷さんを訪ねて宮崎に行きまして現物の土器を見せてもらって暇に任せて書いたスケッチが（図6）にあります。この絵は、私にはとても龍とは思えなくて、鮫の背鰭と思った方が判りやすいな、横に魚も描いてあ

図6　日向・下郷遺跡（弥生後期）土器絵画
サメ（石野略図）

りますのでやはり海のものなのだというふうに思っております。そういう海の民とのつながり、北郷さんも言っておられますが、土器絵画の中に海の神、海洋民の信仰が表されているのではないのか、それが鮫の背鰭として象徴的に記号的に描かれるようになってきたのではないかと思っております。

このような倭人の心情と中国古来の龍蛇信仰が重なって土器絵画として表現されたものと思います。

六　南九州の纒向型古墳

最後に南九州の纒向型古墳について考えてみます。寺澤薫さんの作った纒向型古墳の分布図（図7）を載せております。この図を見ていただくと、纒向型古墳が大和で生まれたものだとしますと、南九州に作られているルートとしては太平洋ルートというよりは瀬戸内海ルートなのだろうと思います。

南九州で柳沢さんの発表にもありましたけれども、日向の下屋敷古墳とか鹿児島の端陵古墳を寺澤さんが上げておりますが、この分布図に載っている一つずつの古墳については、これは違うという意見はいくつかあるようです。個々の古墳については纒向型古墳ではない、寺澤説では纒向型古墳と言っているけれども現地で測量とか一部の調査によって纒向型古墳ではないと言われている古墳はあるようです。しかし全体について、九州から関東あるいは東北南部まで含めた地域に纒向型古墳が広がっているということを違うという意見は無いように思います。東北南部から九州までの間に三世紀から四世紀にかけて纒向型古墳が広まっているのは、私は事実だろうと思います。その一つの動きとして南九州にも纒向型古墳があるということは柳沢さんが長年言って

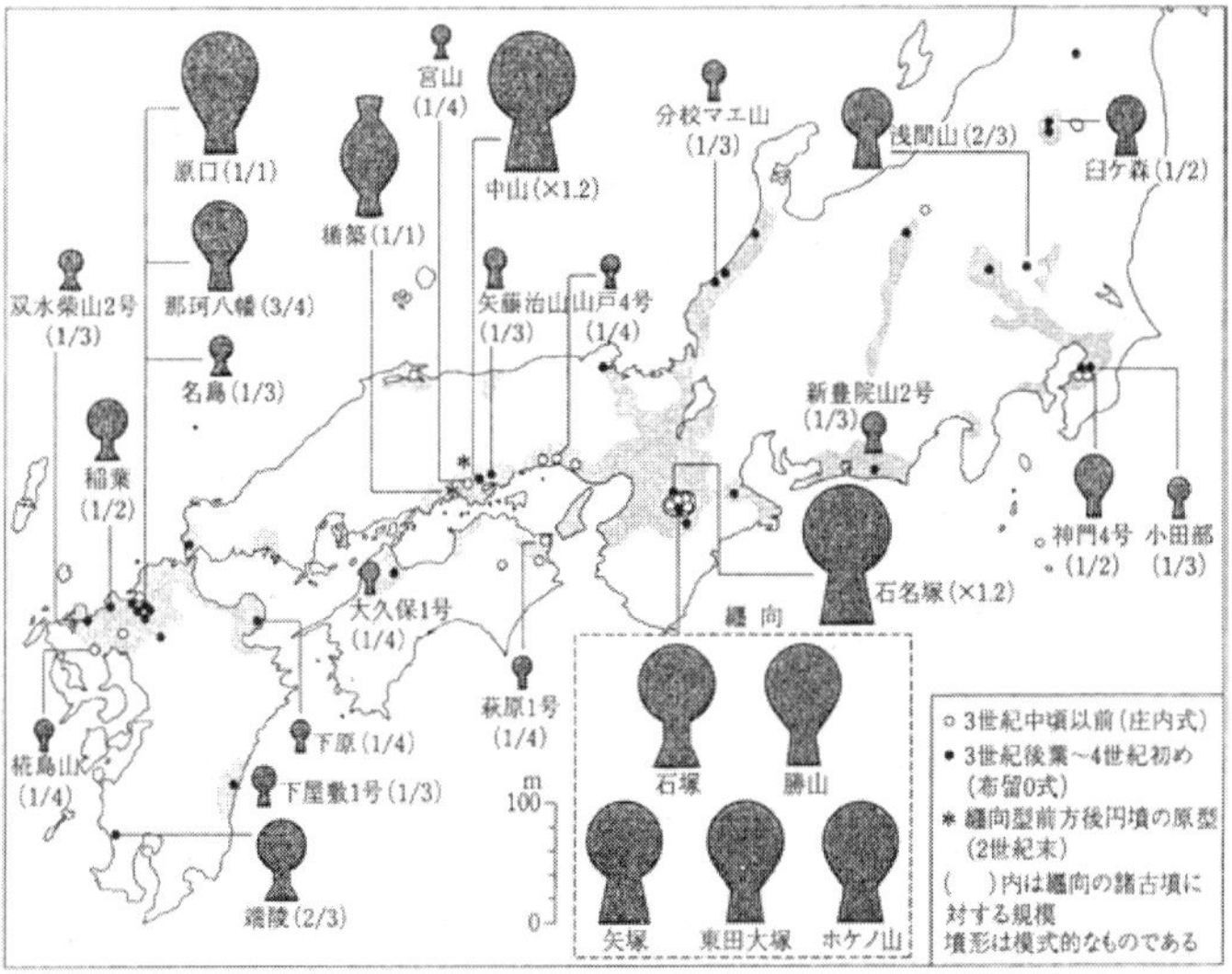

図７　纒向型前方後円墳の規模と分布（寺沢２０００）

おられる通りだと思います。

そのルートとしては、この分布図を見ていきますと、太平洋ルートというよりは瀬戸内海ルートのようです。そうすると、昨日からの中園聡さんの発表で指摘された瀬戸内ルート、あるいは森岡さんの話にもありましたように弥生中期後半段階から南九州に瀬戸内系の土器が沢山出てくる動きから数百年経っているわけですけれども、その後の古墳の動きの背景として関係するのかどうかということも課題として出てきているのかなと思います。普通、四世紀・五世紀に同型の古墳がつくられているとそれは政治的な関係であると言われます。いわゆる大阪の誉田御廟山古墳（応神陵）と同じタイプの古墳が西都原古墳群の中に存在することが指摘され、五世紀の段階に近畿と南九州の間に政治的連携があったと言われていますけれども、それと同じことが言えるのかどうかということになるのだろうと思います。その辺りは討議の時に話題になって来ると思います。

〔参考文献〕

石野博信・豊岡卓之　一九九九『纒向』第5版補遺、橿原考古学研究所
蔵本慎司　二〇〇一「四国島における畿内系土器の動向（予察）」『庄内式土器研究』25、庄内式土器研究会
田中　琢　一九六五「布留式以前」『考古学研究』46
寺沢　薫　一九八八「纒向型前方後円墳の築造」『考古学と技術』同志社大学
出原恵三　二〇〇三「南四国の畿内型土器」『初期古墳と大和の考古学』学生社
橋本裕行　一九九六「弥生時代の絵画」『弥生人の鳥獣戯画』香芝市二上山博物館
林田真典　二〇〇六「阿波南部海岸地域の一様相—芝遺跡を中心として—」『邪馬台国時代の阿波・讃岐・播磨と大和』香芝市二上山博物館
柳沢一男　二〇〇六『南九州における出現期古墳の実証的研究』平成15年度〜平成17年度科学研究費補助金研究成果報告書

〔シンポジウム〕

邪馬台国時代の南九州と近畿

（司会）石野博信・北郷泰道
中園聡
村上恭通・柳沢一男
森岡秀人

はじめに

石野　それでは邪馬台国時代の南九州と近畿についてのシンポジウムを始めたいと思います。テーマとしては資料集のタイムテーブルの所に四つのテーマを挙げております。

一つは「土器から見た流通」、これは土器に限らず絵画土器、南九州ですから貝の道を含めた流通の話、近畿との流通、南西諸島との流通などの話題を取り上げます。テーマの二つ目として「集落構成と鉄」と挙げていますが、今回発表で住居については北郷さんから花弁型住居の発表を頂きましたけれども近畿地方でしたら環濠集落や集落構成と鉄について討議いただきたいと思います。三つ目には「二・三世紀の墳墓」と言うことで柳沢さんから発表いただいたことを中心に討議をして頂こうと思います。最後四つ目に「南九州から見たヤマト」、これは自由自在にヤマトから見た南九州というのもあるでしょうし、自由な討議になるかと思います。最後に「私の邪馬台国」についてそれぞれに語って頂こうかなと思っております。ということで進めていきたいと思いますが、まずテーマの一つ目として「土器から見た流通」に入りたいと思います。

一　土器から見た流通

石野　昨日の発表で一番最初は中園さんにお願いしましたが、南九州に瀬戸内系の土器が入って来る、年代は古いのですがそういう問題について口火を切って頂けたらと思います。どういう歴史的な背景が考えられるのか、どういう地域に多いのか、そのあたりを改めてご説明いただけたらと思います。お願いします。

中園　まず瀬戸内系土器についてという課題を頂きましたので、それについてもう一度軽くお話しします。弥生時代の中期の後半ですから、紀元前一、二世紀という段階だと思いますが、北部九州に比べて南九州には瀬戸内系土器が多く見られます。日向、大隅、薩摩の順で減っていくのですが総数はかなり多く、河野裕次さんの集成では瀬戸内系土器は一〇九遺跡くらい確認されていまして、三三五点の土器が判っております。中には模倣された土器、要素だけを取り込んだ土器もあるのですが、特に弥生時代中期段階では四国の伊予の土器が圧倒的に多いといわれております。ですから、海を挟んで九州と四国の間で盛んに行き来があったという脈絡でとらえていいかと思います。

ただ問題なのはその後、後期に入りますとしだいにダイレクトな持ち込みが減ってまいりまして模倣品などが増えてくることです。その間の事情がどうなのかということが問題です。瀬戸内系土器が多いと言いましても、邪馬台国時代に近づくにつれて搬入品よりも模倣品が多くなるということで、模倣品であっても瀬戸内系土器を懸命に模倣しようとしているのですから、南九州の人たちの意図、つまり、なぜ自分たちで独自の特別な土器を作ろうとはしないのか、あるいは北部九州や他の地域の土器をまねしようとはしないのか、というようなところが非常に気になるところです。瀬戸内系土器の検討は邪馬台国時代の前史を考える大きなカギを握っていると思います。

まだそこのところは詳しく検討する余地が大きいのですが、私が今のところ考えておりますのは、交易という観点が重要ではないかということや、あるいは南九州というのは他地域の人たちにとっては魅力的な所だったみたいですので、いったいそれはなぜなのかというところが歴史的な解釈を行ううえで重要なカギではないかということです。

石野　どうもありがとうございます。（北郷講演図21）の真ん中の左側に瀬戸内系土器と後で話題になります免田式土器の分布図が載っております。この時期の土器の動きに関連してどなたかご意見ありませんか。土器の動きに関連してこんなものが動いているとか、後の時代のものと似たような動きがあるとか、ないとか。はい村上さん。

村上　今、中園さんからお話がありましたように、伊予の土器が多いということなのですけれども、（北郷講演図21）に取り上げられている右側に写っている高杯ですが、こういった凹線文といわれる文様をもつ高杯はやはり伊予に多いといえます。私の大学の文京遺跡に代表される松山平野の遺跡では、この時期、石庖丁が多数出土するのですが、そのなかに両サイドに抉《えぐ》りのある石庖丁があります。普通、磨製の石庖丁は二つ穴をあけますが、松山平野では穴を開けずに、両サイドに抉りを入れる石庖丁が一定量普及し、四国ではあまり例がありません。この愛媛のタイプの石庖丁は宮崎に多いものですから、これも日向と伊予の関係を物語る一資料といえます。

それから文京遺跡には、昨日の北郷さんの話にもありましたが、花弁型住居が出ております。それらの関係は、どちらかというと日向から松山へという要素が多いと思われますが、双方向の関係があったのだと思います。

石野　瀬戸内系の土器と同じ時期で、花弁型住居は新しいですよね。同じ時期で伊予辺りに日向系の文化というものはどうなのですか。

村上　文京遺跡が凹線文土器の段階ですので、恐らく宮崎で発見される凹線文土器と抉りのある石庖丁、花弁型住居は同じくらいの時期かやや新しい時期と考えていいのではないかと思います。文京遺跡そのものが松山平野でも特殊な遺跡といいますか、集住化が進んだ傑出した遺跡なので、それをおしなべて松山平野全体にあてはめることができるかというと、それは少し難しいのではないかと思います。

石野　それと、先ほど少し説明を落としてしまいましたが、皆さんから沢山質問やご意見を頂いております。それでそれに答える時間は特に設けておりませんが、それぞれのテーマに関連するところで皆さんから指名のありました発表者の方にお配りしております。全体の話の流れの中で触れていただこうということにしておりますので、折角質問していただいたのにお答えできないものも出てくるかもしれませんが、全体の流れの中で出来るだけお答えしていきたいと思います。ということで、このテーマについて他に関連することはございませんでしょうか。はいどうぞ北郷さん。

北郷　ちょっとビジュアルな形で見ていただきたいのです（図1）が、一番下に今話題になった伊予からの搬入品という凹線文土器があります。それとその左側の土器は長頸壺、首の長い壺はいわゆる免田式といわれる、重孤文とは違うのですが肥後系の土器だろうと考えます。またこの広口の壺は北部九州系ということで、南九州は閉鎖的な社会でなかったことは確かなことなのです。顕著な形としては北部九州系の土器の入り方というのは、前期の段階では割とみられるのですが、中期後半から後期にかけての時期には北部九州系と言われるものは比率的に少ないような気がします。どちらかというと、目立つという意味からすると瀬戸内系の土器が目立っている。九州の中での交流の変化というのは、後期に入ると東側を向くような宮崎、鹿児島の顔が出てくるように思います。

石野　どうもありがとうございます。免田式土器の話が出てきましたが、免田式土器の分布は独特です。免田式土器の時期は邪馬台国の時代を含むと思いますし、免田式土器の分布についてどなたかいらっしゃいませんか。はい、中園さんお願いします。

図１　松本原遺跡（西都市）出土の外来系土器
（宮崎県立西都原考古博物館提供）

中園　免田式土器というのは長頸壺、細頸の壺でして、以前から弥生後期のものとして有名です。重孤文長頸壺といいまして、（図２）に載っているのが典型的な免田式土器です。もう少し頸が細長く伸びるものもあるのですが、このように胴部がソロバン玉状をなしていて重孤文という重なった円孤が描かれるのが特徴です。

　この土器が、昨日村上さんがおっしゃっていたように熊本を中心として分布しておりますが、実はこれが色々なところに広がって出ております。特に九州の西半分、九州を真ん中から半分に切った左側ですが、そういう地域で点々と出土しております。恐らく一番北は福岡県なのですが、筑後地方の久留米あたりにも出ておりますし、佐賀平野の二塚山遺跡でも出ております。さらには豊前の下稗田遺跡だったと思いますが、ここでも一点出ております。南に行きますと薩摩半島を中心に比較的多くあります。特に弥生時代の後期から終末期前後のお墓があるような所では結構頻繁に出てまいります。それから薩摩半島の西側の島嶼部である甑島《こしきじま》、薩摩半島と大隅半島の間にある桜島でも一点出ております。さらに南に行きますと、南端は沖縄で、具志原《ぐしばる》貝塚と宇堅《うけん》貝塚などでも出ております。量の多少を問わなければ非常に広い分布を

図２
南摺ヶ浜遺跡出土の免田式土器
（鹿児島県立埋蔵文化財センター・村上参考文献参照）

している土器です。宮崎では内陸の大萩遺跡、そこでお墓に伴って出土しています。九州の東半分ではかなり希薄で、おもに西半分を中心に分布していると考えたらいいと思います。

石野　九州といいますか、熊本県の人吉盆地の遺跡が免田式土器の標識になっておりますが、分布の中心になっておるのは別のところではないか、というご意見です。昨日の村上さんの発表でもありましたが、現地に行きますと、復原された免田式土器においしい焼酎の入ったのが買えるはずですので（笑い）、九月に二上山博物館の友の会が中心になりまして現地研修と称して行きますのでその壺を楽しみにしております。免田式土器の動き、あるいは集中する地域と関連する物の動き、昨日村上さんは鉄との関連を言っておられましたけれども、その辺りはどうでしょうか。

村上　熊本平野の中でも南部には有名な塚原古墳群のある城南町がありますが、このあたりでは免田式土器の出土数、バリエーションが多いので、免田式土器の中心としては、免田町という県南の人吉の方ではなく、もう少し北の熊本平野の南端にあったといえます。なおかつそこは鉄製品が豊富にあったところなのです。そこから南九州方面へ展開する時に、必ずしも免田式土器を携えていたという訳ではありませんが、必然的にそういう地域が中心となって、また、それ以前から昨日の中園さんの話にあったように貝のルートを介した南北関係に沿って動いたのが免田式土器であったのでしょう。鉄は実用品ですし、恐らく象徴的な免田式土器とは別の意味を持っていたと思いますが、有明海沿岸から南にかけて、これらがセットになって動いたと考えています。

石野　確か、今お話されたことは村上さんの報告原稿にも「有明海から八代海へ南下する鉄器文化は免田式土器の荷担者が大きく…」と積極的に書いておられます。他のみなさんそれに反対する方はおられませんか。あるいは免田式土器と古墳の動きとかいうのは、墳墓の文化との関連は何かございませんか。柳沢さんどうでしょうか。

柳沢　免田式（形？）土器段階に特有の墓制は何でしょうか、土壙墓でしょうか、甕棺墓でしょうか。宮崎に免田式（形）と呼ぶ長頸壺は入ってきていますが、黒髪式の甕棺が入ってきませんので、どうも土器の動きと墓制は直接には関連していないようです。

石野　はい、中園さんどうぞ。

中園　今、土器と墓制は関係していないというお話でしたけれども、集落で出てくる普通の土器との関係で見ますと、熊本地域の土器というのは南九州にとっては、なかなか驚異的な土器でして、薩摩半島の在地の土器が弥生時代の中期の半ばを過ぎまして中期後半になりますと、熊本系の物にガラッと変わってしまいます。特に薩摩半島の西側を中心としてそういう現象が起こってきます。昨日もお話ししましたように、高橋貝塚などがある沖縄との貝の道の中継拠点としての場所でありましたが、そこに熊本の土器が急に入ってきます。しかも住居の形態も熊本的なベッド状遺構を持つ四角い住居に変わってきています。そういうふうに考えますと、南九州に対してかなり熊本から積極的なアプローチがあり、恐らく人も移り住んでいるのではないかと思われます。

その後、古墳時代まで、薩摩半島は熊本との関係といいますか、そういう脈絡でとらえた方がいいような遺物や遺構がしばしば出てまいります。これらの点から、熊本は中期以来アプローチを続けていて、熊本にかなりな勢力があったのかどうか判りませんが、単なる移住ではなく政治性を帯びた、交易を見据えた積極的なアプローチをしたと考えられます。それが鉄とも関わっているのだろうと考えられます。そういうことが昨日のお話を聞いていてよく理解できたところです。

石野　今の話は免田式の時期ですか。それより前ですか。

中園　それより前の時期です。黒髪式と先ほど柳沢さんがおっしゃいました時期で、中期の段階です。ただし、その流れに沿って免田式土器が出てくるのだろうと思います。

石野　はい、北郷さん。

北郷　恐らくこれを言わないと会場のみなさんも納得できない部分があるのではないかと思いますが、邪馬台国を北部九州と考えた時にいわゆる狗奴国を考えますと、免田式土器が狗奴国のある種の象徴的な物、免田町でもそういうシンポジウムを佐古和枝さんが中心になってやられていたと思うのですが、ともかく今お話があったように強烈な印象を持つ土器です。

免田式土器の流れを（北郷講演図21）で見れば、一つの北の広がりは西に延びると五ヶ瀬川流域、宮崎県で言いますと高千穂町に広がるルートと、南の方では鹿児島県北部の大口盆地、宮崎県のえびのだとかから大淀川を下って宮崎平野まで出てくるという広がりを見せております。

一部時期は重なりますが、先ほどの墓制の問題から言いますと板石積石室墓の存在が西側から広がりを見せる墓制で、ただ鉄の問題をからめて言いますと、板石積石室墓はそれ程鉄製品を持っていないということがあって、むしろえびのなど内陸部を成立地とする地下式横穴墓の方が、時期は下がりますがかなり鉄製品を多く持つようになります。その鉄製品入手のルートは時代の変遷と、恐らく畿内との関係だとかで変わっていくものと考えますが、ともあれ免田式土器や板石積石室墓、そして地下式横穴墓なども西側から東側にやって来る一つの波の現れとして考えてよいのではないでしょうか。

石野　免田式土器が邪馬台国北部九州説でいくと狗奴国になるのだそうでありますけれども、球磨焼酎ではなくて狗奴焼酎になるかもしれません。免田式土器は同じ免田式土器を沢山出す遺跡の中では全てが免田式なのですか、それともこのきれいな壺、日常使用のものなのですか、それとも特別なものなのですか。

村上 （村上講演図4）に載せている写真がありますが、この二子塚という遺跡は、たいへん個体数が多いのです。免田式の長頸壺だけではなくて、熊本を中心に分布するジョッキ形土器もあります。非常に薄い器壁をもち、帯状の把手を付けたものです。このジョッキ形土器、長頸壺と同様、あるビール会社が複製して作っていて結構売れているのですが、私はその起源は中国東北部の遼寧地方にあるのではないかと考えています。そういうものを模倣して作られ、長頸壺、つまり酒壺とセットになるのではないかと思っているのですが、これらの熊本平野南部の集落遺跡での保有率が非常に高いのです。その地域を離れると、数が減っていきます。

元来、免田式土器という名称はあの長頸壺だけに付けられたようなところもありまして、具体的にどういう甕形土器、鉢形土器が伴うのか、そういう点での議論は欠けておりました。弥生式土器は様式論の枠組みで議論されますが、免田式土器というと装飾のある長頸壺だけが一人歩きしてしまった観があります。大量に出土する地域は限られ、その中心地を離れると限定的な存在なので、周辺地域では祭祀的な意味合いでの使用が卓越したというように、限定的な意味を考えた方がいいと思います。

石野 免田型壺と言った方がいいのかも判りませんね。庄内式土器も庄内型甕と言った方がいいのかもしれません。近畿から見て土器の動きと言うのは森岡さん、九州のこの土器の動きはどうですか。

土器編年と併行関係（案）

	薩摩西部	薩摩東部～大隅	日向	瀬戸内
中期初頭	入来式・黒髪式	入来Ⅰ式	入来Ⅰ式・豊後中期1期	Ⅱ様式
中期前葉		入来Ⅱ式	入来Ⅱ式・豊後中期2期	Ⅲ様式
中期中葉	山ノ口Ⅰ式・黒髪式	山ノ口Ⅰ式	山ノ口Ⅰ式・豊後中期2～3期	Ⅳ様式
中期後葉	黒髪Ⅱb式	山ノ口Ⅱ式	中溝Ⅰ式	
中期末葉			中溝Ⅱ式	
後期初頭	松木薗式	高付式	中溝Ⅲ式	Ⅴ様式
後期前葉			下那珂式1期	
後期中葉			下那珂式2期	
			熊野原B式1期	
後期後葉	中津野式		熊野原B式2期	
後期末葉			大戸ノ口式1期	庄内式併行
			大戸ノ口式2期	
古墳初頭	東原式		熊野原C式1期	布留式併行

注：表の線の長さは必ずしも時間の長さを表わしていない。
参考：梅木1995・2004，桒畑2000，菅原・梅木2000，田崎1998，坪根1996・2004，中園1997，中村1987，西谷2002，平2004，本田1980，松永2004

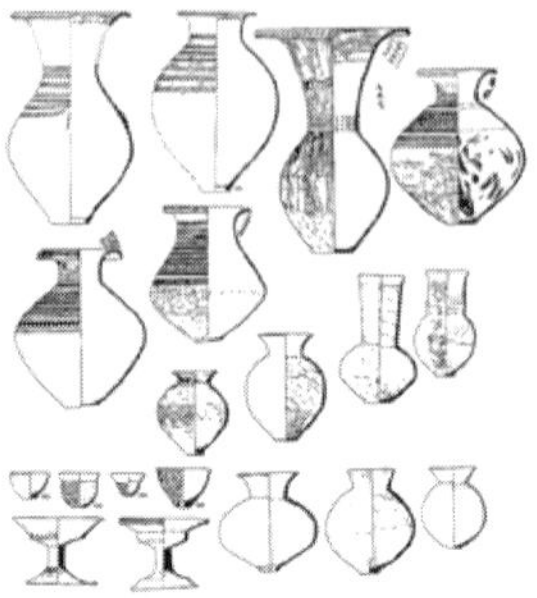

畿内・摂津の併行様式の土器
（森岡作図）

図３　南部九州の土器編年と併行関係

森岡　弥生中期と同後期と庄内式併行期を分けて言わないといけませんが、判りやすい整理をされた（図３）を引用しています。凹線文が一番発達する時期というのは西日本でも土器が広域的に動く時期であるということは間違いないと思います。その時にやって来る率と行く率を考えますと、南九州への働きかけがきわめて強いのは中期後半段階です。それはかなり偏っていますけれども、九州の南東部、宮崎から鹿児島の東部にかけてのことなのですが、その時に対給付的に近畿地方との関係で一般的に整理されると、「九州西岸ルート」と言われているのですが、例えば神戸市の夢野河原遺跡で出ていますゴホウラ貝，これを内蔵している土器は浜田耕作さんが昔に報告されていますけれども、ああいう資料を見ますと、やはり中期の最末の甕様壺様の土器に入っていますので、近畿にも貝輪が多数包蔵されていますので気になる土器なのです。それは弥生中期の凹線文段階の最終段階の反対の動きになります。もう一つは田能遺跡の16号、17号棺、有名な方形周溝墓の埋葬施設がありますが、その中にも腕輪を着けている無鉤銅釧を持っている人については再検討の結果、凹線文最盛期Ⅳ３と私が呼んでいる時期の埋葬施設ですから、それより先行して金属器の物品が入ってきております。だから九州への動きが北部九州と一般的にはよく言われますけれども、南部九州の対給付的に入って来るものがごく微量ながら大阪湾沿岸にはありますので、それが直接の接触が無いと「東岸ルート」というのが早くにある可能性があるのではないかと思います。

それから免田式という土器は、私の印象では西日本の土器の中では一番象徴的な土器と言える河内の廉状文土器と対比可能です。特に廉状文の細頸壺、太頸の廉状文のピッチの細かい物は象徴性の高い土器で、いわゆる文化人類学的に考える方は贈与交換で土器が動き、単なる交易ではなく贈与交換のパターンで入って来る土器であるというふうに言われており（若林邦彦さん）、しかも甕ではなく壺が選ばれています。免田式なども、大量に出るところと少量出るところを踏まえて考えますと、随時補充することに意義がある。美しさもさることながら、持つことに意義があるということで、それが鉄器の流入の媒介とされることもあるでしょうけれども、結局、人と人の交流の中で同族意識というか、私は部族の連合が主であると拡大的に考えていますので、近畿では河内を中心とする部族集団、中部九州・南部九州では免田式を基本

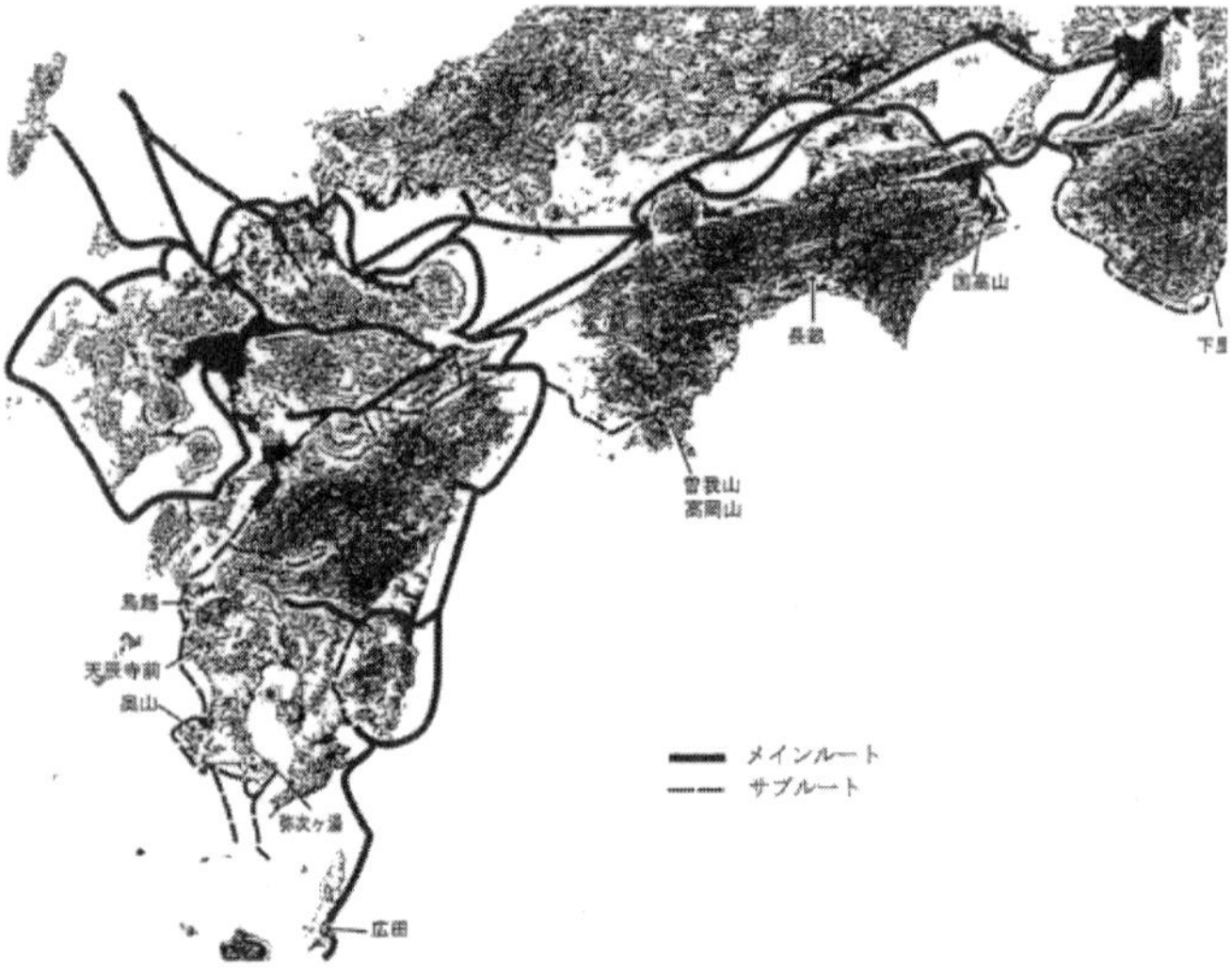

図４　西日本における海洋主要ルート復元の一例（橋本 2010）

とする緩やかな部族的な集団が連なりとしてあるからこそ、あの土器の広がりが理解できるのではないかと考えます。それが強化されると、政治的な首長的な動きに大きく変わってまいります。首長制に達しない段階の土器の動きという評価を大事にしておきたいと考えます。

そういう点で言いますと，ごく微量ですがこの図面の中に出てきます花弁型の住居の調査の中に文京遺跡の三次調査のことが先ほども紹介されましたが、これなども時期的に北郷さんの編年では早い段階に入ってくるのかどうかという点が気になるところであります。結構遠方に入って来る住居様式に土器が伴っていますから、これは確実に集団が移動しているというふうに理解します。器種の組成を見ても、比較的安定した集団がごく少数ですけれども住み分け的に入ってきている。北部九州の連中ですと、例えば香川県辺りの資料の中に鏡を持ちこんで、鏡片を持って北部九州型の住居を作ってさらに土器も入ってくるという三拍子揃った例もあります。という動きの一つに花弁型住居の動きも理解できるのです。

さらにルートから言いますと（図4）に載せておりますが、これは基本の主要ルートですから載せたのですが，私はそれ以外に文京に入って来る時にリレー式な入り方をするようなものですとものすごく安定して入ってくると思います。もう少し直行的に集団が入って来る、例えば東日本ですと、小田原の中里遺跡に兵庫県の南部の土器が沢山ありまして、石包丁が明石川水系の特徴的な石包丁でありますす砂岩製の石包丁が多量に出たり、掘立柱の大型の建物があって、方形周溝墓が周りにあるというようなタイプの集落が中期の中ごろには兵庫南部から神奈川までかなり飛んで広がります。そういう大胆な動きから言いますと、海上ルートの中にイレギュラーに長距離的に北上するということがあるのではないかと思います。中継地を持たない動き方が伊予に出てくるという公算が高いのではないかと感じられます。

あと庄内式の甕は極めて少ない地域でして、今後報告される柳沢さんの墳墓の資料などにもチラホラありますすけれども、中々直接の搬入品というものが見られないのと大和型、大和に対する大和型ではなくて，河内を基盤にした庄内式の動きが見られます。これは先ほどの石野さんの報告にありましたように、大和の中央部の勢力がいきなり高知、土佐とか宮崎の方に関与するのではなく、河内を介する、河内と大和との関係を今度は突き付けられているのではないかと思いました。

絵画土器

石野　話はどんどん広がりますけれども、先に進みたいと思います。土器に関係しては絵が描かれているものについて考え、関連して貝の道ということに入りたいと思います。

北郷さんから絵画土器の話が出まして、東さんの研究では描かれている絵はすべてが龍である、いや鳥である、私は鮫ではないかと、さまざまな解釈が出ました。（中園講演図2・3）の右上に楯を持った人の絵がありますが、奈良県唐古鍵遺跡では楯を持った人物画があり、纒向遺跡では一つの穴から楯の破片と戈の破片とかが出ております。土器に絵を描いているという点だけで言いますと近畿との共通性がありそうに思えますが、行為上の題材も含めてどなたでもいかがでしょうか。これは近畿と関係あるのでしょうか。たまたま楯を持っているのでしょうか。はい、北郷さん。

北郷　今のお話と直接的に結び付くかどうか判りませんが、昨日の中園さんのお話の中で消した跡がある、呪文を唱えながら書いたのでは、ということでしたが、書いてゆく行為自体が最終的な目的になっているという理解でいいのですか。逆に質問をしたいのですが。

石野　中園さん、どうぞ。

中園　はい、そうだと思います。

石野　そうしますと、土器に文字らしきものが書いてあるとよく言われますが、文字らしきものを書いた後に消してしまっているというものもあるのです。そういうのとは何か関係がありますか。

中園　もちろん文字というものは、本来書くプロセスに意味があるのではなく、書いた後にメッセージを伝えるものですから、書いた後に意味があると思うのです。こういう人物画なり、絵画といわれるものについても、描いた後にそのような形をとっているものですから、それ自体も意味が無いわけではなく、もちろん意味があるはずなのです。しかし、むしろ描いた後の時点でのメッセージ性よりも描いた当事者やその周りの人々などにとっては、その描くプロセスが大切だったのではないでしょうか。

実は九州各地で出土している絵画土器を色々見ておりますと、何度も何度もしつこいくらいに繰り返し消しているものがあります。どっちにしても、下手くそと言うと悪いのですが、そういう絵なので、描きなおした結果がそれほど良くなっているようには見えません。ですから、アニメーションや四コマ漫画のように動いていく姿であるとか、そういうものを一生懸命に描くプロセスというものそれ自体に意味があったのではないかと思っております。今の答になっていないかもしれませんが……。

石野　この龍か何かという絵について、どなたかいかがですか。はい、森岡さん。

森岡　（中園講演図２・３）の名主原の鹿児島県の資料ですが、これを眺めてみまして、南限部と言いますか、九州島の南の方にやはり楯を持って武器らしきものを持っている。これを武器と見るかどうかですが、私たちは多くの資料を見ておりますと、基本的には楯と戈の組み合わせが多いのです。したがって、これを戈と見ることはできないかと考えたのですが、あるのですけれども実は戈という武器は、古墳時代にはまったく残らない青銅器です。戈の破片資料は、分布としては群馬県にまで達しております。倭国の当時の領域を考えますと、楯と武器である戈とがセットになって絵画に描かれることによって、各地で精神文化とか土器絵画を素材として広がりが追えますし、古くは中国では商代の後期には確実に起源的なものがありますので、大陸からの系譜を考えますと、非常に長い道のりがあるものであります。もしこれが神話性、物語性があったとしたら、大陸から思惟を備えて入って来たものというふうに理解します。

絵を見ますと、腕を右と左に分けますと、楯を右利きのように左で持つ例が多いので人間が稚拙ですけれども、こういうものに鳥装のようなものの司祭者的な姿がイメージできないか、つまり人間には近畿を中心に、手足には爪三本、指三本という鳥装をイメージしたものが多いですから、無論頭飾りも多いですけれども、そういうものの最末端がこういう形で伝わることもあるのではないかという評価をしております。重要な絵画資料で、消す前にもっといい絵があったのか、その辺りが気になる例の一つではないかという評価をしておきたいと思います。

石野　左手に楯を持って右手に戈、棒の先に斜めに刃を付けた銅や石や鉄製の武器を持つ絵が近畿にもあれば九州にもある。関東にも弥生時代に絵を描くということがありますけれども、かなり沢山絵を描くという風習があるという点で近畿と日向に共通点がある。時期は近畿の方は弥生中期で、日向の方が弥生後期かその後に多いということなのですが、両者の絵を描くという風習を通じての関係はないのでしょうか、それともあるのでしょうか。

森岡　もう一つ介在する地域があります。あまり目立っていないのですが、報告例で専門家の人の間では知られているのですが、伊予では絵画土器や記号土器がバカほど出ている。村上さんにご確認いただいたらいいと思いますが、一つの遺跡で数多く出ています。だから私は、伊予の影響と伊予の系列の絵画というのは瀬戸内系でありまして、基本は近畿の絵画と違いますので、瀬戸内を介在すると伊予での絵画様式と言いますか、あるいは絵描き人の集団が関与している。だから、近畿の人は直接関与していないと私は考えます。

石野　伊予は弥生後期ですか。

森岡　後期です。だから時期も良いのではないかと思います。村上さんどうなのでしょうか。

村上　ただ、伊予の場合は文様といいますか、もっと記号化されています。何かデフォルメした図像であったり、パターン化したものが、複数の土器に描かれています。したがって、近畿や南九州を見ていると、絵画を描く契機が異なっていると思います。ただ、絵画や記号が胴部の真ん中に位置するという点は似ているといえますかね。

森岡　参考までに、（森岡講演図7）は小さいですが、右上に梅木さんが集成されている伊予の絵画土器を載せています。これが伊予の絵画土器の変遷です。比較的長い時期、中期・後期とあります。これは、中期が少ない南部九州とはやや違うかなと思います。凹線文期の影響よりも後期の段階の影響が無い限り，少し問題かなと思います。凹線文の時期の絵画はどうですか。

石野　はい、中園さん。

中園　凹線文の時期の絵画はあるにはあるのですが、これほど具体的なものではなく、むしろ幾何学的であったり、あるいは瀬戸内の矢羽根透し文をそのまま真似して矢印みたいな形を描いたりとか、そういうものばかりで、その意味では伊予にある記号的なものに近いのかも知れません。むしろ後期になってからより具象的な感じに変わってくるということであります。

それで、先ほどから出ていますが楯を持つ人物なのですが、もちろん奈良の清水風遺跡などでも同じような、まさにこういうポーズをした、それは右手に戈を持っていますが、類似したモ

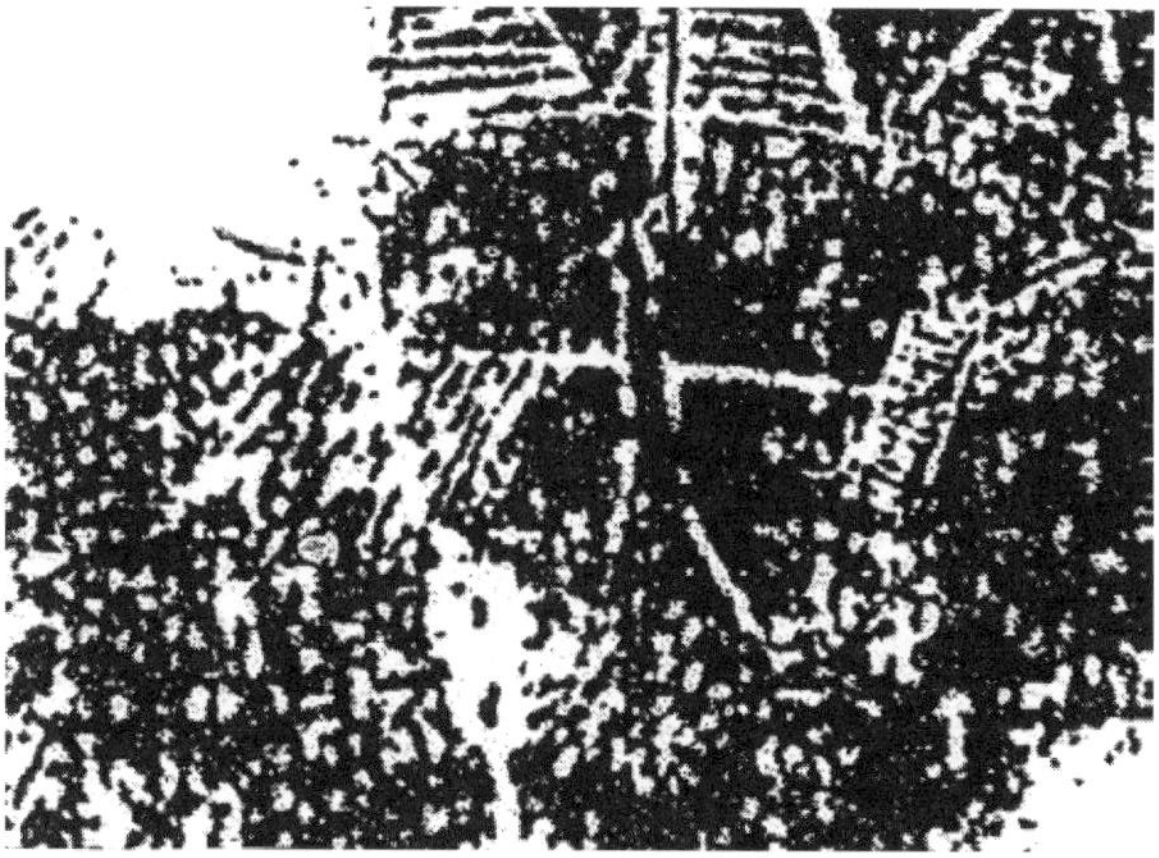

図5　神水遺跡（熊本県）出土の絵画土器
（熊本市教委 1986 改変、中園参考文献参照）

チーフの出土例が大隅だけでなく熊本にもあるということです。今の話では伊予とか日向、あるいは大隅といったどちらかというと九州東半島の脈絡でしたが、気になっているのが九州の西半部にあたる熊本県の神水《くわみず》遺跡（図5）でもまさにこれと同じような持ち物、つまり片方に楯を持ち、もう片方に歯ブラシのようなものを持ったものが出ています。ですから、そちらとの関係も少し考えなければいけないのではないかと思います。

ただし、熊本は完全に孤立しているのではなく、後期段階になりますと、後期初頭から吉備など瀬戸内系土器が入って来るようですので、全体として九州は、より直接的には瀬戸内からのインパクトがあって、その流れの中で、モチーフも含めてそのような絵が描かれるのではないかと思います。

森岡　青銅器の編年ですと、近畿型の銅戈というのは、A→B→C→Dと変化していった場合、最後のD類はようやく弥生の中期最終末にありまして、後期に編年出来ないのです。そういう点で青銅器を同じ年代ステージにおいて写す場合ですと、中期の中で考えると判りやすいのですが、後期の銅戈というのは極めて実例が少ないということですので、平形銅剣なども早く終わるという考え方をする方が多いのですが、青銅器文化との関係で銅戈が消えて絵画だけが残るかどうかという検討が今後また必要かもしれません。

石野　はい、村上さん。

村上　今、中園さんからありました神水遺跡は、私が学生の頃調査に参加した遺跡です。あの特殊な土器は赤色顔料が塗られて、鋸歯文をもっているのですが、人物像は確かに歯ブラシのようなものをもっているのです。また頭の上に毛が三本、ピッピッピッと出ていて、足が鳥の足のように描いてあったので、熊本大学の恩師の甲元真之先生は「鳥装のシャーマン」という表現をされました。昨日この写真を見せていただき、石野先生にもお話したのですが、その持ち物が似ているように思われ、武器だけでなく、装いの道具としても解釈があっていいと考えます。

石野　直接関係ないかもしれませんが中国の雲南省の竜舟賽（竜船競争）では、十数人の人が丸木舟に乗って漕ぐ競争があります。船内中央のリーダーが頭の上に孔雀の羽を飾っておりまして、喜び勇んで日本の鳥装とそっくりだ、中国ではまだ残っているのだと思って写真を撮りました。その後、通訳を通じて聞きましたら、あのおじさん好きでやっているだけだということが判りました（笑い）。民俗調査というほどでもないのですが、なかなかうまくいかないものであります。

とりあえず先に進みます。南九州はある時期、沖縄方面から本州島への貝の重要な中継地になっているのだと言う中園さんの話がございましたが、その辺りを含めてもう少しお話しいただけますか。

貝の道

中園　しょっちゅう登場してすみません。瀬戸内あるいは畿内も含めて東との関係ともう一つのチャンネルとしては南との関係、つまり貝の道というのがあると思います。これをなぜ弥生人が始めたかというと、決して沖縄の人たちが売り込みに来たからではないと思います。弥生時代が始まってほどなくして西北九州の弥生人が薩摩半島の西側に拠点を置いて、そこを中継地点として沖縄に乗り出すという遠隔地交渉が行われたと考えられます。貝の道というのは随分古い時代から連続して続いていることになります。

先ほども出ました重要な貝の道なのですが、それがだんだんとⅣ様式、つまり中期末くらいから少しずつ近畿地方に入っているようです。実際はもっと沢山入っているのかもしれませんし、九州の東海岸ルートというのも考えられますが、恐らく今のところ確実なのは北部九州を経由する九州の西海岸側のルートであろうと考えております。と言いますのは、沖縄で出土する土器を見ていますと弥生土器はたくさん入っているのですが、その中で九州西半部の土器が非常に多いからです。特に沖縄の、非常に長期にわたって弥生人との貝の交渉を行ったと考えられる大きな集落からは、九州西半部の土器、特に南九州の中でも大隅よりも薩摩半島側の土器がたくさん出てきます。しかもそういう遺跡に中国製の青銅器が見られる。兵庫県の会下山《えげのやま》遺跡で出た漢式三翼鏃のようなやじりなども出てくる。西九州側が主体で、弥生時代の最後、もしくは古墳時代の初めくらいまでそれが続いていくと考えています。

一方、弥生時代の中期には九州の東側、大隅半島もしくは日向と考えられる土器も少しずつ入って来る。比率は薩摩半島の方が多いのですが無いわけではない。それから大集落ではない少し小さな遺跡や久米島など周辺部の遺跡では、むしろ東九州系の土器が目立つような印象も持っております。ですから、先発で行って伝統的に特定集落などと付き合いのある薩摩半島側、もしくは熊本を含む西九州側と、もしかすると後から開拓していく東側の人たちという二種類の人たちがいたのかも知れないと考えております。

いずれにしましても、昨日お話したように前期古墳のシンボリックな意味を持つ碧玉製の石釧、石製品へと貝製品は変わっていくと考えておりまして、東の道が存在した可能性も無視できないと思っております。

石野　貝殻が動いていているとか、きれいな貝が動いていているということだけではなくて、弥生時代の貝で作った腕輪、それが古墳時代前期まで宝物として、あるいは伝統的に象徴的に続いている精神的なものであるわけで、この貝の動きに関連してどなたでもどうでしょうか。はい、北郷さん。

北郷　今の中園さんの後の話をしますと、東側のルートという話があったのですが、弥生時代の宮崎県内で出土する貝輪というのは一点しかないのです。内陸部の大萩遺跡、資料の中でもいわゆる免田式土器だとかそういうものが入っている土坑墓があるのですが、その中で貝輪が一点しか出てこない。ただ、古墳時代になると地下式横穴墓の中に、平野部の方では玉類が入るわけですけれども、内陸部や大隅半島もそうなのですが、その代替品みたいな形で貝輪が出てくるようになる。恐らくその時に東側のルートが開発されたのだろう、ただ内陸の方により消費地が出てくるので、宮崎県の場合は平野部のいわゆる高塚古墳の調査例が少ないものですから、高塚古墳での出土頻度を論ずるに足るかどうなのかということがありますけれども、西都原古墳群の中の高塚古墳でも貝輪が出てますので、海岸よりの平野部の墳墓の中にも副葬品として入って来ます。

そういうふうに東側のルートが機能し始めるのは、昨日の話の中でもあったように恐らく種子島の広田遺跡辺りが機能し始めるのが一つのターニングポイントになって、それ以前は薩摩半島側、西側ルートだったのがその後もまだ継続していたでしょうけれども、東側のルートが成立したのではないかと考えております。

石野　弥生時代の貝輪は近畿地方にはあまりないのですが、神戸市の夢野川原遺跡では大正時代頃に浜田青陵先生が紹介された弥生時代中期の壺に九州系の貝の腕輪が沢山入った壺が出ているという報告があります。それと非常によく似ているのが、先ほど森岡さんが言っておられた尼崎市田能遺跡の弥生中期の終り頃の方形周溝墓の埋葬人骨の腕から貝輪を模した白銅製の腕輪が出ております。近畿の数少ない貝の腕輪と南九州を中心とした貝の道との関係というのは何かたどれそうでしょうか。どうでしょうか森岡さん。

森岡　九州系の文物という意識で見ると、極めて品物が少ないので、また、土器の直系的なものが近畿から出ませんので、鋳型も再検討すると田能の鋳型はひょっとすると鋳型ごと西から来ている可能性もありますから、凹線文が出る以前の段階から鋳型とか物は来ているのですが、土器が来ていない。青銅器の生産とかの活動に関わるものは入ってきますし、威信財的なものは入ってくるけれど、人間の集団としての大きな移動を南部九州や北部九州に求めるのは難しいところがあります。証拠が浮かびあがりませんので…。

ただ、後期の初頭は大きな画期で長距離的なあるいは遠距離交易、あるいは遠距離的な一足飛びの動きが激しくなってきますので、例えば小形仿製鏡ですと、兵庫県の神戸市の表山遺跡の小形仿製鏡などは恐らく北部九州から後期の初頭に動いております。そういう動きの物を近畿地方で捜しますと、虺龍文鏡の動きもそこの波に乗って来る、漢式三翼鏃などもその動きを逃すと入ってこないのではないかと思います。後期の初頭というのは、中期の後半とは違って中継地を持たない長足の動きが始まっています。中継地を持つ、持たないといっても北四国に一カ所位はあるとは思いますが、いきなり北部九州から入ってくることも考えざるを得ない。その時は東海岸自体で貝の道の新ルートが開発されて次の大和政権の段階にはいろんな情報の中に威信財の一つに石製腕飾類の起源になるようなものを求め始めている動きがありまして、恐らく邪馬台国の時代に求めておかないと成立しないのではないかと考えます。

石野　はい、もう一時間経ってしまいました。そろそろ次のテーマへと思いますが、流通に関連しましてどなたかありませんでしょうか。はい、村上さん。

村上　南海産の貝というのはもっと本土の方で出土しても良いのではないかと思いますが、たいへん高価値を有していたと思います。世界の初期金属器時代において、例えば地中海沿岸地域などでは、首長層の葬送に際して、駝鳥の卵や貝が銅器と同程度の価値を有していたと思われます。現代のわれわれが高価値とみる金属より、むしろ在地に産出しない自然物が高価値という現象は、歴史上どこにでもあります。南海産の貝も金属に匹敵する価値が与えられていたのではないかと考えます。

　また、今、森岡さんがおっしゃったのですが、目に見えない様々な動きという点では、鉄の技術もそうかもしれません。西から東へ伝わったと想定される鍛冶技術のなかで、最も高い技術は凹線文期から後期初頭の段階にものだと思います。ですから近畿の鍛冶技術で一番高いのは後期初頭前後で、それ以降はなかなか右肩上がりに発達せず、むしろ下降していきます。一般的には、古墳時代に向けてどんどん技術が向上すると考えられがちですが、鍛冶技術自体はその時期をピークにして次第に下がって参ります。ですから、私も弥生後期初頭の段階は、瀬戸内を介した技術の動きに注目したい。しかし技術の動きと言うのは痕跡を残しませんので、ただ我々が見ている鍛冶炉とかそこから見る鍛冶技術あるいは出土鉄製品に見る製作技術レベルから判断するのですが、西から東への技術の流れかたが強かったのではないかと思います。

二　集落構成と鉄

環濠集落

石野　鉄を含めて次に「環濠集落と鉄」というテーマに入って行きたいと思います。南九州の環濠集落については、特に今回発表のテーマとして取り上げてなかったのですが、近畿地方では弥生時代には村全体を濠で囲む環濠集落がかなり発達しております。南九州の弥生社会の中で環濠集落はどれくらい、何処にあるのでしょうか。あるいは無いのでしょうか。宮崎の例を北郷さんが先ほど控室で話しておられましたので、お願いします。

北郷　基本的に、環濠集落というのは、二〇年前くらいまで、宮崎県の中ではそれ程広がらないだろうという見解を持っておりました。今でも内陸部では環濠集落というのは確認されていませんので、宮崎県の内陸部では成立しなかったと考えております。ただ、平野部において後に大古墳群が成立するその周辺では必ず環濠集落が確認されています。

初期の段階では丘陵を切断するような形で、これを環濠集落と呼んでいいのかどうかということはありますけれども、集落の前後の丘陵を切断するようなものが出てくる。また、宮崎平野周辺の丘陵上に環濠を持って、その下に水田を営んでいるというような環濠集落が出てくる。絵画土器の中でも下郷という遺跡の話が出てきましたが、この下郷遺跡は前期まで遡るような、要するに前期から連綿と造り変えられながら継続されるという例があります。

西都原古墳群の西側には松本原という所で環濠集落、大淀川流域でいえば本庄古墳群の一角に塚原という遺跡があって、そこにも環濠集落があります。さらに、そういうように高台あるいは台地上の環濠集落が目立っていたのですが。最近では宮崎県庁の周辺でいわゆる沖積地なのですが、その沖積地の微高地に環濠集落が形成された宮崎小学校遺跡というものもあります。最近ではそういう事例も確認され始めましたので平野部周辺の微高地上、それから台地上に環濠集落が展開してゆくという状況は段々ハッキリしてきました。

石野　宮崎平野の環濠集落は何時から始まって、何時ころ一番盛んになって、何時ころ終わるのですか。はい、柳沢さん。

柳沢　南九州でもっとも古い環濠集落は、北郷さんが話された下郷《しもごう》遺跡です。宮崎市下北方にある「平和の塔」の南東五〇〇メートルほどの低丘陵上に発見されたもので、前期末頃と中期中〜後葉頃の二度にわたって環壕が開削されています。二度目の環壕は長径が七〇、八〇メートルほどの規模になるでしょうか。

宮崎平野の広域に環濠集落が出現するのは、下郷遺跡の二度目の環濠集落の時期―中期中葉から後葉頃―だと思います。北郷さんが名前を挙げた西都原古墳群の西側台地に位置する二重環壕の松本原遺跡、本庄古墳群に隣接する塚原遺跡、生目古墳群と同じ台地上に営まれた石ノ迫《いしのさこ》第2遺跡のように古墳時代に有力な古墳群が営まれるような地域のほか、大淀川下流域の微高地上（宮崎小学校校庭遺跡など）に拠点集落として出現します。なかでも石ノ迫第2遺跡の環濠集落は短径一〇〇メートル、長径二〇〇メートルほどの規模が推測され、朝鮮半島製か北部九州製か不明ですが小型仿製鏡も見つかるなど広域交流の拠点的役割を果たしたことが分かります。

また鹿児島県側でも、最近になって肝属《きもつき》川流域に営まれた唐仁《とうじん》古墳群の近くで環濠集落が見つかったと聞いています（時期はよく判りません）。また、昨日の中園さんのお話の中にでてきた薩摩半島西海岸側の万之瀬《まのせ》川下流域―九州北部との交易拠点となった地域―でも早くから環濠集落が見つかっています。南九州でも平野部の拠点となるようなところに、中期中葉から後葉にかけて環濠集落が登場するような何らかの事情がありそうです。

熊本県内でもこの時期にかなりまとまった数の環壕集落が登場するのではないかと思います。その背景はよくわからないのですが、中期中葉から後葉頃に有明海沿岸一帯と南九州を巻き込むような何らかの変動があった可能性があるのではないか、とも思っています。

石野　大阪平野では弥生時代の初めから村全体を囲む環濠集落がありますが、中期末、後期初め位に濠を埋めてしまいます。大阪の池上曽根遺跡などがそうです。それに対して奈良盆地は弥生後期の最後まで濠を掘りなおしています。唐古・鍵遺跡などではそういうことなのですが濠を巡らし続けている。大和の人間はそれ程遅れていると私は言っているのですが、村を守るために濠を巡らすのだったら、いつ敵が攻めてくるか判らないので何時までも溝浚《みぞさら》いをして守り続けていたのでしょうか。

同じ近畿の中でも違う動きがありそうなのですが、南九州の場合ではある地域は中期末後期初めに終わっているけれども、ある地域は後期の最後まで続けているとか、そういう地域的な違いがあるのでしょうか。

柳沢　後期の終末頃まで存続するような環濠集落はなさそうですね。環壕の埋土から出土する土器をみますと、後期中葉頃までには埋まっているような例が多いと思います。ただ竪穴住居址は後期後葉まで継続する例もありますから、環壕埋没後も集落として継続したこともあったと思います。

石野　はい、中園さんどうぞ。

中園　今の柳沢さんの話に出てきました薩摩の西部の話に少し補足をさせていただきますと、薩摩の西部は昔から有名な入来遺跡の環濠集落がありまして、これはこの地域で確実なものとしては一番古く、中期の初頭ぐらいなのです。その後もこの地域に集中しておりまして中期の前半頃、もしかすると半ばかもしれませんが、寺山遺跡がありまして、環濠が二重に巡っているものの一部が検出されております。多重環濠があるということです。それと松木薗遺跡という交易にも関係すると思われる非常に大きな遺跡が薩摩西部にあるのですけれども、その遺跡の濠が掘削されたのが、柳沢さんがおっしゃった中期の後半頃からです。松木薗遺跡の場合は結構長く存続するようで、もしかすると後期を通じて存続し続けた可能性があると思っております。ただし、まだ全容が判りませんで、まだ一部しか発掘されておりませんので今後の楽しみであると思っております。

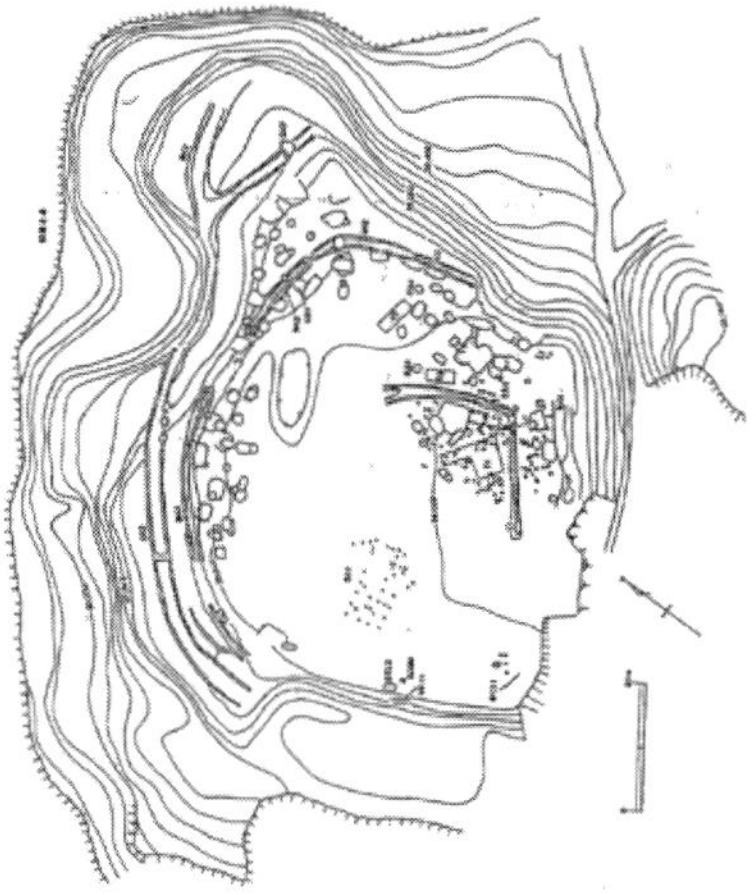

図６　下郷遺跡の環濠と住居群
（宮崎市教委 1999）

石野　村全体を濠で囲むのは戦争に備えてだと言われております。もしそうだとしますと環濠集落がずっと続くということはその地域ではその期間は戦争状態が続いていた、断続的であったとしても続いていたということになりますし、ある時期に濠を埋めてしまうということになると平和な時代がやって来たということにもなります。本当にそういう動きに関連するのかどうかということも含めて、弥生時代の環濠集落は何時始まって何時終るのかと言うことが常に話題になっております。そういう点で近畿と九州を若干比較して皆さんに説明していただきました。

（図６）に先ほど話題になりました下郷遺跡の環濠の図面があります。この図面でいきますと濠が二重に左側に巡らされておりまして、その真ん中に鉤形に溝があるように見えるのですが、溝で囲まれた村の中に、もしかすると四角に囲まれた特別な区画があるのでしょうか。どうでしょうか。

柳沢　申し訳ないのですが、下郷遺跡の鉤形溝の出土遺物については記憶に無くてよく分かりません。この遺跡では中世以降の遺構がありますので、そういうものに絡むものかもしれません。

〔補記〕後に報告書で確認したところ、鉤形の溝（2号溝）は「陶器、磁器、煙管等が出土しており、近代まで使用された溝状遺構と考えられる」（報告書八七頁）とありました。

花弁型住居

石野　弥生時代の環濠集落の中に四角く特別に区画する、例えば九州の宇佐市の小部遺跡にもそういうものがありまして、近畿でも滋賀県伊勢遺跡などにあります。南九州にもあったのだろうかということでお聞きしたのですが、これからの調査で時期など詳しいことがハッキリしてきたらいいなと思います。北郷さんの方から独特の花弁型の間仕切りのある住居について話していただきました。花弁型住居が韓国の松菊里タイプの流れにあるのではなかろうかという雰囲気の話もありましたけれども、その辺りどうでしょうか。北郷さん。

北郷　やはり基本は、松菊里型住居が入ってくるというのが大きなポイントになっていると思います。

松菊里型住居が何故問題になるかということは、初期稲作を証明する遺構的な証拠になると

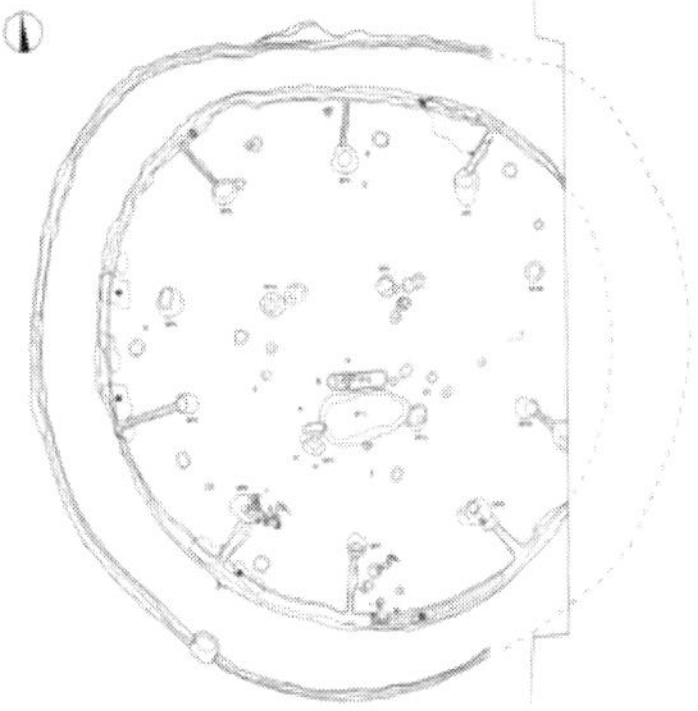

図7　愛媛県 東本遺跡

いうことで、その他遺物から言うと大陸系磨製石器といわれる金属器に見まがうばかりに磨かれた石器が出てくるわけです。そういうものが出てくれば、その周辺を調査すれば水田、あるいは宮崎県の場合は畑作での陸稲《おかぼ》の依存度が高かったのではないかと考えていますが、都城盆地の例を中園さんの方から昨日ご紹介いただきましたけれども、その場合でも台地の下の湧水点を中心とするような、きわめて限定された場所に水田を営む例が見られます。また、えびのの場合はどう見ても水田は営まれない場所で、プラントオパールという稲などの細胞の中に形成されるガラス質の物質を確認する分析では稲を作っていたという結果で、そういう所は陸稲だったのだろうとみられます。そういう初期の稲作に伴うものとして松菊里型住居が入って来て、都城盆地に於いても竪穴部分はもう削平されていて、ちょうど真ん中の楕円形の土坑と両端の主柱が出てくるという松菊里型の初期の住居が確認されております。それが段々大型化してくる中で、中央の主柱だけではなくて周壁にそういうような形で囲繞する柱が立って、その柱の後ろのデッドスペースを掘り残すということで突出した間仕切り壁が成立したと考えました。

これは昔から石野先生もご指摘されていると思うのですが、突出した土壁で間仕切るだけではなくて、愛媛県の束本《つかもと》遺跡（図7）では、柱の後ろに溝が入っているのですが、恐らくそれはアンペラとか板壁だとかそういうもので部屋割りをするという意識は、花弁状間仕切り住居ばかりでなく住居として部屋割をして機能的に空間を区切るということは、普遍的に考えられ成立し得たのだろうと思います。

昨日から問題となっているというのは、宮崎県では中期後半辺りに出てきてそれが後期段階で定着・展開する、ただ北部九州、あるいは先ほどの愛媛県の文京遺跡もそうですけれども、それよりも早い段階で花弁状間仕切り住居が出てきているというのをどう考えるのかが問題です。それがルーツになるのかということなのですけれども、私は多元論者なのでどこかの一点が起源となってそこから広がっていくというよりも、そういう柱の後ろのデッドスペースを掘り残すという発想というのは、多元的に設立し得るのではないか。ただそれが佐賀県の四本柳遺跡でも一過性だけのものであって、ぽつんと円形の住居に花弁状間仕切り住居が作られる。しかしその後、その前後もそうですけれども基本的には方形の松菊里型の住居が連綿として続いてゆくというので、継続性・普遍性を持っていないということが指摘できると思います。

それとご質問の中にもあったのですが、間仕切りされた空間をどういうふうに意識付けているのか、そういう証拠はあるのかという質問がございました。長頸壺がまとまって間仕切られた空間に出てくる、あるいは磨製石器の破片があるまとまった空間から出てくる、石棒の様な祭祀的な石製品が間仕切られた空間に置かれている。そういう例がありまして、ただ間仕切られた空間が何に使われていたのか特定できない、あるいは定説をまだ見ないというような見解を述べる研究者もいるのですが、そうではなくて石器工房であれば石器工房としての間仕切られた空間の使用の仕方があり、長頸壺を貯蔵しておくとこの場合単なる貯蔵なのか、あるいは祭祀的なものも加わるのか考えなければなりませんが、そういう形で間仕切られた空間を目的に設定している例は、検出された住居跡が幸い廃棄直前の状態をとどめる場合に於いては、それぞれの果たした役割の状況を確認することが出来るということであります。

石野　花弁型住居のルーツ、系譜と、仕切った空間をどう使ったのか、という話題が出てきました。そのルーツについて、はい、森岡さんどうぞ。

森岡　質問があります。北郷さんに質問したいのですが、上から見てのプランとしての平面プランはよく理解できたのですが、間仕切られている掘り残し分の上部構造があるのかないのかということが前から関心がありまして、例えばピットがなさそうですけど、ここに板状のさらに上部の壁があるのかどうかとか、そういう点はいかがでしょうか。最近の調査資料でもし判る例があればと思いますが。教えてください。

北郷　発表要旨集の文章は、四本柳遺跡の報告書に寄稿させてもらった文章の七〇％程度に短くした文章を挙げておりますので入っていないかもしれませんが、先ほどの束本遺跡のように板壁なり、アンペラの壁なりというものが想定されるものがあって、花弁状の突出壁の上にもそういうものが想定されてもいいのではないかというふうに思います。

ただ、昨日（北郷講演図2・3）等でも見ていただきましたが、竪穴の上部は削平された状態で確認されることが多く、突出壁については周壁よりも一段低い位置で検出される例もありますから、その場合だと突出壁の上面まで削られている状態ではありませんので、今ご質問にあったように、もしそれに何らかの板壁等があればそこに溝なりが確認されてもいいのではないかと思いますけれども、まだ現在まで、明瞭に突出壁の上に天井部まで壁を持っていたという証拠は実はありません。しかしながら、これはむしろ石野先生にお聞きした方がいいのかも知れませんが、天井の垂木から下げるような形で一つの間仕切り空間を仕切ることは考えてもいいのではないかと思うのですけれども。

石野　確かに間仕切りの使い方になるのだろうと思いますけど、作ろうと思えば作れるのです。屋根の垂木が斜めにありますからそこから棒を一本立てて突出壁の上に持ってくればいいわけです。実際に束本遺跡などでは柱穴から壁際に溝が掘られていて、遺跡によってはその溝の中に小さな杭穴が点々とあるような例がよくありますので、そこに柴垣のような小さな壁を作ることもできます。その壁と壁で作られた空間を色々な用途に使うことはあったのだろうと思います。実際にそこから土器が沢山出てきたり、石器が沢山出てきたりする。言われたように工房のような使い方とか、物置のような使い方もあるでしょう。間仕切り部分が広ければそこを寝間にもできるでしょう。間仕切り住居のルーツについては朝鮮半島の松菊里型住居との関連が指摘されてもいます。単純に考えれば、主柱穴から壁際に障壁を作る代わりに南九州の人は土を掘り残しただけ、ということはないですか。（笑い）

北郷　今までの感覚から言いますと、北部九州から南九州へというような一方向の広がりを想定し、韓国の李健茂先生も昔、松菊里型住居と花弁状間仕切り住居を想定されて、そういう分布図を書かれたりしておられたと思います。しかし、最近指摘されているのは、色々な検証すべき問題点はあるのですが、韓半島の東南部の後の新羅からは北部九州、あるいは山陰・出雲、西南部の後の百済の方からは九州島を迂回して南九州にというように、初期稲作の段階の突帯文土器だとか無文土器の共通項を見ていくと、韓半島の中の地域分けと九州の中の地域分けをした小地域ごとの交流の違いみたいなことが指摘され始めています。

そういうことを考えると、北部九州からというよりも、扶余の松菊里遺跡を含む半島の西南部から直接的に南九州に入るルートというのも考えていいのではないかと思います。昨日からの臼杵―八代構造線の問題も踏まえれば、大分県南部から熊本県の北部・中部くらいまでのところで前方後円墳の分布の空白地帯が生じますし、昨日からの村上さんのお話を加えれば鉄器の問題もそこに入ってくるのですが、そういう意味から言いますと、南九州でも宮崎南部と鹿児島、北部九州でいえば福岡・佐賀といった地域を一つの塊に分けて考えてもいいのではないかと思います。

石野　花弁型住居につきまして、どなたでもどうでしょうか。関連することでもいいかと思います。昨日北郷さんの発表だったかと思いますが、花弁型住居でない住居群、非花弁型と言われましたが、それと絵画土器が繋がるというようなお話があったかと思うのですが、その辺の関連はどうなのでしょうか。

北郷　先ほど話題になりました下郷遺跡がまさにそのような住居ですが、ただ時期的な問題から言いますと花弁状住居が展開するよりも少し早い段階になるのかもしれません。あと飛ぶ鳥だとか龍だとか言われた下那珂遺跡も、非花弁状間仕切り住居の集落で、これも方形住居が中心になる集落です。

そのほかの絵画土器が出る遺跡というのは、内陸部は特に祝吉《いわよし》遺跡ですとか丸谷遺跡だとかそういう所は、すべて花弁状間仕切り住居によって集落が構成される所です。集落のあり方と絵画土器の出方が先ほどの畿内との関係もそうなのですが、昔、佐原真先生は原文字的なものを想定されたように、私も畿内と南九州とのコミュニケーションの上で絵画土器なり記号文というのが意味を果たしたのではないかということを考えたことがあります。現在ではそれ程原文字的なものまでは結び付けられないのではないかというふうに思うのですが、集落構成の在り方が違っても同じ絵画土器を共通の文化として共有しているとみた方がよいでしょう。

石野　住居タイプと他のさまざまな現象との関連についてはどうでしょうか。阿蘇の下扇原でしたか、あの住居が何となく大分辺りの住居のタイプと似ているような気もするのですが……。鉄の関係では、阿蘇の辺りと大分の辺りは共通性とか何かあるのでしょうか。

村上　阿蘇外輪山の内側の集落は基本的には四角い住居です。熊本には弥生時代の大型住居がありますか、ということなのですが、住居址の数が多い集落になりますとやはりしばしば住居址を含んでいます。また、ベッド状遺構をもつものもあります。ただ、大分の大野川流域も近いイメージがありまして、住居の縁に沿ってKピットと呼ばれる土坑をもつところも類似していきます。しばしば、その土坑には表面がつるつるした川原石が納められているのですが、祭祀的な意味合いをもっていたといえます。Kというのは最初に提唱した人が栗田さんという方なのでそのイニシャルをとってKピットと呼ばれているようです。これらは熊本と大分ではかなり発見されています。

阿蘇から、その東の大野川を介して大分平野にいたる地域は鉄製品もよく似たものをもっています。ただ細かいことを言いますと、鏃に関しては熊本側はほとんど鉄で作りますが、大野川流域では磨製石鏃をよく作っていまして、無茎鏃に関しては石で作り続けるというこだわりをもっております。ただ非常に密接な関係をもっていると思います。

鍛冶技術の伝播

石野　鉄の問題が若干残っておりまして村上さんの方から発言頂きたいと思うのですが、村上さんの文章の中で一部意訳しますと、北部九州は古墳出現期に鉄器の技術に画期がある、画期的に発展しているということなのでしょうけれども、その技術は東の方に広がっている、しかし南九州には広がっていない、という主旨の文章がありました。東には行くけれども南には行かないというのはどういうことでしょうか。

村上　南九州の先生がお着きになりました。（笑い）質問にもあったのですが、古墳時代初頭の鉄器生産上の技術的な画期とは何かというものです。

それまでの弥生時代の鍛冶、鉄器生産でも、当然、送風機として鞴《ふいご》を使いますけれども、その鞴は皮袋だと思います。そこから出た管の先には、先に粘土か何かを巻いていると思うのですが、あらかじめ焼いた羽口は使用していないのです。青銅器の生産技術体系のなかには、当初から羽口の使用が含まれていますが、鉄器に関してはなかったようです。

ところが、古墳時代前期初頭になりまして、突然、非常にしっかりした大型の羽口を使用するようになります。何故こういうものが出てくるかと言いますと、その背景には朝鮮半島からの技術的な影響があると思うのですが、それによって送風管の先端が焼けなくなり、羽口はその焼け方を見ておりますと、ものすごい高温を受けているのが判ります。そのころからようやく鉄滓《てっさい》といって、粗鉄に含まれていた不純物が大量に排出できるようになります。鉄器の加工力あるいは精製力が一段と上がるわけです。こういう羽口をもつ鍛冶装置が恐らくは古墳時代に入って日本海側にも、あるいは瀬戸内側にも、それまでの鍛冶技術の伝播とは比べものにならないすごいスピードで東側に伝わっていきます。

ところが、昨日、延岡市の今井野遺跡の例を挙げて説明させて頂いたように、南九州では古墳時代前期後半にならないとこのような羽口はみられません。じつは、あれほど大量の鉄器が出土すると話をした熊本県域も、それは弥生時代後期後葉までのことであって、古墳時代前期になると鉄器をもつ集落がほとんどみられなくなります。鉄器を潤沢に生産し、消費していたはずの熊本から大集落や鉄器がみられないという状況になるのです。北部九州の縁辺ともなる熊本県北部の集落ではまだわずかにそういった集落が点々とみられますが、昨日お話ししました阿蘇とか緑川流域ではそういう集落がみられなくなります。ですから熊本がもしも古墳時代前期まで持ちこたえていたら、南九州にもっと鉄が伝わっていた可能性がありますし、技術伝播もうまくいっていたかもしれません。北部九州と同様に鉄器を大量に生産し消費する社会が衰退しまったということが、結果的に、有明海沿岸から薩摩半島へ、あるいは内陸から宮崎県北部につながるようなルートがほとんど機能しなくなってしまったと考えています。
石野　それは、北部九州の人が南に伝えようとしなかったのか、南九州の人が鉄は要らないと思ったのでしょうか。
村上　鉄は欲しかったと思います。それまでは熊本の免田式土器を使っていた人々がどれだけ動いたかという問題はありますが、熊本の弥生人が南下したり、逆に南九州の弥生人が熊本まで来れば何らかの交流が起こっていたはずなのに、熊本にその母体が無くなってしまったということです。私は熊本の生まれですが、先祖が頑張っていればもっと高い鉄器の生産技術が南に伝わっていたのかもしれません。やはり熊本は、南九州の鉄器問題を考える上での非常に重要な地域だと思います。
石野　村上さんの古墳出現期というのは西暦でいうと三世紀の前半・中頃・後半・四世紀、いつですか。
村上　三世紀の真ん中よりも少し古いかなと思っております。
石野　という時期であるそうです。この辺は人によって違いますので、私は二世紀末と思っておりますから、そこは違いますので確認しておく必要があると思います。鉄の広がり方について、どなたか、いかがでしょうか。はい、森岡さん。
森岡　やはり鉄の問題は、西の方との関係で近畿地方は非常に問題になるのですが、一つの考え方として、例えば弥生型の鉄器の製作工房とか製作体系というのは一回崩れることは、近畿地域の内部でもその断絶状況、鍛冶集落の消長などをみてもあります。例えば政治的な支配的なもの、もっといえば邪馬台国時代に併行しますし、前期古墳出現の直前期でもありますから、例えば大和の政権が介入いたしますと、中部九州への鉄の流れのルートを瀬戸内ルートに変換するとか、あるのではないか。淡路島北部の五斗長垣内《ごっさかいと》遺跡のように栄えている後期型のものも庄内式併行期には大きく減衰する、なかなか中々継続しません。弥生の後期の後半から古墳時代前期前半にかけて鉄器の製作が継続して営まれるような状況、地域はきわめて少なくて、纒向遺跡とか脇本遺跡のようなものは（継続）しているかもしれませんが、大和の桜井などにも出てきますから、そういうすこぶる政治色の強い支配的な動きというのは、村上さんは評価しないかどうかという点をお聞きしたいと思います。

村上　支配的というふうに考えていいのかどうか…。古墳時代前期になりますと、かなり高度な鍛冶技術が東に伝わっていくという話をしましたが、それがどこかの力で動かされていたのかどうか、というように考えられるのかどうか？

確かに、この時期、遺構からみると同じような鍛冶装置が各地に現れているようですが、出土遺物を観察すると、それらを使用してどの程度生産できたかのか、と疑問に感じるところが多々あります。私は、古墳時代前期の古い段階には、福岡市の博多遺跡で朝鮮半島から入って来る鉄素材を大量に精製し、整形した素材を各地に流通させていたのではないかと考えています。それくらい、博多遺跡での生産量というか、処理量は膨大なもので、一つの工房とか、工房群という程度のものではありません。これは古墳時代後期の大阪柏原市の大県遺跡とか、交野市の森遺跡などをイメージさせるくらいに大量生産をしております。未精製素材が別ルートで流通した可能性を全く否定するものではありませんが、この時期、主に博多遺跡群が中心となって鉄素材を精製し、流通させていく。そして、その生産技術・方式の前線が、前期の終わり頃、愛媛県今治市の松木広田遺跡例のように西部瀬戸内まで到達するのです。

この前線の移動は、大生産地が徐々に拡張しているとも考えられ、自然な移動と考えてもいいのではないか。したがって、それらの生産や流通をどこかの大きな権力が動かしたのかという点については、私はそのように考える必要はないと思います

森岡　そうしますと、大型の鉄素材というのはかなり北部九州に偏在していて、素材の流通がかなり長距離的に行われていると、そういう評価でいいですね。

村上　そうですね。前期の鉄滓は突然大型になります。ですから各地の集落で加工できるように博多遺跡で精練して、そして送るようなシステムが出来上がっていくのではないかと思います。

石野　奈良県の纒向遺跡に三世紀中頃から後半に筑紫型の鞴《ふいご》の羽口《はぐち》があると村上さんは論文

で指摘されております。邪馬台国が九州か、近畿かという時に、九州と近畿の仲が悪いようなイメージがあるのですけれども、仲が悪いのは九州論者と近畿論者が仲が悪いのであって（笑い）、もしかしたら邪馬台国の時代には仲が悪くもなんともないという証拠が纏向の筑紫型の鞴の羽口からいえますか。それは鉄を作る製鉄技術ではなくて鉄器を作る鍛冶技術の一つなんだろうと思うのですが、それが三世紀代の大和にあるということは、東に広まっていったという点でごく当たり前のことなのですか、それとも筑紫と大和の関係は特別な関係なのでしょうか。

村上　この羽口は日本海側にも伝わっていきますし、瀬戸内側にも伝わっていき、大和に特別に伝えられたというわけでもないようです。

西部瀬戸内では、畿内系の古式土師器が沿岸部から内陸部に入っていきます。その頃、愛媛県域の竪穴住居址はもともと円形なのですが、沿岸部の方から四角になっていくという傾向がみられます。おそらく東からの人々や情報の動きが、畿内系土器をもたらし、また新しい住居様式をもたらしたのでしょう。そしてこの動きは、鉄素材やその加工技術など、安定的に獲得したい人々の動きでもあったのではないかと思います。

おそらくその動きは北部九州にも及ぶのでしょうが、九州の弥生人は「技術を学びに来たの？」といった感じで教えたのではないでしょうか。決してクローズしていないと思うのです。より目的的な人の往来と教える・教えられるという関係ができて、技術の伝わり方もはやくなったと思うのです。それまでの不確定要素が多かった技術の交流よりは人のつながりがみえる形の伝播が始まり、そのスピードも変わったということなのでしょう。

石野　南九州の鉄の動きについて、南九州の西側である薩摩は中九州と繋がり、南九州の東側の大隅・日向は東九州と繋がっているという指摘がありましたけれども、その辺に関係してどなたかありませんか。村上さん何か補足することでもありませんか。

村上　九州の西海岸では免田式土器をもつ文化が薩摩半島に伝え、東側ではそうではなくて、阿蘇外輪山の南東地域から宮崎の高千穂に抜けるような鉄のルートがあったとみています。非常にマイナーな話ですが、後者の地域に関しては、北郷さんがかつて格調高い文章で論文をお書きになり、われわれも学生時代読ませていただきましたが、その地域をめぐる人々の動きが鉄を伝えて、東海岸にも到達したのではないかと、弥生時代については考えています。ただ、その動きが古墳時代にはいると全く見えなくなります。

石野　宮崎平野で鉄器が多いのは宮崎県川床遺跡でしたか。あの辺の鉄器が東九州からという感じなのですか。

村上　東九州の沿岸地域からのダイレクトな関係というのはあまりみられないのではないでしょうか。大分平野周辺との関係については、臼杵とか佐伯など平野の少ないリアス式海岸の地域を介在していて、これらの地域がよくわかっていないこともあって、積極的な議論ができません。したがって、より内陸の方、例えば宮崎と大分と熊本との県境が接するようなところに、内陸の抜け道的なルートがあったと考えていますので、はたして東九州という表現が正しいのかどうか、悩んでしまいます。

石野　そうしますと、東九州といっても阿蘇に近い山の尾根を通るようなルートということですか。北郷さん、どうぞ。

北郷　祖母・傾山系をつなぎ目として大野川上・中流域と五ケ瀬川の上流域の日之影、高千穂といった地域なのですけれども、そこで共通の土器文化が弥生の後期に花咲くといった現象が見られます。非常に見た目は鈍くさいのです、そして非常に分厚い土器で、文様も工字突帯文というような、粘土紐の貼り付けを持つような土器が出ます。若干の器形の違いや口縁部のあり方とかも違うのですけれども、えびの盆地、これは南の方の内陸ですけれど、そこにも分厚い土器が出てきます。若干巻きひげ状に突帯を貼り付けるというような違いがあるのですけれども、要するに平野部の薄い器壁の土器に対して、明らかに分厚く、砂粒の多い粘土を使った土器が出現します。その山間を通じたルートというのも想定しておかなければいけないのではないかと思っております。

先ほどの鉄の話から言いますと、阿蘇外輪山の東側の高千穂は、祖母・傾山系という大野川上・中流域との関係、それから九州山脈を山沿いで南のえびの盆地まで至る、あるいは都城盆地まで至るという山のルートも考えて行く。その中で、河川流域ごとで平野部の方まで下って行く、そういうルートが想定されると思います。先ほど言われたように、東側の海岸部に近いところでは宗太郎峠という大分から宮崎までの難所がありますので、そこを伝っての在り方というのは正直言ってあまり見えていないのです。ただし、土器の共通項から言いますと、下城式だとかいう土器が、大分と宮崎平野部に出てくるという意味でのくくりで東九州という言い方が成立する瞬間はあるのですけれども、その間をどう繋いでいったのかというのは、実態的にはあまりハッキリしていない検討課題だと思います。

三　二・三世紀の南九州の墳墓

円形周溝墓

石野　交通ルートといいますと、平野と平野、海と平野のルートを考えますが、山と山が早いのかもしれません。いよいよテーマは三つ目の古墳の方に入っていきたいと思います。南九州には円形周溝墓群が沢山ある。日本列島で弥生時代を通じて方形周溝墓が近畿を中心に広まっていますけれども、南九州の方はそういう動きとは別の動きをしているようだということで、南九州の円形周溝墓群の意味についてどなたでもどうでしょうか。柳沢さん、お願いします。

柳沢　昨日お話ししたように、宮崎平野周辺では弥生後期後葉頃から円形周溝墓が出現します。(柳沢講演図1の1、2と図2)に円形周溝墓群を三つほど紹介しております。今のところ宮崎ではこのうちの二遺跡で方形周溝墓が加わり、その周辺に小型の土坑墓が密集するのがこの段階の集団墓の特徴です。方形周溝墓が主体となるかというと、川南町東平下遺跡でも新富町川床遺跡でも円形周溝墓の方が数も多いし、かつ規模も大きい。円形周溝墓のなかには周溝の内径で二〇メートル弱位の大きなものや、高さが一・五メートルほどの盛土をもつものもあり、円形周溝墓のほうが優勢のようです。

また森岡さんからご指摘がありましたが、円形周溝墓の場合、遺体を埋葬する内部主体は一つの例が多く、複数伴う例がきわめて少数です。これは一つの特徴だと思います。日向では後期後葉前後にならないとこういった周溝墓は出てこないと申し上げましたが、鹿児島の志布志《しぶし》市《し》(旧松山町)で中期にさかのぼる円形周溝墓群が発見されたことを先ほど中園さんがお話しになりました。一体これはどういうことなのでしょうか、この遺跡について教えていただきたいと思います。

石野　中園さん、どういうことなのでしょうか。

中園　どういうことと言われましても（笑い）、困ります。困るのです本当。なぜかと言いますと、私は志布志市の京ノ峯遺跡は弥生の中期後半だと思っておりますし、これまでも色々そのように書いてまいりましたので、何か責任を取らないといけないと思うのですが…。

先ほど柳沢さんがおっしゃったように、宮崎の川床遺跡みたいに、円形周溝墓と言いますと弥生の終り頃というイメージがありまして、薩摩の南部にもそういう円形の周溝を伴うようなお墓が弥生の終り頃にあります。そのことと、京ノ峯遺跡の円形周溝墓の中からは殆ど土器が出ていないことから、あれは弥生の終りではないかと考える方が出てきます。ただ一つですが、祭祀遺構が墓群の中から見つかっておりまして、その祭祀遺構は確実に中期後半です。その中には瀬戸内系のⅣ様式の凹線文の高杯などが入っておりまして、間違いなくその時期のものでありります。また、周りには集落もありませんので、そういう祭祀遺構がポツンとあるというのは理解できない。やはり墳墓祭祀に伴うもので、京ノ峯遺跡の円形周溝墓群に対する祭祀だと思います。

墓群には方形らしきものもあるのですが、極めて少なく、ほとんどが円形です。先ほどの川床遺跡などと比べてどこが違うかと言いますと、一基一基の規模が小さい。（柳沢講演図２）を見ていただくと判るように、川床遺跡では周辺の小さいお墓が円形の周溝を持つものを避けるように築造されているのが判るかと思います。そのように広い空間を取っていますが、京ノ峯の方は若干小さいような気がします。正確な数値は判りませんが……。

これだけではなくて、同じ大隅半島に山ノ口遺跡という学史的に有名な遺跡がありますが、ここに謎のストーンサークルのようなものがいっぱい見つかっております。立石があったり軽石が円形に配置されたりしている、あるいはそこに完形品の土器があったりする、そういう不思議な遺跡であります。私は、実はそれも円形周溝墓だと思っております。真ん中の主体部と溝のところは、地盤が砂のために当時の調査技術ではそれが検出されていないだけで、そこも京ノ峯とほぼ同じサイズで、小型の円形の周溝を伴う単体埋葬のお墓が沢山あるものと思っております。

ですから、京ノ峯だけではなくて、よく探せば見つかってくるということであると思います。これが何処に起源するかとか、それがどのように弥生の終りや古墳の初めの円形周溝墓につながっていくかということについては、これからの重要な問題になってくるものと思います。

石野　他にどなたでも。はい、森岡さん。

森岡　円形周溝墓は、二、三年前に、ここ二上山でのシンポジウムで私自身が詳しく発表したことがありまして、以前から気にはなっていたのですが、もう一度整理し直しますと、まず、単体埋葬というのは九五％以上の率で優勢であります。方形周溝墓との違いは集団の習俗的な違い、例えば血縁者を入れない、夫婦を入れない、あるいは兄弟埋葬をしないというようなものが葬制習俗として下地にあるのではないかということを考えております。

では方形周溝墓は排他的なのかというと、そうではなく、共存している遺跡は随分近畿地方とか瀬戸内にもありますので、けっして敵対関係にあるような二つの集団ではない。しかし、墓の墓制としての採用を厳格に区分けされていると私は考えております。

それからもう一つは、起源が瀬戸内の東部にあると思っています。これは日本列島全体を見渡した時に、香川・岡山辺りが起源地で、それより古いものは北部九州とか南部九州から出てくるはずはないと断言はできるかどうか判りませんが、起源が前期に遡って南部九州と言う方がもしあれば、現状では苦しい話になろうかと思います。

それから墳墓の祭式を見ても、供献土器のあり方とか、新しくなりますと貼り石をするものがあったりしますから、南部九州で石を使っているものがあるかどうか、そういう視点は大事です。先ほどのストーンサークルも、石が墳丘部にあったのか周濠に点在するかという違いは、検証すると面白いのではないかと思います。再検証すべきデータになっているのではないかと思います。

そうしますと、鹿児島の京ノ峯段階というのは、播磨などに円形周溝墓が結構隆盛する段階に近くて、近畿地方の東部に拡大する段階に近い段階だと思います。それに対して弥生の後期の後半から終末の川床タイプの大型化するタイプのものは、実は近畿でも大きくなる段階でありまして、突出部が付く、そういったものが北部九州に突起状に付くものがあるか、周溝の一部が途切れるものがあるか、増えるかどうか、そういう視点が今後重要になってきます。さらに、採用しているものが木棺に限られてくるかどうか、そういう部分があります。

そういうふうに考えますと、川床段階というのは兵庫県の南部でも摂津、丹波、近江、北陸それから信州に向けてありますので、東日本でも後期以降採用が増えてきますので、非常に変則的波行的な広がりで出てきますし、蛇行剣とか鉄器でも違う文化との接触もありますから、大陸側から外来文物が来る時に円形原理というのは方形周溝墓とはかなり違う入り方をする可能性があるのではないかと考えております。

方形周溝墓の分布は、エリアをもち、と水系について北上したり東進したりしますが、円形周溝墓の場合は長距離的な、飛び石的なかなり変な動きをするというのが、今考えていることです。謎めいたことで判らない点も多いのです。ただ石野先生がよく言われている前方後円墳との繋がりを考えるには段々複雑化が著しくなってきまして、円形原理の墓があるから前方後円墳がその地域は早いのだということについては、スムースに連結しない地域も多く、前方後円形系統のものと円形周溝のものとを分離して考えるべき立場を取りたいなと、今思っております。

石野　ルーツが中部瀬戸内にあるのではないかということですけれど、中部瀬戸内の円形周溝墓群は単体埋葬を確認されていたのですかね。

森岡　埋葬の確認があるものは単体が多いと思います。現状ではなかなか確認できていないものも多いですから。

石野　埋葬施設が判らないものが多いのですかね。

森岡　中期や後期の具体例で言っていますが。今言いましたのは、前期の例の古いものが東部瀬戸内から中部瀬戸内にかけて多いというふうには思いますが。

石野　香川の佐古川窪田でしたか、あれはあまり形がよくないですね。（笑い）南九州のような正円形に近いような円形周溝墓群ではないというその辺は何か違うような気がしますね。まあ、時期も違うのかもしれませんが。南九州の円形周溝墓群についてどなたでもどうでしょう。南九州の何処にでもあるのですか、あるいは地域は偏るのですか。はい、柳沢さん。

柳沢　今のところ、日向の宮崎県内では宮崎平野域に限定的に見つかっています。西都原古墳群周辺ですとか生目古墳群の周辺、生目古墳群周辺の場合には大型古墳が築造される前に円形周溝墓や土坑墓群が、パラパラですがつくられていたようです

石野　生目古墳群の同じ丘陵上にあるのですか。

柳沢　はい、同じ台地上です。

石野　円形周溝墓群では川床遺跡が有名です。今回の資料などを見ておりまして、川床遺跡

が弥生後期の後半くらいに始まって、庄内併行期、つまり纒向式併行期に盛んで、布留式、四世紀の前半くらいになると消えます。纒向古墳群の出現と盛期と消える時期とが奇妙に一致しています。歴史的に関係があるのか、列島全体の動きに関係があるのか、その辺はどうでしょうか。単なる偶然でしょうか。はい、柳沢さん。

柳沢　川床遺跡の墳墓群の形成と衰退の時期が、纒向遺跡の墳墓群と時期的におおよそ重なることは確かだと思います。双方の社会を取り巻く環境が似たものであったということはあったと思われますが、その背景を説明するのは私の能力を超えていますのでパスです。

纒向型古墳

石野　直接の関係が無くても社会の変化に共通性があるということなのかもしれません。その辺はこれからどういう材料が出てくるかということによって共通性と違いということが判ってくるだろうと思います。それでは纒向型古墳に移りたいと思います。宮崎平野というか、南九州での纒向型古墳の動きについて柳沢さん、補足されることはありませんか。

柳沢　昨日も報告しましたが、改めてどのようなものがあるかを確認したいと思います。（柳沢講演図９）は鹿児島県の塚崎古墳群で、日本列島最南端の前方後円墳を含む古墳群です。この古墳群中の11号墳は前方部がきわめて短小です。周辺が削平されたのではないかという意見もあったので何度か現地を歩きまわったのですが、さほど削平されたと思えず、纒向型のⅡａ形でよいのではないかと考えています。

九州にはこれとよく似た墳形の前方後円墳が他に二基知られています。（柳沢講演図10）に塚崎11号墳とともに墳丘測量図を載せていますが、それぞれにバースケールを入れたのでお分かりいただけるように、いずれも墳長が六〇メートルを超える規模のものです。

中央の福岡県原口古墳は、昭和初期に、埋葬施設から福永さん分類のＢ類の三角縁神獣鏡が三面出土しています。右端の長崎県守山大塚古墳は、近年墳丘周囲の発掘調査によって、（柳沢講演図10）に示す土師器類が周濠中から見つかっています。右下の二重口縁壺だけを単体で見ますと布留０式にさかのぼらせることができますが、共伴の土師器を見ると布留１式まで下る可能性が高いと思います。いずれにしても、三世紀代にさかのぼる可能性のある纒向型前方後円墳が北部九州や有明海沿岸域、列島最南端の大隅半島基部に出現することは大変意義深いと考えております。

それからもう一つ、日向の古墳出現期に近い時期に西都原81号墳や檍1号墳などの纒向型やそれに近似する墳形の前方後円墳が認められることは昨日お話ししたとおりです。

石野　という事実が南九州にあるわけですけれども、南九州の纒向型古墳の出現に関連してどなたかいかがですか。はい、森岡さん。

森岡　ちょっと評論的といいますか、コメント的な発言になるかもしれませんが、纒向型という設定で先ほどもお話しいたしました時に容認する立場でありますから、纒向型は信頼するのでありますが、全体を見渡しします時に、宮崎の地域性、あるいは九州南部の地域性というものは、今まで柳沢さんが書かれたものでも触れられていると思いますが、墳形で、特に前方部の状態は、寺澤薫さんの定義からしますと、後円部二に対して前方部一という大きな定義枠がありますす。それを正規の纒向型としますと、亜流纒向型というのが一つあります。それからもう一つは四世紀に降りそうな長崎県の守山大塚の例は容認したいと思うのですが、その場合は形式的には纒向の初現から離れてくる土器の段階であります。

例えばこの土器をコメントしますと、(柳沢講演図10) 下の守山大塚古墳の1番の土器なんかは確実に布留式に入っている甕だと考えております。こういう加飾系の壺というのは気になるのですが、例えば豊前赤塚古墳とか和歌山県の秋月遺跡なんかでもこういう加飾系の二重口縁というのは庄内に確実に押しとどめる必要はない、かつて石野さんが書かれたもののなかではこういうもので挙げておられるものがお有りなので、多分私と意見が違うかもしれませんが、やはり布留の段階に入ってきて布留のⅠ以降に降るということはほぼ確実です。こういうものについては、「形」の形式というタイプではなくフォームということで、纒向型が地域的に離れた地域では延長して四世紀に食い込んでも採用されたままと、考えた方がいいのではないか。正規の前方後円墳が伝達される箸墓型とか類型としては西殿塚などの類型の併行期に存在する案も容認した方がいいのではないかと思います。纒向型が古いという概念を南部九州の例は捨て去されることを訴えている資料ではないかというコメントが出来ると思います。それが一つです。

それから、全体的に出ている土器を検討しますと、（柳沢講演図13）に出ております纒向型を主張しておられる土器などもまさしく土器を見る限りこの地域の土器としては庄内の要素を持つ土器と布留の要素を持つ土器が細部に見え隠れしますので、共通的には両方の時期の境目の時期、柳沢先生は布留の0式よりも少し下げて考えておられ、布留に下げる段階に考えておられますが、布留の中でも古い感じの時期です。これなどはそういう評価の中で突出部が気になります。こういうものが押えられている纒向型の古墳は少ないです。

それから、埋設される土器棺が多いのですが、ホケノ山でも埋設されている土器の葬棺がありますので、そういう点で言いますと随葬されている、あるいは新たに加えられている土器の中に出自が違う人たちがあるかもしれない。南部九州の中でこれらの土器が少し外来的なものを一部含んではいないか、そういう検討を今後して頂けると埋葬施設の多さも意義を持ってくるのではないかと、そういうふうに思います。

石野　南九州の纒向型の古墳で、埋葬施設とか副葬品が判っているものは、どのような状態なのでしょうか。

柳沢　檍《あおき》1号墳（柳沢講演図12）の墳形を寺澤さんの纒向型Ⅱ形の変形と理解してよければ、唯一これだけです。西都原の81号墳も付随する埋葬施設はいくつか調査しておりますけれども、後円部中央の埋葬施設は未調査です。ですから、今のところ確実な例は檍1号墳だけとなります。九州北部まで広げますと、福岡県那珂八幡古墳や佐賀県双水柴山《そうずいしばやま》2号墳は木棺直葬、大分県下原古墳は川原石積みで、広島県西願寺墳墓群のように短小型で木蓋の竪穴式石槨があります。後述する鹿児島県端陵《はしのりょう》古墳も不確実ながら竪穴式石槨の可能性があります。

石野　纒向地域でも、最近の橿原考古学研究所、あるいは桜井市埋蔵文化財センターの調査で、纒向型と箸墓型（箸中山型）が、ほぼ同時期に一〇〇メートルクラスのお墓としてありそうだということが判りつつあるのですが、南九州の場合でも箸墓型と纒向型は時期としては併行しているのでしょうか。

柳沢　南九州に箸墓類型の確実な例があるかどうか厳しいところです。私はかつて、生目古墳群では1号墳がそうではないかと考えたことがありましたが、昨日お話ししたように、最近は再検討したほうがよいのではないかと思っております。西都原古墳群でも箸墓類型と想定した100号墳は発掘調査の結果、くびれ部を含めて前方部の幅が異常に狭くて箸墓古墳との違いが大きく、また出土土器からも布留Ⅱ式まで下ることが判明したわけです。岸本さんや澤田さん達の比率法ともいうべき墳形研究は、前方後円墳の平面形と立面形をかっちり押さえた上で行う必要がある、と反省しているところです。

一方、箸墓類型につぐ西殿塚類型の場合、昨日お話しした西都原1号墳のようにかなりの確実性を想定できる例もあり、今後の調査による墳形の確定が望まれるところです。このように整理してみますと、確実な箸墓類型は未確認となってしまうので、申し訳ないのですが石野さんのご質問にはお答えできないのが現状です。

石野　南九州の纒向型古墳についてどなたでもいかがですか。はい、森岡さん。

森岡　柳沢先生に質問させて頂きますが、九州島全域の前方後円墳の研究が進んでいった中で埋葬施設などもよく研究されていますが、兵庫県長尾山古墳の発掘成果なども加わって、竪穴式石槨に先行して粘土槨というものの存在が再評価されていると思いますが、原口などもそうなのですが、予測としては纒向型の古いタイプの中に粘土槨という想定がある程度出来るかどうかという点、新しくなると竪穴式石槨が短くなるというものが入ってくるかどうかということです。

もう一つは纒向古墳群自体の編年観、（図8）の纒向古墳群の編年には異論も多いと思いますが、石塚、勝山、ホケノ山、東田大塚、箸墓という編年を土器の上から一応組んではいます。つまり、系譜的に縦列で存在していて、同時存在ではなく系譜がある。一番左の列の大和・山

出現期古墳の築造実年代策定試案

暦年代	時代区分	時期区分	土器様式	細分段階	大和・山城	瀬戸内	摂津・河内	山陰・丹後	近江・東海	北陸・中部	関東	備考
					主要古墳（墳丘墓）の築造年代							
	弥生時代	末期	V様式併行							○根塚		下田I式
180								□大風呂南				
						☆楯築			■廻間SZ01			
								□金谷１号		□原目山１・２号		
200		初頭	庄内式併行	古段階				☆西谷３号		□乃木山		
								□赤坂今井				
									■西上免			
220	古墳時代			中段階	●石塚							
						●萩原１号					●神門５号	下田II式
						☆綾部山39号				□小菅波４号	■高部32号	
					●勝山					□風巻神山４号	●神門４号	
						●宮山		●園部黒田		☆杉谷４号		
240					●ホケノ山	●養久山１号					■高部30号	
								□大田南２号		■弘法山		
					●東田大塚				■小松		●神門３号	
				新段階		●鶴尾神社４号						
					●箸墓　●弁天塚	●丸井		□塩津山１号	■神郷亀塚		●秋葉山３号	
260					●中山大塚	●浦間茶臼山						
						●奥14号	？安満宮山	□大田南５号		■山谷		
		前期	布留式併行	古段階	■元稲荷	■都月坂１号	■西求女塚	□神原神社	■象鼻山	■富崎千里９号		
					●西殿塚	■権現山51号	●玉手山９号			●谷内16号		下田III式
					●黒塚		□久宝寺１号		■富波	■勅使塚		
280					●椿井大塚山	●朝日谷２号	●真名井	□大成	●新豊院山D2			
					●東殿塚	■備前車塚	●玉手山３号		●円満寺山		●秋葉山２号	
						●妙見山１号	●ヘボソ塚	□造山１号		●宿東山１号		
				中段階	●桜井茶臼山		●弁天山C１号		●雪野山	○花野谷１号		
									■東之宮	●関野１号		
300					●メスリ山	☆猫塚	●大石塚		●松林山	●高遠山		
					●寺戸大塚			□造山３号	●親ヶ谷		■真土大塚山	佐紀大溝
					●大和天神山		●玉手山１号		■皇子山		●秋葉山１号	
										■国分尼塚１号		
								■松本１号				
320					●行燈山		●玉手山７号				●長柄・桜山２号	
										■雨の宮１号		
					□鴨都波１号		●松岳山					

※古墳・墳丘墓等の呼称は割愛　＿＿は基準資料　●前方後円形　■前方後方形　○円形　□方形　☆その他の墳形　？墳形不明

図８　纒向型前方後円墳 出現期古墳の築造年代試案（森岡・西村編 2006）

城のところに石塚、勝山、ホケノ山、東田大塚、箸墓と、最後に箸墓を置いております。ホケノ山を下げて箸墓くらいに置く人もいますが、そのあたりは難しいところであります。こういう系譜関係を追いますと、南九州の場合でも一つの古墳群の中で纒向型、箸墓類型とか、あるいは纒向型の中でも前後関係でこういうふうにたどれるところはいくつくらい古墳群でありますかという、この二つの質問であります。粘土槨の問題を先にお答えいただければと思います。

石野　柳沢さん、お願いします。

柳沢　一つ目のご質問の粘土槨というのは福岡県原口古墳のことと思いますが、本当に粘土槨だったのか分かりません。何故かと言いますと、昭和初期の開墾時に大量の粘土とともに三角縁神獣鏡が見つかったという伝聞をもとにしているからで、調査できっちりと粘土槨が確認されたわけではありません。

二つ目のご質問につきましては、南九州の場合、纒向類型の古手の前方後円墳の調査例はきわめて限られている上に土器の採集資料がほとんどありませんので、纒向遺跡周辺のように初現期から箸墓古墳以降の定型前方後円墳に至る詳細な先後関係を検討できるだけの材料がそろった古墳群はほとんどないとお答えするほかありません。箸墓古墳以降でも良ければ、昨日お話しした西都原古墳群A群の前方後円墳群の築造過程が、墳形・埋葬施設・副葬品・供献土器を含めてある程度詳細に検討できる例かと思います。生目古墳群も、もう少し調査がすすめば同様な検討が可能になるかもしれません。

石野　今の埋葬施設のことで思い出したのですが、纒向石塚は墳丘が太平洋戦争の末期に三メートルないし四メートル削られておりますが、数年前、墳丘の断ち割り調査を桜井市がしております。しかし、埋葬施設が出てきておりません。そして周りには石も散らばっておりません。石塚に石が無いのです。埋葬施設は竪穴石室でも箱形石棺でもないのではないか。木棺直葬か、粘土棺のようなものの可能性を想像しております。纒向石塚については埋葬施設は判りません。石は使っていない可能性が高いです。

年代について私は三世紀の初め、二一〇年くらいで纒向式（庄内式）土器が出てくる直前段階と思っています。根拠は、墳丘盛土内に土器片が三六〇〇点あまり入っているのですけれども庄内甕、纒向甕のかけらさえありません。ですから、その直前だと思っております。ただ寺澤説では濠の中に入って来る水路の土器を根拠にしまして三世紀の終りくらいに考えておるようです。ですから南九州の纒向型古墳の出現は三世紀の終り、あるいは四世紀のはじめということであれば、寺澤説を取ると整合性があると思います。石野説から言うと七〜八〇年の違いがあるということになります。

最後にそれぞれの方の邪馬台国は何処だ、ということと、南九州の纒向型古墳について一言言っておきたいということがありましたら是非お願いしたいと思うのですが、如何でしょうか。はい、中園さんお願いします。

中園　南九州の薩摩半島の付け根近くのところにある端陵《はしのりょう》古墳という古墳が纒向型古墳の可能性があると言われております。今日の話の脈絡からしますと、瀬戸内あるいは畿内という東からのインパクトという関係と、もう一つは熊本、つまり中部九州と、あるいは北部九州と南九州という二つの関係を常に考慮しておかないといけないと思ったのですが、それで端陵やそういう古墳が薩摩西部の方にもあるということで熊本との関係はどうなのかなと。私の素朴な質問でありますが、熊本というのは何となく纒向型という話の際にあまり出てこないようですので、少し気になっているのですが、柳沢さん如何でしょうか。

石野　はい、柳沢さんお願いします。

柳沢　中園さんからご指摘のありました端陵古墳は、（柳沢講演図17）の左上にあります。この古墳につきましては、古墳なのだろうかという意見もあります。現在、円丘上の一角に安山岩系石材の割石が少量ですが積み上げられてあります。この周辺にはない石ですし、石槨の壁材に使用されるサイズからみて、他所からわざわざ持って来たというよりも、破壊された埋葬施設の壁体使用石材の一部が記念碑的に残されたと考えた方がよさそうです。また墳丘の形も、墳端付近の等高線を追ってみると、やはり前方後円形と認められるのではなかと思います。

このほかに、これまで纒向型の候補として名前が挙げられたものを（柳沢講演図17）に載せています。図が小さく見にくくて申し訳ないのですが、端陵古墳の下に測量図がある中陵古《なかのりょう》墳は円墳と考えた方がよさそうです。それから宮崎県新富町の下屋敷古墳ですが、墳丘基底面付近の等高線をたどってみると不正な円形に復元されるので円墳と見た方がよいと思います。そういうことで、この二つは纒向型から外しています。

ところで、端陵古墳の位置する川内川の下流域には、前期にさかのぼる二〇～三〇メートル級の円墳が二～三基あります。最近、そのうちの一つで竪穴式石槨と板石積石棺と合体したような奇妙な石槨を内部主体とした直径三〇メートルの円墳、天辰寺前《あまつてらまえ》古墳が調査されています。石槨内から左右の手にイモガイ製の腕輪を着装した女性の骨が出土しています。明確な年代推測の材料が無いのですが、四世紀代にさかのぼる可能性が高いと思います。また、川内川の河口近くに直径二〇メートル程度の円墳、船間島《ふなまじま》古墳があります。埋葬施設は長大型の竪穴式石槨で四世紀代の古墳とみられるので、端陵古墳のあとにいくつかの中型円墳の首長墓が継続したと考えてよいと思います。

ところが、この川内川下流域を除くと、薩摩半島側の北部では古墳時代に継続する首長墓系譜は認められないようです。四世紀から五世紀後葉ぐらいまでの間、この地域の墓制は土壙墓系と板石積石棺を主体としていますから、この地域に前方後円墳や円墳などの高塚古墳が築造される要因は、地域首長層が王権を中枢とする政治連合のメンバーに連なった自らの立場を可視的に表現したものと考えることができると思います（逆に言えば、地域首長層と王権との接合が弱まったり、失われたばあいは前方後円墳や高塚古墳の築造は停止することもありうるわけです）。

そのように考えますと、川内川下流域での前方後円墳や高塚古墳の出現過程に必ずしも熊本地域の経由を考える必要はないでしょう。王権と地域首長層とのつながりは、直接的なばあいや広域首長などを媒介としながらの人格的な結び付きと考えられるので、必ずしも隣接地の首長を介さなくとも前方後円墳を含めた高塚古墳が築造される背景は説明できると思います。

四　邪馬台国は？

石野　有難うございます。なんかもう纏めていただいたような感じでほっとしました。それでは最後にこれからお一人ずつ、一人二分くらいの感じですけれども邪馬台国に対する思いを語ってください。森岡さんからお願いします。

森岡　私はこの二上山邪馬台国シンポジウムにかれこれ四、五回登場しておりますので、毎回違うことを言っているのではないかという恐れがありますが（笑い）、言うまでもなく私は北郷さんと違って潜伏邪馬台国畿内説ですから、基本的には邪馬台国と関係づけられる国々が何処に在って、何処まで遠いかということを考えています。今回良かったのは、色々このあたりをもう一回再検討しまして、日向・大隅はまさに邪馬台国と三世紀の段階にはつながりがあった地域ではないかと思いました。二一の旁国のひとつである、そして遠国である、弥生中期からもっと古くは縄文時代のころからかもしれませんが、海のルートが結び付けていると思いました。近畿地方と海のルート、あるいは畿内と海のルートそれが第一であります。その印象を今回より強く感じました。

そういう点では邪馬台国は相変わらず変わらない場所にありますけれど、邪馬台国とネットとなっている旁国の範囲を以前は西部瀬戸内止まりで考えておりましたが、それを豊後水道から南の地域に広げて、ネット的な在り方は同心円ではなしに遠国でも重要なところは早くから結びつき合っている、そういう見解に達しました。自分で満足して帰れると思います。（笑い）

石野　有難うございます。では柳沢さんお願いします。

柳沢　魏志倭人伝によれば邪馬台国は倭国の首都です。卑弥呼が都するところですね。私はこれまで邪馬台国は具体的な所在地について申しあげたことはありませんが、これまで述べたところ、あるいは書いてきたものをご覧いただければ理解いただけると思います。箸墓古墳が卑弥呼の墓であると確定できるところまでには至っていませんが、きわめてその可能性が高いと思います。首長墓としての前方後円墳は埋葬される人の死後に次代の首長がつくるというのではなく、生前に自ら用意するものと考えております。そういった点をひっくるめて考えても、邪馬台国がどこかというより、倭国の中枢はこの地（奈良盆地）にあると言ってよいと考えております。

石野　有難うございます。村上さんお願いします。

村上　私も二度目のシンポジウムで述べたことを思い出します。私自身にとっても邪馬台国の時代はたいへんおもしろい時代なのですが、このおもしろさばかりにとらわれると、それにのめり込んでしまって、自分が行っている鉄の研究に影響を与えそうで、それが怖くてあまりこの時代の鉄だけをことさら論じないようにしています。

それから、私がいだいている邪馬台国の卑弥呼のイメージは、司祭者的な存在であって、石母田正先生が国の代表的な性格もまた付与されましたが、それでも司祭者、あるいは祭祀の統合者としての性格が強かったと考えています。その司祭者をかかげて、祭祀行為を重要視する社会と私が解明しつつある鉄器をどんどん生産して消費する北部九州を中心とする社会とはイメージが重ならないのです。そのように言うと、私が邪馬台国を北部九州とは考えてはいないということについてはおわかりいただけると思います。今回も、邪馬台国そのものではなく、邪馬台国時代の、しかもあまり対象として検討したことがなかった南九州について、鉄を中心に考えさせていただき、たいへん有り難く思いました。

石野　有難うございました。北郷さんお願いします。

北郷　女王国まで「一万二千余里」と書いてあるのですが、この女王国を一体どのように捉えるのか、と森岡さんやふたかみ史遊会会長の畑中俊剋さんからもそういうお話を頂いたのですが、基本的に女王国は倭国全体を指してもいますし、「女王の都する所」邪馬台国というのも指していると考えます。いわゆる「香芝まで何キロ」とかいう場合は、市役所を起点として指していると思うのですが、要するに何処を指示するのかを考えた時は、一万二千余里と言う時はやはりその中核の地点を指すのだろうというふうに考えます。

狗邪韓国、対馬、一支、末盧までは、畿内・九州のどちらの説の方も否定はされていません。千余里というのは現実的には五〇キロくらいなのです。対馬から壱岐まで、狗邪韓国から対馬まで、ただ壱岐から末盧迄はちょっと短いようですが、要するに五〇キロ。長里・短里の考え方は在りますけれども、計算すれば一里五〇メートルくらいにしかならないわけです。結局そういう計算上の問題ではなく、陳寿は対馬から壱岐までを「千里」というふうに言っている、そこの算数としての辻褄は合っているわけです。

ですから私は、そこは算数として考えて合計すれば七〇〇〇＋一〇〇〇＋一〇〇〇＋一〇〇〇で一万里であります。残り二〇〇〇里は、ご質問の中にもあるのですが、その場合、計算上は一〇〇キロ位の想定になるのです。それを陸行一カ月という話では長すぎるという話もあるのですが、やっぱり入国審査だとか宴会だとか（笑い）やりますし、そして三〇の国々を巡っていけば、中国大陸のようにワーッと平原が広がってあそこまで行くのにどれ程かかるかという感覚と、日本の山がちの所ですぐに谷あり山ありで、『魏志倭人伝』の中にもすぐ目の前の人も見えなくなるような所を歩きながら行く、これは大変だなと、やはり一月くらいかかるだろうという感覚だろうと思います。

数字的に考えると色々な矛盾がある。七万戸だとか五万戸だとか、本当に数字的にそれだけ入る地域、あるいはそういう遺跡というのが存在するのかというその数字の問題は、ちょっと別個に置いておかなければいけないのかなという気がします。

最後に、魏志倭人伝というのを三世紀の同時代資料として、歴史を勉強する人たちは非常に重要視するのですが、やはりもう一度『古事記』『日本書紀』をどういうふうに読んでいくのか、『古事記』『日本書紀』が八世紀初頭にまとめられましたけれども、そこに二世紀や三世紀の記憶・記録というものが全く中に入っていないというふうに読むべきではないと思う訳です。ですから『三国志』と併行して『古事記』『日本書紀』というものをもう一度きちんと読んでいく必要があるという立場なのです。ですから崇神天皇の話も昨日させていただいたわけですが、ちなみに二〇一二年は、『古事記』編纂一三〇〇年の節目でもありますし、一九一二（大正元）年に始まるわが国最初の本格的な古墳の発掘調査といわれる西都原古墳群の発掘調査から一〇〇年の記念の年でもあります。そういう視点で邪馬台国の問題を、最後残り少ない年月考えていきたいと思っております。

石野　はい、有難うございます。中園さんお願いします。

中園　大変面白うございました。私は昨日も申し上げましたが、福岡の筑後地方の出身です。筑後邪馬台国説のまさに本拠地の辺りで邪馬台国を見ながら大きくなったのですが、結論から言いますと、その私が九州ではなく大和だと言っているので大和であろうと思っております。半ば冗談で半ば真面目なのです。

色々お話しさせて頂きましたけれども、親魏倭王卑弥呼がいた倭国の政治システムや経済システムやらさまざまなことを総合的に研究しなければいけませんので、位置論だけにこだわっているわけにはまいりません。とはいっても位置論は大事ですので、今日の議論でも出てきましたように、南九州、特に薩摩というような所は「その余の旁国」に入るのか、あるいはその外側であるのかよくわかりませんけれども、大変大事な所だろうと思っております。南海産の貝輪の持ち込みなどで、象徴的な、重要な役割を大和に対して果たしたこともあります。また歴史というのは、時代の変わり目か、もしくは中心ではなくて周辺部のところに意外とその本質が表れるものだと思っております。ですから、もう少し南九州の方にも目を向けて頂きたいのと同時に、私ももう少し頑張って、そういう視点から大和というものを考えていきたいと思っております。以上です。

石野　どうも有難うございました。私は邪馬台国大和説ですが、この頃どっちでもいいのではないかという思いがいたします。（笑い）　邪馬台国が九州にあるか近畿にあるか、それ以外の日本列島のどこかにあるかによって日本の歴史は大きく変わる、とずっと言われてきましたし、私もそう思ってきたのですが、本当にそうなのかなと思っております。何処にあろうが三世紀段階に、大和・河内の地域、特に古墳でいうと大和ですけれども一〇〇メートルクラスの墓を作るような政治勢力、経済圏があったということは、これは事実です。従って三世紀の日本列島史を考古学的に検討して、その上で『魏志倭人伝』がどのように適合するのか、ということです。

昨日から今日にわたって会場のみなさん、発表者のみなさん、どうも有難うございました。

あとがき

香芝市二上山博物館
名誉館長　石　野　博　信

「南九州には独特の文化が花開いている。どこの地域にも独自の文化があるが、南九州に入ると特に感じる。風土も人々も。

3世紀、邪馬台国の時代も同じだ。花びらのような形の穴屋（竪穴住居）に住み、大和よりはるかに多くの鉄器をもつ日向人。住居の形は違うがさらに多くの鉄器をもつ阿蘇山麓の肥後人。2・3世紀から5・6世紀まで、同じタイプの日常容器（土器）を使い続けながら、基本的には高塚古墳は受け入れない薩摩人。

そのような流れの中で、日向と大隅の一部の人々は、大和で生まれた長い突起の付いた円丘墓（纒向型古墳）を西日本各地の動向と連動していち早く受け入れる。

これは何だろう。

縄文早期に東北の縄文晩期、亀ヶ岡文化に匹敵するほどの豊かな日常容器類を生み出した薩摩人は火山灰に沈んだ。しかし、やがて黒潮にのってポリネシア文化を受け入れ、親潮にのり黒潮を逆走して来た東北の亀ヶ岡文化を知った。その上に串間王ノ山の完璧や明刀銭がある。そして幕末には反射炉に象徴されるようにいち早く西洋文化を導入し、近代化への先陣を切った。

１９７４年、私は奈良県纒向遺跡の南九州系と思われる土器片を持って鹿児島県を訪れた。数人の方に土器片を見て頂いたが残念ながら違う、という。後で分かったが、東九州、豊後地域の３世紀の土器だった。さらに、近畿にある九州系土器も北九州と東九州に限られ、南九州系はない。

３世紀の近畿と南九州には土器に現われるほどの人々の交流はない。しかし、日向と大隅には纒向型古墳が存在する。人は来てないのに墓は来てる。」

シンポジウム資料集の序文で「　」内のように期待を込めた。期待通りだった。

本書の討議記録にあるとおり、日向の絵画土器と纒向型古墳や北部九州をこえるほどの肥後の多量の鉄器などの課題が三世紀の中・南九州と近畿の視点で討議された。

南九州に邪馬台国は存在しないが、その時、南九州には独自の文化が栄えており、筑紫や吉備・大和との交流の一端が見えてきそうだ。

本書の編集にあたっては、香芝市二上山博物館友の会「ふたかみ史遊会」の丸山照夫氏にひとかたならぬご苦労をいただだいた。記して感謝を申し上げる。

その上、発刊に当たっては、松田真一館長の努力によって、木原正昭・ふたかみ史遊会会長と靍井忠義・青垣出版代表との間で協議が成立し、刊行に至ったことは喜ばしい。

本書が〝青垣山うるはし〟に象徴される大和古代文化普及の一助になればと思う。

（二〇一四年四月吉日）

〈写真資料提供〉

鹿児島県立埋蔵文化財センター、鹿屋市教育委員会、霧島市教育委員会、熊本県教育委員会、新富町教育委員会（宮崎県）、延岡市教育委員会、宮崎県教育委員会、宮崎県立西都原考古博物館

本書は二〇一一年七月十七・十八日に行われたふたかみ邪馬台国シンポジウム11「邪馬台国時代の南九州と近畿」の講演及びシンポジウムを編集・加筆したものである。

〔執筆者略歴〕（五十音順）

石野　博信（いしの　ひろのぶ）
一九三三年生。関西学院大学卒業、関西大学大学院修了。現在、香芝市二上山博物館名誉館長。兵庫県立考古博物館館長。主な著書・論文に『邪馬台国の考古学』（吉川弘文館）『古墳文化出現期の研究』、（学生社）『古墳時代を考える』（雄山閣）『弥生興亡・女王卑弥呼の登場』（文英堂）『楽しい考古学』（大和書房）など

中園　聡（なかぞの　さとる）
一九六四年福岡県生まれ、九州大学大学院博士後期課程中退。九州大学文学部助手、同大学ＶＢＬ研究員等を経て、現在、鹿児島国際大学国際文化学部教授、博士（文学）主要著書『九州弥生文化の特質』（九州大学出版会）、『稲作伝来』（共著、岩波書店）、『認知考古学とは何か』（共編著、青木書店）ほか

北郷　泰道（ほんごう　ひろみち）
一九五三年、宮崎県都城市生まれ。立正大学文学部史学科考古学専攻卒業　宮崎県教育庁文化課、宮崎県立西都原考古博物館、宮崎県埋蔵文化財センターを経て、現在宮崎県教育庁文化財課専門主幹　主要著書等『熊襲・隼人の原像』（吉川弘文館）、『西都原古墳群』（同成社）、『古代日向・神話と歴史の間』（鉱脈社）

村上　恭通（むらかみ　やすゆき）
一九六二年生。熊本大学卒業、広島大学大学院博士課程後期単位取得退学。博士（文学）。現在、愛媛大学東アジア古代鉄文化研究センター長。主な著書に『倭人と鉄の考古学』（青木書店）、『古代国家成立過程と鉄器生産』（青木書店）、『古墳時代像を見直す―成立過程と社会変革―』（共著、青木書店）など。

森岡　秀人（もりおか　ひでと）
一九五二年，神戸市生まれ。関西大学文学部史学科卒業。在学中、高松塚古墳などを発掘。芦屋市教育委員会二〇一二年に退職。現在、日本考古学協会理事・古墳出現期土器研究会会長。共著書に『古式土師器の年代学』（大阪府文化財センター）、『日本史講座』1巻（東京大学）、『稲作伝来』（岩波書店）など多数

柳沢　一男（やなぎさわ　かずお）
一九四七年生。国学院大学卒業。宮崎大学名誉教授。おもな著書・論文に『描かれた黄泉の世界　王塚古墳』（新泉社）、『生目古墳群と日向古代史』（共著、鉱脈社）、「古墳の変質」『古代を考える　古墳』（吉川弘文館）、「九州古墳文化の展開」『新版古代の日本』３（角川書店）など

邪馬台国時代のクニグニ　南九州

2014年4月15日　初版印刷
2014年4月25日　初版発行

編　者　香芝市二上山博物館友の会
ふたかみ史遊会

発行者　靍　井　忠　義

発行所　有限会社　青　垣　出　版
〒636-0246 奈良県磯城郡田原本町千代３８７の6
電話 0744-34-3838 Fax 0744-33-3501
e-mail　wanokuni@nifty.com
http: //book.geocities.jp/wanokuni_aogaki/index.html

発売元　株式会社　星　雲　社
〒112-0012 東京都文京区大塚３－２１－１０
電話 03-3947-1021 Fax 03-3947-1617

印刷所　互　恵　印　刷　株　式　会　社

printed in Japan　ISBN978-4-434-19063-6

青垣出版の本

奈良の古代文化①

ISBN978-4-434-15034-0

纒向遺跡と桜井茶臼山古墳

奈良の古代文化研究会編

大型建物跡と２００キロの水銀朱。大量の東海系土。初期ヤマト王権の謎を秘める２遺跡を徹底解説。

Ａ５変形判１６８ページ　本体１，２００円

奈良の古代文化②

ISBN978-4-434-16686-0

斉明女帝と狂心渠《たぶれごころのみぞ》

靍井 忠義著
奈良の古代文化研究会編

「狂乱の斉明朝」は「若さあふれる建設の時代」だった。百済大寺、亀形石造物、牽牛子塚の謎にも迫る。

Ａ５判変形１７８ページ　本体１，２００円

奈良の古代文化③

ISBN987-4-434-17228-1

論考 邪馬台国＆ヤマト王権

奈良の古代文化研究会編

「箸墓は鏡と剣」など、日本国家の起源にまつわる５編を収載。

Ａ５判変形１８４ページ　本体１，２００円

奈良を知る

ISBN978-4-434-13771-6

日本書紀の山辺道《やまのへのみち》

靍井 忠義著

纒向、三輪、布留…。初期ヤマト王権発祥の地の神話と考古学。

四六判１６８ページ　本体１，２００円

奈良を知る

ISBN978-4-434-15561-1

日本書紀の飛鳥

靍井 忠義著

６・７世紀の古代史の舞台は飛鳥にあった。飛鳥ガイド本の決定版。

四六版２８４ページ　本体１，６００円

ISBN978-4-434-18312-6

小説 大津皇子―二上山《ふたかみやま》を弟《いろせ》と

上島 秀友著

大津皇子謀反の真相…。二上山のふもとの雪の古寺、美しき尼僧が１３００年の時を超えて語る。

四六判２７２ページ　本体１，５００円

ISBN978-4-434-16524-5

奈良 近代文学の風景

林　貞行著

奈良・大和路に近代文学の舞台を訪ね、作家や登場人物の「心の風景」を探る。

四六判２９２ページ　本体１，５００円

古代氏族の研究①
ISBN978-4-434-16411-8

和珥氏—中国江南から来た海神族の流れ

宝賀 寿男著

大和盆地北部、近江を拠点に、春日、粟田、大宅などに分流。

Ａ５判１４６ページ　本体1,２００円

古代氏族の研究②
ISBN978-4-434-16411-8

葛城氏—武内宿祢後裔の宗族

宝賀 寿男著

大和葛城地方を本拠とした大氏族。山城の加茂氏、東海の尾張氏も一族。

Ａ５判１３８ページ　本体1,２００円

古代氏族の研究③
ISBN978-4-434-17675-3

阿倍氏—四道将軍の後裔たち

宝賀 寿男著

北陸道に派遣され、埼玉稲荷山古墳鉄剣銘にも名が見える大彦命を祖とする大氏族。

Ａ５判１４６ページ　本体1,２００円

古代氏族の研究④
ISBN978-4-434-18341-6

大伴氏—列島原住民の流れを汲む名流武門

宝賀 寿男著

神話の時代から登場する名流武門のルーツと末裔。金村、旅人、家持ら多彩な人材を輩出。

Ａ５判１６８ページ　本体1,２００円

巨大古墳と古代王統譜

ISBN4-434-06960-8

宝賀 寿男著

巨大古墳の被葬者が文献に登場していないはずがない。

四六判３１２ページ　本体1,９００円

「神武東征」の原像

ISBN4-434-08535-2

宝賀 寿男著

神武伝承の合理的解釈。「神話と史実の間」を探究、イワレヒコの実像に迫る。

Ａ５判３４０ページ　本体2,０００円